제자훈련목회 이렇게 하라!

- 제자훈련 30년 목회 실행 노하우 -

다함
도서출판 **다** 은

1. **다**윗과 아브라**함**의 자손

아브라함과 다윗의 자손으로, 하나님 구원의 언약 안에 있는 택함 받은 하나님 나라 백성을 뜻합니다.

2. 마음과 뜻과 힘을 **다하여** 하나님을 사랑하라

구약의 언약 백성 이스라엘에게 주신 명령(신 6:5)을 인용하여 예수님이 가르쳐 주신 새 계명
(마 22:37, 막 12:30, 눅 10:27)대로 마음과 뜻과 힘을 다해 하나님을 사랑하겠노라는 결단과 고백입니다.

사명선언문
1. 성경을 영원불변하고 정확무오한 하나님의 말씀으로 믿으며, 모든 것의 기준이 되는 유일한 진리로 인정하겠습니다.
2. 수천 년 주님의 교회의 역사 가운데 찬란하게 드러난 하나님의 한결같은 다스림과 빛나는 영광을 드러내겠습니다.
3. 교회에 유익이 되고 성도에 덕을 끼치기 위해, 거룩한 진리를 사랑과 겸손에 담아 말하겠습니다.
4. 하나님 앞에서 부끄럽지 않도록 항상 정직하고 성실하겠습니다.

제자훈련목회 이렇게 하라!
- 제자훈련 30년 목회 실행 노하우 -

초판 1쇄 인쇄 2023년 08월 25일
초판 1쇄 발행 2023년 09월 04일

지은이 | 김명호, 양승언, 고상섭

펴낸이 | 이웅석
펴낸곳 | 도서출판 다함
등 록 | 제2018-000005호
주 소 | 경기도 군포시 산본로 323번길 20-33, 701-3호(산본동, 대원프라자빌딩)
전 화 | 031-391-2137
팩 스 | 050-7593-3175
블로그 | https://blog.naver.com/dahambooks
이메일 | dahambooks@gmail.com

ISBN 979-11-90584-86-9 [03230]

제자훈련 30년 목회 노하우 총정리

제자훈련목회
이렇게 하라!

지은이_ 김명호, 양승언, 고상섭

다함
도서출판

목 차

추 천 사

오늘날 많은 목회자들이 목회의 어려움을 겪고 있습니다. 목회는 의욕과 노력만으로 되지 않기 때문입니다. 목회의 방법과 지식이 넘쳐나고 있지만, 주께서 가르쳐 주신 길을 벗어나면 허공을 치는 결과를 가져올 뿐입니다.

'제자 삼으라'라는 예수님의 명령은 목회를 어떻게 해야 하는 지를 알려 주신 지침이며 목회자의 대사명이라고 할 수 있습니다.

이번에 출간되는 책『제자훈련 목회 이렇게 하라』는 제자훈련의 준비에서부터 정착을 위해 필요한 내용과 자세 등을 자세히 소개하고 있습니다. 제자훈련에 반드시 필요한 큐티와 소그룹에 대해서도 구체적으로 알려 주고 있어서 제자훈련을 하고자 하는 목회자들에게 좋은 안내서가 될 것입니다.

제자훈련 사역의 경험과 오랜 시간 열정을 통해 얻은 값진 노하우를 책에 담아 주신 저자들에게 박수를 보냅니다. 이 책이 이 땅에 건강한 교회를 세우는 데 큰 도움이 될 것을 기대하며 기쁨으로 추천합니다.

배창돈 (평택대광교회 원로목사)

교회 안에서 제자훈련을 시도하려는 많은 목회자들이 막상 어떻게 제자훈련을 시작해야 할지 몰라 답답해 합니다. 이러한 때에 교회에서 바로 적용 가능한 제자훈련에 대한 실제적인 지침서가 나온 것을 기쁘게 생각합니다. 교회에서 제자훈련을 시작하길 원하는 모든 목회자는 바로 여기에서 시원한 답을 얻게 될 것입니다.

박정근 (영안교회 담임목사)

은보 옥한흠 목사님의 소천 13주기를 맞이하여 세상에 나오는 『제자훈련 목회 이렇게 하라』는 옥한흠 목사님이 이 땅에 남겨 놓으신 제자훈련 목회의 실행 노하우입니다. 인도자의 준비로부터 시작하여 제자훈련에 실전에 이르기까지 매우 상세히 설명되어 있습니다.

옥한흠 목사님은 세상을 떠나셨지만, 목사님의 목회철학과 교회론. 광인론 모두가 융합되어 현재도 제자들에게로 계승 발전되고 있음을 알리는 중요한 책이자 현장에서 꼭 필요한 내용이라 생각하며 추천합니다.

김상철 목사 (제자 옥한흠. 광인 옥한흠 감독)

프 롤 로 그

광인이 그립습니다.

제자훈련 지도자 세미나에서 옥한흠 목사가 전한 첫 번째 강의 제목은 〈광인론〉이었습니다. 제목에서 알 수 있듯이 제자훈련에 미친 사람이 되어야 한다는 것입니다. 왜 미쳐야 할까요? 왜 미치지 않으면 안 될까요? 한 사람을 온전한 그리스도의 제자로 세우는 사역이 그만큼 많이 어렵기 때문입니다. 예수님의 경험에서 보듯이, 한 영혼이 변화되어 영적인 열매를 풍성히 맛보기까지는 오랜 시간이 걸리고 때로는 실패를 경험하기도 합니다. 따라서 미치지 않는다면 그 여정을 완주하지 못하고 이내 포기하고 말 것입니다.

이는 단순히 제자훈련만의 문제가 아닙니다. 생을 통해 의미있는 진보를 이룬 사람들은 한결같이 전문가를 넘어 광인이었음을 우리는 쉽게 확인할 수 있습니다. 안타까운 현실은 오늘날 우리 주변에서 이런 광인들을 만나기가 점점 어려워지고 있다는 것입니다. 인스턴트로 대변되는 시대적 특성 때문인지 하나의 주제를 붙잡고 오랫동안 씨름하며 고뇌하는 사람을 점점 찾아보기 힘들어집니다. 그래서인지 몰라도 광인이 더욱 그리워집니다.

이 책은 광인이 되길 소망하는 이들을 위해 쓴 책입니다. 주님의 모범을 따라 제자훈련이라는 주님의 명령을 붙잡고 목회현장에서 분투하는 이들에게 조금이나마 도움이 되었으면 하는 바람으로, 그동안 함께 했던 동역자들과 지혜를 모아 제자훈련에 대한 실제적이고 실천적인 안내서를 만들었습니다. 옥한흠 목사의 『평신도를 깨운다』를 통해 제자훈련 목회 철학과 정신을 확고히 했다면, 이 책을 통해서는 구체적으로 어떻게 제자훈련을 접목할 지에 대한 자세한 안내를 받을 수 있을 것입니다. 이 책에 담긴 내용이 유일한 정답은 아닐 것이지만, 그동안의 제자훈련 이론에 대한 연구와 다양한 현장의 경험을 바탕으로 도움이 될 만한 내용들을 정리해 두었습니다.

『하나님의 모략』을 저술한 달라스 윌라드는, 제자란 "예수님과 함께 있어서 그분으로부터 하나님 나라 안에서 살아가는 법을 배우는 사람"이라고 정의했습니다. 오늘도 각자의 자리에서 예수님처럼 살고자 노력하며 하나님 나라를 이 땅에 이루어가는 수많은 동역자들에게 축복의 말을 전하며, 이 책이 동역자들의 여정에 좋은 벗이 되길 기대해 봅니다.

제자훈련연구소 대표
김명호 목사

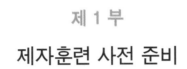

제 1 부

제자훈련 사전 준비

1. 인도자 준비

(1) 교회론, 분수의 3단계처럼 흘러넘치게 하라

우리의 몸을 움추리게 하던 찬 공기가 사라지고 여기저기 산수유와 매화가 새로운 계절이 도래했다고 알리는 때가 되면 봄의 정취를 흠뻑 느끼고자 공원에 나서본다. 그곳에서 만나는 분수의 힘차게 물을 내뿜는 모습은 지켜보는 이들의 마음을 시원케 한다. 그런데 어느 날 분수를 가만히 지켜보면서 든 생각이 있다. 맨 꼭대기부터 그 아래 칸, 또 그 밑의 다음 칸으로 물이 흘러넘치는 모습이 우리의 사역 흐름을 보여주는 것 같다. 즉, 자신의 칸만 채우지 않고 다른 칸으로까지 물이 흘러넘치는 모습을 보면서 교회론에 대해 다시 생각하게 된 것이다.

'제자 삼으라'는 명령은 사람이 계획하여 전달한 아이디어가 아니다. 주님께서 지상사역을 마치고 천국에 올라가시면서 주신 명령이다. 그럼에도 불구하고 많은 사람들이 현실에서 사람에 의해 행해지는 제자 삼는 일에 대해 비판을 가하기도 한다. 사람에 의해 행해지는 제자훈련이기에 발생하는 연약함과 실수를 가지고 제자 삼는 사역 자체를 부정하는 것이다. 몇몇 연약한 사역자들이 하고 있는 제자 삼는 사역이 실패했다고 해서 주님의 명령까지 훼손해서는 안 된다. 사람을 보지 말고, 주님이 주신 명령을 붙잡아야 하기 때문이다. 그렇다면 현재 우리가 하고 있는 제자훈련은 어디까지 와있는지, 그리고 혹시 놓치고 있는 부분이 있다면 무엇인지 이번 기회에 점검해 보자.

① 12제자를 부르신 목적

제자훈련에서 놓치지 말아야 할 핵심 세 가지에 대해 먼저 점검해 보고자 한다. 마가복음 3장 13~15절을 보면, 예수님께서 열두 제자를 부르신 목적이 분명하게 나온다.

> 또 산에 오르사 자기가 원하는 자들을 부르시니 나아온지라 이에
> 열둘을 세우셨으니 이는 자기와 함께 있게 하시고 또 보내사 전도
> 도 하며 귀신을 내쫓는 권능도 가지게 하려 하심이러라
>
> (막 3:13~15)

예수님께서 제자를 부르신 것은 제자들 각자가 주님과 함께 있으면서 그리스도가 누구신지 알고, 주님과 깊은 인격적인 관계를 맺게 하기 위함이다. 예수님께서는 제자를 부르셨을 뿐만 아니라 열두 제자 공동체를 형성하고 그들과 함께하시면서 하나님 나라를 경험하게 하셨다. 또 다른 이유는 제자들을 세상에 보내어 어떤

사명을 감당하게 하기 위함이었다. 마가복음에는 그 사명의 내용이 '전도'와 '귀신을 내어 쫓음'으로 나타나 있다. 예수님은 제자들을 파송하시고, 전도도 하게 하셨다.

예수님의 제자훈련은 세 가지 요소로 정리할 수 있다. 첫째는 예수님의 제자로 부름받고 인격적 관계를 맺는 것이다. 둘째는 제자들의 공동체 속에 함께 하는 것이다. 셋째는 전도자로 파송하여 사명을 감당하게 하는 것이다.

② 분수의 3단계, 흘러넘치게 하라

이렇듯 제자훈련에는 이 세 가지 요소가 분명히 담겨 있어야 한다. 가장 먼저 제자는 하나님과의 인격적인 관계를 맺어야 하고, 제자 공동체 속에서 동거해야 하며, 복음을 전하는 사명이 있어야 한다. 이 말씀은 마태복음 28장 18-22절에도 나타난다.

> 예수께서 나아와 말씀하여 이르시되 하늘과 땅의 모든 권세를 내게 주셨으니 그러므로 너희는 가서 모든 민족을 제자로 삼아 아버지와 아들과 성령의 이름으로 세례를 베풀고 내가 너희에게 분부한 모든 것을 가르쳐 지키게 하라 볼지어다 내가 세상 끝 날까지 너희와 항상 함께 있으리라 하시니라
>
> (마 28:18~22)

제자도의 첫 번째 요소는 그리스도께서 "하늘과 땅의 모든 권세를 받으신 분"(공간의 주님)이며, 동시에 "세상 끝 날까지 항상 함께 계시는 분"(시간의 주님)으로 나타나셨다는 것이다. 즉 각각의 사람에게 공간과 시간의 주님으로 항상 함께하신다는 것이다.

두 번째 요소는 "너희"라는 2인칭 대명사로 표명되는 제자 공동체에 대한 것이다. 제자들이 받은 대위임령은 제자 각 개인과도 연관이 되지만, 무엇보다도 하나의 팀, 그룹, 공동체로서 받은 것이다. 즉 말씀을 받는 제자 공동체가 있었다. "세례를 베풀라"라는 명령은 제자 공동체의 일원이 되고, 함께 교제하는 것을 보여준다.

세 번째 요소는 제자 삼으라는 사명에 관한 것이다. 제자 삼는 방편은 "가서"라는 동사로 표현된다. 보통 세상에 대한 사명은 예수께서 '보내시는' 각도에서 묘사되지만, 이 구절에서는 사명을 받은 자가 주체로 되어 있어 '가다'로 나타나 있다. 제자단의 일원으로 받아들여 공동체 안에서 함께 교제하도록 세례를 베푸는 것도 제자 삼는 방편 중 하나다. 그리고 제자답게 살 수 있도록 가르쳐 지키게 하는 것 역시 중요한 제자 삼는 방편이다. 즉 제자 삼기 위해 가야 하고, 세례를 베풀며, 지킬 수 있도록 가르쳐야 한다. 그것이 우리에게 주신 사명이다.

우리가 이 세상에 부름받고 태어난 사명은 세 가지 단계로 정리할 수 있다. 예수님과의 관계, 제자 공동체에서의 관계, 세상으로 나가는 관계가 그것이다. 이 관계를 3단 분수로 표현하면 다음과 같다. 분수의 맨 위가 넘치면 다음 단을 채우고, 또다시 그 단계가 채워져 넘치면 그다음 단계로 흘러넘치게 된다. 우리와 주님과의 관계가 넘치게 되면 교회 공동체로 흘러가게 되고, 그것이 넘치면 세상 속으로까지 흘러가게 된다. 예수님께서 우리를 제자로 부르시고 훈련하신 것은 마지막인 세상으로 나가는 단계까지 흘러가도록 하기 위함인 것이다. 결코 교회 공동체 안에서 멈춰서는 안 된다. (그림 참고)

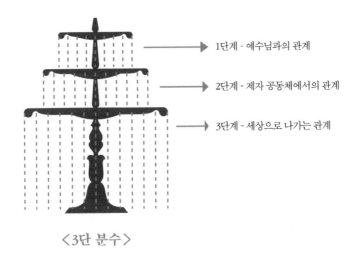

1단계 - 예수님과의 관계

2단계 - 제자 공동체에서의 관계

3단계 - 세상으로 나가는 관계

〈3단 분수〉

그러나 제자훈련을 하는 교회들을 살펴보면 첫 번째 단계에서 만족해하는 교회들이 의외로 많다. 제자훈련을 통해 각 개인이 큐티를 스스로 하게 되고, 주님과의 관계를 회복하는 것에만 만족한다. 주께서 우리를 부르신 목적은 나와 하나님이 죽고 못 사는 관계가 되는 데에서 끝나지 않는다. 교회 안에서의 관계, 하나님의 가족으로서의 형제자매 관계, 교회 공동체를 이끄는 지도자로서의 역할, 내 옆 사람과 더불어 살아가는 데까지 나아가야 한다.

그런데 제자훈련을 성경공부나 교재 한두 권 떼는 것 정도로 착각하는 이들이 있다. 사실 우리 손에 들려있는 제자훈련 교재는 별로 중요하지 않다. 그것은 체계적인 훈련을 위해 필요한 도구일 뿐이다. 총체적으로 세 가지 영역에서 온전히 제자를 만드는 것이 필요하다. 그 가운데서도 주님과의 관계 속에서 제자가 되는 것이 선행되어야 한다.

제자훈련목회 이렇게 하라!

1) 예수님과의 관계에서 제자 되기

예수님과의 관계 속에서 제자를 만드는 것은 예배이다. 예배는 열정과 진리로 예수님을 사랑하는 것이다. 요한복음 4장 24절은 "하나님은 영이시니 예배하는 자가 영과 진리로 예배할지니라" 라고 말씀한다.

우리가 성경공부를 하는 이유는 하나님을 알고 그분과 인격적인 관계를 맺기 위해서이다. 주님이 어떤 분이신지, 나를 어떻게 사랑하셨는지, 나를 위해 무엇을 하셨는지, 이것들을 알아갈 때 예배를 드릴 수 있고 헌신할 수 있다. 주님께로의 거룩은 나실인처럼 하나님께 구별하여 자신을 드린다는 의미이다. 우리는 기도와 말씀을 통해 하나님과의 교제를 하면서 주님을 찬양하고 예배드릴 수 있다.

이같이 첫 번째 단계는 주님 앞으로 나아가는 것이다. 그러면 어떤 모습으로 나가야 하는가? 사역훈련에서는 제자도를 다룰 때 '전적인 위탁자'라고 표현한다. 주님이 누구신지 알고, 내 인생을 완전히 내맡기는 것을 의미한다. 이것이 우리와 주님과의 관계에서 나타나야 한다.

주님과의 관계가 어떠해야 하는지는 성경 속 사례를 통해 짐작할 수 있다. 누가복음의 잃어버린 양 한 마리 이야기나 탕자의 이야기를 통해서 우리는 한 영혼을 향한 하나님의 마음을 볼 수 있다. 이 이야기들의 핵심은 그분이 우리를 얼마나 끔찍히 사랑하시는지, 하나님의 그 마음을 이해하는 데 있다.

제자훈련의 중요 포인트는 주님과 우리가 어떤 관계를 맺느냐이다. 큐티도 그런 관계를 맺는 도구이다. 제자훈련을 마쳤는데,

사랑의 관계로 속삭이는 게 없다면 문제다. 큐티가 짐이 되면 안 된다. 주님과 속삭이는 관계가 되어야 한다. 제자훈련이 그런 면에서 강압적이고 힘든 게 아니길 바란다.

이를 위해 제자훈련을 인도하는 목회자는 모든 것을 비우고 훈련에 임해야 한다. 교역자라는 권위의식, 교회를 빨리 성장시키겠다는 야망과 조급함, 인기와 존경을 갈구하는 속물근성 등 이런 건강하지 못한 생각을 가슴에 담고 사역하면 제자훈련은 십중팔구 실패한다. 제자훈련은 이 모든 인간적 야망을 비우고 하는 사역이다. **제자훈련은 담임목사의 제자를 만드는 훈련이 아니라 예수님의 제자를 만드는 훈련이기 때문이다.**

또한 제자훈련은 함께 배우고 닮아가려는 열정을 가지고 해야 한다. 지도자가 자연스럽게 훈련생들과 함께 나누는 가운데 성령님께서 주시는 은혜를 배운다는 자세가 필요하다. 목회자의 문제는 가르치려고만 하지 배우려 하지 않는다는 점이다. 은혜를 끼쳐야 한다는 강박관념은 있는데, 내가 먼저 훈련 받는 성도들을 통해 은혜 받아야 한다는 절박함은 없다. 제자훈련을 하는 교회가 사교집단으로 변질되는 것은 목사가 완벽하다고 착각하는 것에서부터 비롯된다. 말씀의 권위 앞에 모두가 무릎 꿇어야 한다.

2) 제자 공동체와의 관계에서 제자 되기

두 번째는 제자 공동체와의 관계이다. 교제라는 것은 투명성과 의도성을 갖고 예수님을 믿는 사람들을 사랑하는 것이다. 투명성은 내 겉과 속을 드러내는 것이다. 의도성은 무엇인가? 이것은 어울리는 사람끼리만 어울리는 것을 말하는 것이 아니다. 성경에는 "서로"라는 말이 많이 나온다. '서로 짐을 져라', '서로 사랑하라' 등이다. 그 말은 서로를 대할 때 의도성을 가지고 만나라는 것이다. 예수님은 제자들을 일대일로 만나지 않고, 신앙 공동체를 만들게 하셨다. 그래서 교회가 되었다.

신앙 공동체를 만든 예수님의 의도는 무엇일까? 그것은 세상과 구별하기 위해서다. 세상으로부터의 거룩은 결국 우리 자신을 구별한다. 세상의 부정적인 영향으로부터 우리 자신을 분리해내는 것, 우리 안에 있는 세상의 쓰레기를 걷어내는 작업, 그것이 제자훈련이다. 세상 습관을 걷어내고 새로운 습관으로 덧입어야 한다.

예수님은 제자들이 세상과 구별된 모습으로 살아가도록 제자훈련을 하셨다. 훈련은 양육 수준의 훈련과 예수님의 제자로 나아가기 위한 제자훈련으로 나뉜다. 그런데 아직도 많은 교회에서 양육 수준의 훈련을 제자훈련으로 착각한다. 그러면 분수는 그다음 단계로 흘러가지 못하고 멈추게 된다.

물론 첫 단추는 양육 훈련에서 시작된다. 신앙 수준이 낮은 어린아이 같은 성도들이 많을 때는 눈높이를 조절해야 한다. 그렇다고 해서 우리 수준이 떨어지지는 않는다. 어린아이에게는 아이에게 맞는 말을 사용해야 한다. 하지만 중학생이 되었는데도 '까꿍' 하면 안 된다. 아내가 고등학교를 다니는 막내를 유독 사랑한다. 그 아이만 만나면 '어이구, 내 새끼'하고 껴안는다. 그러면 아들이 미치려고 한다. 막내를 사랑하는 아내의 방식이 아들과 안 맞는 것이다.

교회들 가운데에는 양육을 포기하고 제자훈련만 하는 교회가 있다. 또 제자훈련을 포기하고 양육훈련만 하는 교회도 있다. 목회자는 교회 안에 유치부, 초등부, 중·고등부, 대학부가 골고루 있는지 한번 살펴봐야 한다. 때로는 강한 영적 훈련으로 무장된 사람들이 필요하다.

제자 공동체 안의 성도들의 삶에는 열매가 나타나야 한다. 종으로서 섬기는 리더십이 필요하다. 제자훈련과 사역훈련을 받은 사람이라면 교회 안에서 가장 어려운 일을 하는 것이 중요하다. 교회 화장실 청소, 주차 봉사, 식당 설거지 등 종처럼 밑바닥에서 섬기는 훈련이 있어야 한다.

제자훈련을 받은 사람일수록 공동체 안에서 고개를 숙여야 한다. 예수님이 제자들의 발을 씻겼듯이 제자들 역시 다른 사람들을 섬겨야 한다. 훈련 받고 오히려 고개가 빳빳해지면 안 된다. 훈련의 결과는 성숙으로 나타나야 한다. 예수님을 닮은 모습이어야 한다. 갈라디아서에 사랑, 희락, 화평, 오래 참음, 자비, 양선, 충성, 온유, 절제 등 성령의 아홉가지 열매 맺는 모습이 나오는데, 제자 공동체 안에 이 모습들이 나타나야 한다.

성령님이 내 안에 계시고 나를 지배하신다면 반드시 열매가 나타난다. 연약한 부분은 쳐서 날마다 복종시켜야 한다. 성령의 은사는 사람마다 다 다르다. '나는 왜 저런 은사가 없을까' 하고 고민할 필요가 없다. 주님이 내게 주신 은사를 갖고 살면 된다. 그러나 성령의 열매는 다 있어야 한다. 나에게 이런 열매들이 없다면 끌어올려야 한다. 만약 나에게 리더십이나 치유의 은사는 있지만 방언의 은사가 없다면 그것을 사모는 해도 끌어올릴 필요는 없다. 그러나 성령의 9가지 열매는 끌어 올려야 한다. 제자훈련을 받은 사람이라면 그것이 삶의 열매로 나타나야 하기 때문이다.

3) 세상으로 나아가는 단계에서 제자 되기

이제 예수님과의 관계가 회복되고, 제자 공동체에서 훈련받은 거룩한 사람들을 세상으로 보내야 한다. 선교는 담대한 용기와 정중한 태도를 가지고, 예수님을 모르는 사람들에게 사랑으로 다가가는 것이다.

본회퍼는 '타인들을 위한 삶'을 살아가는 사람을 제자라고 칭했다. 우리는 현 시점에서 세상에 거룩을 드러내는 제자의 삶을 살아야 한다. 거룩한 그리스도인의 정체성을 세상 속으로 가져가 세상을 변혁해야 한다. 하나님은 훈련을 통해 새로워진 우리가 세상을 변혁하길 원하신다. 어떤 때는 나가야 한다는 것에 사로잡혀 준비가 안 된 사람들을 내보내는 실수를 범하기도 한다. 과거 한국전쟁 때에는 너무 급하다 보니 준비 안 된 중고등학생, 학도병을 전쟁터에 보냈다. 총을 어떻게 쏘는지도 모르는데 무작정 내보낸 것이다. 결국 다 총알받이로 죽었다.

마찬가지로 교회도 성도들이 영적으로 준비가 안 됐는데 세상으로 내보내는 경우가 있다. 교회는 세상으로 보낼 사람들을 무장시켜야 한다. 교회 안의 리더들은 양육과 제자훈련을 통해 무장되어야 한다. 제자로 만드는 대상은 전 교인이지만, 제자훈련은 전 교인을 대상으로 하지 않는다. 수많은 무리가 있었음에도 불구하고, 예수님은 전부 다 제자로 훈련시키지 않으셨다. 단지 12명의 소수만을 뽑아 수준 높은 훈련을 시키셨다.

이렇게 훈련받은 사람들이 사역하도록 해야 한다. 그들이 교회 안팎에서 영향력을 미치도록 해야 한다. 세상으로 나가게 하고 전도하고 선교하도록 해야 한다. 전도를 통해 교인들의 수적 증가가 있어야 하고, 그들을 데리고 또 다른 제자훈련을 해야 한다. 훈련을 받았으면 영향력으로 나타나야 한다. 훈련을 받았는데 다른 사람들에게 복음을 이야기하지 못하고, 세상에서 사역하지 못한다면 제자훈련을 잘못 받은 것이다. 그때는 보완이 필요하다.

또한 중요한 것은 파송을 해야 한다는 것이다. 다른 말로 선교라고도 말한다. 우리는 보냄 받기 위해 훈련받았다. 우리끼리 즐기기 위해 훈련받은 것이 아니다. 옥한흠 목사는 생전에 교회를 이렇게 정의했다. '세상에서 부름받은 하나님의 백성, 동시에 세상으로 보냄받은 하나님의 일꾼' 이 두 가지가 함께 있을 때 예배하는 공동체가 된다.

미션얼 교회론(Missional Church)은 선교를 교회의 여러 사역 중 하나가 아닌 교회 존재 자체로 본다. 그러나 많은 교회가 교회 성장을 추구하고, 선교를 보조적인 사역으로 생각하려 한다. 그러나 선교는 교회 존재의 본질이다. 교회가 존재하는 목적은 바로 하나님의 나라가 진보하도록 하는 것이다. 선교는 선택사항이 아니다. 우리는 세상으로 보냄 받은 하나님의 백성이기 때문이다.

우리는 매일매일 내가 살고 있는 삶의 현장에서 하나님의 부르심에 동참해야 한다. 우리는 밖을 향해 나가야 한다. 훈련받고 주변 사람들에게 복음을 전하지 못하면 그것은 훈련을 잘못 받은 것이다. 제자훈련의 성공 여부는 주변 사람에게 복음을 전하든지, 아니면 세상 속에 도움이 필요한 사람들에게 도움을 주든지, 문화를 초월해 다른 지역에 가서 복음을 전하든지 등의 실천을 통해 나타난다.

영국의 윌버포스는 25세에 예수님을 만나 회심한 후, 노에 제도 폐지를 자신의 소명으로 삼았다. 부유한 집안에서 태어난 그는 20대에 영국 의회에 입문할 정도로 미래가 탄탄했다. 그럼에도 그는 노예제도 폐지에 대한 하나님의 부르심에 응답하고자 55년 동안 자신의 소유와 헌신, 열정 등 모든 것을 드렸다.

현재 우리의 제자훈련은 어디까지 와있으며, 잘 되고 있는지, 잘 안 되는 부분은 무엇인지 진단해봐야 한다. 건강도 수시로 체크해야 하듯이, 교회의 제자훈련도 중간평가를 잘해야 한다. 주님 앞에 서 있는 제자훈련인지, 공동체 안에서 서로 사랑하고 있는지, 각 개인은 예수님을 닮은 사람으로 변화되었는지, 공동체를 이끌어갈 지도자를 만들어냈는지, 세상을 향해 예수의 제자로서 부끄럼 없이 나가고 있는지 등 제자훈련의 은혜와 영향력이 다음 단계로 잘 흘러넘칠 수 있도록 해야 한다. 나의 교회론은 나로부터 시작해서 세상으로 흘러가는 교회론인지 되돌아보는 시간을 갖자.

(2) 제자훈련 인도자가 갖추어야 할 8가지 자세

제자훈련을 인도한다는 것은 목회의 여러가지 사역 중에 가장 영광스러운 사역이다. 소수의 훈련생과 함께 말씀 앞에서 은혜를 받고, 그들이 변화되어가는 과정을 지켜보는 것은 제자훈련 인도자가 아니면 경험해볼 수 없는 기쁨이다. 국제제자훈련원에서 기관 사역을 하던 사람이 목회를 한다고 하니까 목회가 재미있느냐고 물어보는 사람들이 종종 있다. 기관 사역은 나름대로 어떤 비전과 사명을 이루어가는 보람과 기쁨도 있지만, 성도들과 함께 삶으로 부대끼며 함께 울고 함께 웃는 성숙해가는 모습을 보는 기쁨은 목회 현장이 아니면 다른 곳에서 맛보지 못할 행복이라고 생각한다.

또한 이런 제자훈련의 기쁨과 감격을 모르고 사역했더라면 지금 나의 목회는 어떨까 하는 생각을 해본다. 아마 황량하기 그지없었을 것이다. 시간 가는 줄 모르고 말씀 앞에서 함께 교제하면서 세워진 평신도 지도자들이 이제는 짐을 나누어지는 동역자가 되었다. 그들의 나의 면류관이고 영광이다.

제자훈련을 어떤 사람이 인도해야 하나? 어떻게 하면 제자훈련을 잘 이끌 수 있을까? 이 질문 앞에서 나의 사역을 돌이켜 보면, **제자훈련을 이끄는 것은 어떤 실력과 역량보다도 어떤 자세로 임하는 것이냐의 문제라고 생각된다.**

제자훈련의 목표는 "예수처럼 되고 예수처럼 사는" 성도로 세우는 것이다. 예수 닮은 인격과 삶을 추구하는 것이다. 그래서 "작은 예수가 되자"라는 슬로건을 외친다. 하지만 예수처럼 된다는 것이 가능하기나 한 것일까? 어쩌면 애당초 불가능한 목표일지도 모른다.

사복음서와 사도행전에서 자주 사용되던 제자라는 용어가 사도 바울의 서신서로 넘어가면 갑자기 사라지고 제자라는 말 대신에 "온전한 자" 혹은 "완전한 자"라는 표현으로 대치된다. 이 표현처럼 완전한 자가 되는 것은 애초부터 불가능한 것일지도 모른다. 마치 저 높은 에베레스트 산의 꼭대기를 정복하는 것과 같다. 구름에 가려있는 까마득한 정상과 같은 자리에까지 성도들을 이끌고 갈 수 있는 지도자가 과연 얼마나 되겠는가?

그러나 주님은 우리에게 온전한 자가 되라고 말씀하신다. 아버지가 자기 자식에게 기대하는 것처럼 우리가 아버지처럼 거룩하고 온전하게 되기를 기대하고 계신다. 그래서 우리는 영적 성장에 있어서, 세상 풍조에 휩쓸려 살지 않고 신앙생활의 높은 목표를 가지고 살아야 한다. 예수님처럼 온전한 자가 되려는 목표를 가지고 살아야 한다. 동시에 주님께서는 성도들이 온전케 되도록 돕는 일을 우리에게 사명으로 맡기셨다. 우리는 그런 불가능해 보이는 임무를 맡았다. 예수처럼 되고 예수처럼 살도록 성도들을 안내해야 한다. 여기서는 그런 임무를 맡은 사람에게 요구되는 몇 가지 자세, 혹은 태도를 함께 나눠 보려고 한다.

① 제자훈련은 은혜로 하는 것이다.

훈련이라는 표현을 쓰다 보니 오해하는 사람들이 많다. 제자훈련이 마치 율법으로 하는 힘들고 어려운 과정이라고 생각하는 것이다. 은혜가 메마르면 율법이 판을 치게 되어 있다. 훈련생들을 괴롭히고 힘들게 하는 것이 제자훈련이 아니다. 제자훈련은 은혜로 하는 것이다.

제자훈련에 임하는 사람들이 평소에 하지 않던 성경읽기와 묵상, 암송과 생활숙제를 해도 행복하게 이 훈련을 마칠 수 있는 것은 은혜가 있기 때문이다. 너무나 행복해서 하지 않으면 안될 정도로 가슴 속 깊은 곳에서 북받쳐오는 기쁨과 은혜가 있기 때문이다.

팀 켈러 목사는 자기의 새 책 요나서를 설명하는 자리에서 "정죄 설교를 즐기는 목사가 너무 많다."라고 이야기했다. 제자훈련을 하는 목회자들에게도 훈련생들을 정죄하면서 무거운 짐을 지우는 것을 즐기는 사람들이 많다. 제자훈련은 단순히 우리의 죄를 지적하는 것으로 이루어지지 않는다. 그 내면의 동기를 만져주는 은혜가 이끌어야 한다.

옥한흠 목사도 "목회자는 은혜를 깊이 아는 사람이어야 한다"고 역설했다. 목회자 본인이 은혜가 무엇인지를 잘 모르니까 은혜로운 제자훈련이 불가능하다는 것이다. 그는 "은혜는 예수님께 빠지는 것"이라고도 했다. 예수님의 십자가 복음 앞에서 감격해 눈물을 흘리며 변화된 지도자가 제자훈련을 제대로 할 수 있다.

그러므로 제자훈련 인도자는 "내가 은혜받은 사역자인가"를 질문하고 고민해야 한다. 은혜는 한번 받았다고 계속 유지되는 것이 아니다. 그 은혜를 유지하고 그 은혜에 머물러야 한다. 바쁘게 목회하다 보면 은혜를 잊게 되고, 계속되는 제자훈련 과정 속에서 매너리즘에 빠질 때가 많다. 제자훈련으로 교회가 성장하고 여기저기 불려다니다 보면 은혜는 고갈되고 허세와 권위로 인도당하기 십상이다. 제자훈련의 원동력은 은혜다. 제자훈련은 내가 하는 것이 아니고 하나님의 은혜가 하는 것이다.

② 제자훈련은 겸손할 때 가능하다.

은혜를 아는 사람은 겸손하다. 팀 켈러는 복음을 "자신의 죄인됨과 그리스도로 인해 사랑받음을 동시에 느끼는 것"이라고 설명한다. 하나님이 창조주시라면 인간은 피조물이 되고, 하나님이 구속주시라면 인간은 죄인이다. 복음은 우리가 생각했던 것보다 훨씬 더 악한 죄인이라는 것을 깨닫게 해주고, 내가 생각했던 것보다 훨씬 더 많은 사랑을 받고 용납된 존재라는 것을 깨닫게 해준다. 이 두 가지 인식이 가장 기본적인 인간의 자기 인식이라는 것이다. 그래서 "복음은 우리를 겸손하고도 담대한 사람이 되게 한다"라고 설명한다. 그런 의미에서 제자삼는 사역은 복음 안에서 겸손한 사람이 할 수 있는 사역이다.

"제자가 제자를 만든다"라는 말이 있다. 제자 삼는 일에 부름 받은 자라면 누구나 먼저 제자가 되어야 한다. 제자훈련을 인도하는 지도자가 예수의 제자와 거리가 멀다면, 그를 통해 제자가 만들어질 수는 없다. "나는 제자인가? 나는 제자답게 살고 있나?"라는 질문 앞에 서게 되면 겸손할 수 밖에 없다.

사도 바울도 그런 마음으로 사역했을 것이다. "내가 이미 얻었다 함도 아니요 온전히 이루었다 함도 아니라 오직 내가 그리스도 예수께 잡힌 바 된 그것을 잡으려고 달려가노라(빌 3:12)" 주님이 원하시는 기준에 미치지 못하는 자신의 모습을 보고 겸손하게 사역하는 것이 제자훈련 인도자의 자세라고 말할 수 있다.

사도 베드로도 "다 서로 겸손으로 허리를 동이라 하나님은 교만한 자를 대적하시되 겸손한 자들에게는 은혜를 주시느니라(벧전 5:5)"라고 권면한다. 겸손을 허리띠처럼 사용하라는 말이다. 베드로는 예수님께서 허리에 수건을 두르시고 제자들의 발을 씻기시는 모습을 본 사람이다. 수건을 허리에 두르는 것과 겸손으로 허리를 동이는 것은 같은 어근의 단어를 사용했다. 십자가를 앞에 두고 마지막 수업으로 제자들의 발을 씻기셨던 예수님의 모습을 베드로는 잊을 수가 없었을 것이다.

가르치려고 하지 말고 함께 배우려고 할 때 좋은 열매가 있다. 제자훈련에 임하면서 나는 선생이고 너는 훈련생이라는 권위 의식이 아니라 나도 부족한 사람이고 나도 말씀 앞에서 변화되어야 할 사람이라는 마음의 자세를 가지고 훈련에 임할 때 그 제자훈련은 열매가 있을 것이다.

③ 제자훈련은 마음을 비우고 하는 것이다.

제자훈련을 인도하는 많은 목회자들이 어떤 동기와 목표를 가지고 제자훈련에 임할까? 안타깝게도 많은 목회자들이 교회를 빨리 성장시키고 싶은 마음에서 제자훈련을 하고 있다. 또는 자신의 지시에 잘 순종하는 일꾼을 세우고 싶은 목표를 가지고 있다. 이런 동기를 가지고 제자훈련에 임하게 되면 실패할 확률이 매우 높다.

옥한흠 목사는 자신의 경험을 들어 마음을 비우고 제자훈련하라고 권면한다. "나도 한때는 마음을 완전히 비우지 못해 망신을 당한 일이 있었다. "천 명의 순장이 뛰는 교회가 되게 하옵소서." 교인이 2백 명도 채 되지 않을 때, 예배 시간에 나도 모르게 내 입에서 튀어나온 기도였다. 이것이 한동안 교인들 사이에서 돌아다니며 나를 향한 비아냥거림이 되기도 했다. 그들이 내 속에 무서운 야심이 도사리고 있다는 것을 대단히 못마땅하게 여겼기 때문이다. 그러나 사실은 그 정도로 내가 야심에 들떠 있는 사람은 아니었다. 마음 구석에 나도 모르게 자리를 잡고 있던 생각의 찌꺼기를 씻어내지 못하고 있다가 망신을 당한 것이었다. 그러므로 나는 정말 충고하고 싶다. 제자훈련의 열매를 넘치게 받고 싶은가? 마음을 비우고 시작하라."

제자훈련을 인도하는 사역자라면 자신의 사역의 목표와 동기를 점검해 보라. 권위의식, 야망, 인기에 대한 갈급증이 자신의 마음을 가득 채우고 있지는 않은지 살피고 마음을 비우라. 빈 마음으로 제자훈련에 임할 때 성령님께서 우리를 통해 역사하실 것이다.

④ 제자훈련은 무릎으로 하는 것이다.

제자훈련은 영적 전투의 현장이다. 마귀가 제일 싫어하는 것이 무엇일까? 마귀는 기적을 보기 위해 예수님을 따라다니던 수만의 무리를 신경쓰지 않는다. 열심을 내어 예배에 참석하는 사람을 무서워하지 않는다. 마귀가 정말 두려워하는 것은 가장 약한 것같이 보이는 성도 하나하나가 그리스도의 제자가 되어 큰 강을 이루고 강한 나라를 이루는 것이다.

그러기에 제자훈련의 현장은 늘 마귀의 유혹과 시험이 있다. 집요하게 시험하고 공격한다. 이 싸움에서 승리해야 제자훈련에 성공할 수 있다. 우리의 제자훈련 목회 현장에는 항상 우리를 피곤하고 무기력하게 만드는 마귀의 공격이 있다. 사역자가 성적 스캔들에 휩싸여 버리거나 교회가 성장하면서 자기도 모르게 교만해지고 바빠져서 제자훈련을 그만두게 만들고 있다.

이런 영적 전투에서 살아남아 하나님의 뜻을 이루기 위해서는 무릎을 꿇고 기도하는 것이 중요하다. 예수님께서 그런 모범을 우리에게 보여주셨다. 어떻게 보면 예수님이야말로 기도가 필요 없으신 분이다. 그런데 주님은 사역을 시작하면서 성령님께 이끌려 40일 금식기도를 하셨고, 밤과 새벽을 가리지 않고 한적한 곳을 찾아 기도하는 모범을 보여주셨다. 십자가를 앞에 두고 예수님은 감람산에 올라가 기도하셨다.

영적 전투에 임하면서 기도 없이 승리할 수 있을 것이라고 기대하는가? 제자훈련은 기도 없이는 불가능하다. 훈련생 한 사람 한 사람을 놓고 기도하지 않는다면, 아무리 귀납적인 성경공부 인도의 달인이라 하더라도 훈련생은 변화되지 않고 은혜를 경험할 수 없을 것이다. 제자훈련을 인도하는 사람이 훈련생을 위해 얼마나 무릎을 꿇었느냐에 따라서 훈련의 성패가 결정된다고 해도 틀리지 않을 것이다.

⑤ 제자훈련은 집중해야 열매가 나타난다.

제자훈련이 안 된다거나 실패했다는 목회자들의 경우를 살펴보면, 집중하지 않기 때문인 경우가 많다. 다른 일들은 포기하더라도 제자훈련만큼은 결코 포기할 수 없다고 생각할 때 집중이 가능하다. 교회 안에 얼마나 많은 행사들이 있는가? 결혼식, 장례식, 백일잔치, 돌잔치 등 모든 행사를 다 좇아다니고 노회, 시찰회 등 오라고 하는 곳마다 다 참석하면서 제자훈련에 집중할 수는 없다.

새끼 사자는 많은 동물들을 먹이감으로 생각은 하지만 한 마리도 못잡는다. 어미 사자는 그중 한 놈만 끝까지 추격한다. 욕심을 내면 한 마리도 잡지 못한다. 제자훈련도 이와 같다. 소수의 사람에게 생명을 걸어야 한다. 옥한흠 목사는 제자훈련 사역을 시작하는 목회자들에게 이렇게 권했다. "일반목회와 제자훈련이 같은 비중이 되어야 합니다. 여기 있는 당신들이 다른 100명, 200명보다 더 중요하다 라는 마음이 전달되도록 참석한 소수에게 생명을 거십시오."

제자훈련 첫 시간부터 집중해야 한다. 스케줄을 조정하고, 훈련에 방해되는 것들을 제거하고, 인도자나 훈련생이나 모두 취미생활도 자제하고, 영적 생활을 해치는 것들을 결단하고 끊어야 한다. 외부에서 집회를 요청해도 거절하고, 행사나 조직에 참여하는 것도 최대한 절제해야 한다. 가능하면 훈련 시간을 변경하지 말고 휴강이 없도록 해야 한다. 집중하기 때문에 치르게 되는 대가도 만만치 않지만, 제자훈련 하나만 제대로 하기에도 우리의 목회 인생은 너무나 짧다. 집중해야 제자훈련의 열매를 볼 수 있다.

⑥ 제자훈련은 사랑으로 꽃핀다.

제자훈련은 사람에 대한 관심과 사랑에서 시작하고 거기서 꽃을 핀다. 사랑을 생각하면 대개 감정이나 느낌을 떠올리게 마련이다. 누군가에게 마음이 끌리고, 그 사람을 생각하면 설레고, 만나고 싶은 마음이 드는 감정이 사랑이라고 생각한다.

그런데 성경은 좀 다르게 사랑을 표현한다. 고린도전서 13장 사랑장을 보면 "사랑은 오래 참고"로 시작하고 맨 나중은 "오래 견디는 것"으로 끝낸다. 사랑이란 참아주고 인내하고 견뎌주는 것이다. 인내가 사랑의 시작이고 끝이다. 제자훈련을 인도하는 목회자가 훈련생을 대할 때 바로 이런 사랑이 요구된다. 훈련생으로 참여하는 사람이 마음에 들 정도로 잘 준비된 사람이라면 훈련생으로 들어올 이유가 없다. 그에게서 드러나는 부족한 부분, 약한 부분이 보일 때마다 우리를 사랑하신 예수님의 사랑을 떠올려야 한다.

그런데 사실 사람을 두고 오래 참아주는 것이 결코 쉽지 않다는 것이 문제다. 잠깐 참아주는 것은 쉬워도 오래 참는 것은 정말 어렵다. 집안 식구들을 향해서도 인내하는 것이 쉽지 않은데 교회 안에서 만난 사람을 참아주는 것은 오죽 할까? 제자훈련을 통해 예수님을 닮는 사람으로 변화를 이루기 위해서는 기다리는 고통을 감내해야 한다. 마치 아기를 열 달 품었다가 진통을 하며 해산하는 산모와 같다.

예수님은 제자들을 사랑하시되 끝까지 사랑하셨다. 마지막까지 포기하지 않으시는 사랑으로 베드로를 붙드셨다. 훈련생으로 선발하고 제자훈련 자리에 앉도록 했다면 그의 변화를 위해 기도하면서 끝까지 기다려주는 사랑으로 품어야 한다. 단지 가르치겠다는 의욕만으로 훈련생이 변화되지 않는다. 사랑이 없는 지식은 아무리 대단하고 올바른 지식이라고 해도 허공을 맴도는 메아리에 불과하다. 진심으로 아끼고 사랑하는 마음이 사람을 변화시킨다. 사랑이 가장 강력한 힘이다.

그런데 기다리고 인내해줄 대상이 훈련생만 있는 것이 아니다. 목회자 자신을 기다려주는 것도 필요하다. 누구도 처음부터 잘 하는 사람은 없다. 나 역시 수많은 시행착오를 거쳐 여기까지 왔다. 제자훈련 과정에 심각한 실수를 해서 제자훈련을 엎어야할 위기를 만날 수도 있다. 하지만 그런 과정이 스스로의 연약함을 깨닫고 하나님 앞에서 납작 엎드리게 되는 전화위복의 계기가 되기도 한다.

⑦ 제자훈련의 결론은 하나님의 말씀이어야 한다.

성경 말씀은 참고자료가 아니다. 하나님의 말씀이 결론이고 정답이어야 하지만, 제자훈련에 자칫하면 인도자의 경험이나 사상 또는 인도자와 훈련생의 인간적 관계를 앞세우기가 쉽다. 잔재주를 가지고 훈련을 이끌려고 하지 말라. 제자훈련의 모든 결론은 하나님 말씀으로 내려야 한다. 훈련생들이 내리는 결단의 근거가 하나님의 말씀이 되도록 하라.

결론이 하나님의 말씀이 되도록 하려면 인도자의 일방적인 설교나 성경지식을 훈련생들의 머릿속에 부어 넣고 세뇌시키려는 시도를 멈춰야 한다. 종교적인 분위기 속에 무심코 살아가는 종교인들이 하나님의 말씀 앞에서 자신을 돌아보도록 만들려면 질문하고 생각하게 도와야 한다. 성경에서 말하고 있는 진리가 무엇인지 들여다보고 발견할 수 있도록 도우라. 그 말씀이 각자의 인생에 어떤 의미가 있고 어떤 행동을 요구하는지 질문하고 생각을 촉진시키라.

그래서 인도자의 요구 앞에 반응하는 것이 아니라 하나님의 말씀에서 결단하고 행동하도록 도와야 한다. 질문을 던지고, 생각하게 촉진하고, 삶으로 순종하도록 돕는 제자훈련이 되도록 하라.

⑧ 제자훈련은 기막힌 행복을 누리면서 하는 것이다.

옥한흠 목사는 제자훈련의 행복을 이렇게 고백했다.

"누가 나에게 '목사로서 가장 행복한 때가 언제였는가'라고 묻는다면, '제자훈련을 통해 영적으로 잠자던 자들이 깨어나고, 삶의 목적이 바뀌고, 인격적인 결함이 치유되고, 가치관이 달라지고, 그래서 주님을 위해서 아름답게 헌신하는 삶을 사는 자들이 태어나는 것을 보는 것이고, 그것이 한 번의 변화로 끝나지 않고 10년이 넘도록 지속되는 것을 곁에서 지켜보며 감격해할 때'라고 주저하지 않고 대답할 수 있다. 이런 점에서 나는 매우 행복한 목회자였다."

목회자에게 설교는 영광스러운 사역임에 틀림이 없다. 하지만 설교를 준비하는 목회자에게는 설교를 기다리는 청중과 그들을 실망시키지 않으려는 부담감이 너무나 크다. 또한 설교를 하고 나서 누가 은혜를 받고 누가 변화되었는지를 추적하는 것이 어렵다. 하지만 제자 삼는 사역은 누가 은혜를 받았고 누가 변화를 받았는지 그 결과를 확연하게 알 수 있다. 그래서 설교가 가져다준 보람만큼이나 제자훈련을 하면서 누리는 행복이 크다.

성령께서 무지렁이같은 나의 존재를 사용하셔서 성도들의 삶에 아름다운 변화를 일으키시는 역사를 보게 되면 행복을 누릴 수밖에 없다. 이것은 신비다. 그 사역을 해보지 않은 사람은 모른다. 예수님이 왜 우리에게 제자삼으라고 명령하셨는지 아는가? 우리모두가 제자 삼는 사역을 통해 행복하기를 원하시기 때문이다. 제자 삼으라는 명령에 순종하는 제자들에게 "내가 세상 끝날까지 너희와 항상 함께 있으리라"라고 약속하셨다. 그 약속대로 제자 삼는 자들에게는 신실하게 그 약속을 지키실 것이다. 주님께서 이 행복의 자리로 당신을 초대하신다.

(3) 제자훈련 접목을 위한 인도자의 6가지 실제적 준비

① 목회철학을 확립하라

교회에서 제자훈련을 시작하는 데 가장 중요한 것은 목회자의 목회철학이다. 왜 제자훈련을 하는지에 대한 분명한 자기 확신이 있어야 한다. 또한 훈련을 통해 이루길 기대하는 제자의 모습에 분명한 그림이 있어야 한다. 예수님의 모범에서 알 수 있듯이 한 사람을 온전한 그리스도의 제자로 세우는 것은 결코 쉬운 일이 아니다. 때로는 실패한 것처럼 보일 때도 있다. 실제로 예수님이 십자가에 못 박히던 날 제자들은 뿔뿔이 흩어졌다. 만약 분명한 목회철학이 없다면, 우리는 크고 작은 어려움 가운데 쉽게 포기하고 말 것이다.

목회철학은 결국 교회가 무엇인지에 대한 목회적 응답이자 확신이라고 할 수 있다. 이런 점에서 목회철학은 교회론에서 나오는 것이라고 할 수 있다. 목회자는 날마다 교회가 무엇인지 물어야 하고, 누군가 교회가 무엇인지 묻는다면 명확하게 답할 수 있어야 한다. 제자훈련 목회철학을 확립하는 방법으로는 『평신도를 깨운다』(옥한흠 저, 국제제자훈련원, 이하『평깨』)를 정독하는 것을 권한다. 실제로 제자훈련을 실시하는 목회자들 중에는 1년에 한 번씩은 『평깨』를 읽는다는 분들도 있다. 같은 책이지만, 읽을 때마다 새로운 깨달음을 얻기도 하고 다시 한 번 목회철학을 재정립하는 기회가 되기 때문이다.

② 귀납적 성경연구 방법론을 익혀라

사람을 변화시키고 그리스도의 제자로 세워가는 가장 중요한 수단은 하나님의 말씀이다. 예수님 역시 구약성경을 인용하여 제자와 무리들을 가르치고 그들의 삶에 변화를 촉구하셨다. 따라서 목회자는 무엇보다도 말씀으로 잘 무장되어 있어야 한다. 특히 제자훈련은 귀납적 성경연구 방법론을 따라 하나님의 말씀을 다루게 된다. 따라서 제자훈련 인도자는 귀납적 성경연구 방법론에 익숙해져 있어야 한다. 연역적 방법은 진리를 전달함에 있어 증명의 원리를 따른다면, 귀납적 방법은 발견의 원리를 따른다. 귀납적 방법은 성경을 읽고 스스로 묵상하면서 성경이 말하고자 하는 진리를 발견하고 자신의 삶에 적용하는 것이다. 연역적 방법이 강의나 설교에 적합하다면, 귀납적 방법은 양육이나 훈련에 적합하다.

예수님은 무리에게 말씀을 선포하셨을 뿐만 아니라, 제자들에게 질문도 하시고(너희는 나를 누구라고 하느냐) 제자들의 질문에 답도 하시면서(비유의 뜻을 알려 주소서) 사람들을 진리로 인도하셨다. 따라서 목회자는 연역적 방법은 물론 귀납적 방법에도 익숙해져야 한다. 전통적인 목회에서는 설교나 강의와 같은 연역적 방법론을 주로 사용하기 때문에 연역적 방법에만 익숙해지기 쉽다. 따라서 제자훈련을 시작하고자 한다면 귀납적 방법론을 충분히 자신의 것으로 만들어야 한다. 직접 설명하기 보다는 질문을 통해 스스로 생각하고 삶에 적용할 수 있도록 도울 수 있어야 한다. 『삶을 변화시키는 성경연구』(하워드 헨드릭스 저, 디모데)와 『삶을 변화시키는 귀납적 큐티』(김명호 외, 넥서스CROSS)는 귀납적 성경연구방법론에 대해 자세히 다루고 있다.

③ 소그룹을 경험하라

제자훈련은 소그룹 환경에서 이루어진다. 왜 소그룹 환경에서 이루어지는가? 소그룹은 개인이 사라지지 않기 때문이다. 대그룹에서는 개인에게 집중하기 어렵다. 한 사람이 어떤 생각을 하는지, 실제로 어떤 삶을 살고 있는지 파악하기도 어렵고 영적 성장을 가이드 하기도 어렵다. 하지만 소그룹은 한 사람에게 집중할 수 있으며 원하는 영적 성장과 성숙을 이끌어 내기에 용이하다.

예수님은 소그룹으로 훈련해야 한다고 명령하지 않으셨다. 다만 예수님이 3년간 제자들과 보내는 경험은 소그룹 환경의 필요성을 웅변적으로 보여준다. 지도자는 대량생산이 불가능하다. 따라서 제자훈련 인도자는 소그룹이라는 독특한 환경을 이해해야 하며, 나아가 소그룹 인도법을 익힐 필요가 있다. 특히 소그룹은 유기체처럼 단계적으로 성장하므로 상황에 맞게 리더십을 발휘할 수 있어야 한다. 소그룹 관련 서적이나 동료 및 부교역자들과의 워크숍을 통해 소그룹 이론을 배우고 체험하는 것은 제자훈련 지도자에게 매우 중요한 일이다. 〈제자훈련 체험학교〉에 참석하여 소그룹 시범과 실습을 경험하는 것도 좋은 방법이다.

④ 제자훈련의 큰 그림을 그려라.

목회자는 훈련생의 선발에서부터 수료 이후 파송까지 제자훈련 전체에 대한 큰 그림을 가지고 있어야 한다. 한주 한주 제자훈련 시간을 잘 인도하는 것도 중요하지만, 제자훈련 전체 과정에 대한 큰 그림이 없다면 전투에는 승리하지만 전쟁에는 패배하는 불행이 발생할 수 있다. 예를 들어 훈련 이후 파송에 대한 명확한 계획 없이 훈련을 시킨다면, 훈련의 동력을 상실하고 말 것이다. 이 책을 준비한 이유도 이 때문이다. 책의 내용을 숙지하여 제자훈련에 대한 전반적인 그림을 그리고, 자신의 교회에 어떤 식으로 적용할 지에 대한 구체적인 계획이 있어야 한다. 예를 들어 몇 주 과정으로 실시할지에서부터 누구를 대상으로 할지, 과제물을 무엇을 어떻게 내어줄지에 대한 세부계획을 세워야 한다.

⑤ 제자훈련 목회를 준비하라

제자훈련은 교회 내 하나의 프로그램이 아니라, 목회전반에 영향을 미치는 목회적 토대가 된다. 예를 들어 제자훈련이 귀납적 방법으로 진행되면 교회 내 소그룹 역시 귀납적으로 운영되어야 한다. 따라서 제자훈련을 실시한다면, 교회 내 소그룹의 구조와 운영에 대한 전반적인 조정이 필요하다. 또한 제자훈련을 하는 교회들은 대부분 교회 중직자의 조건으로 훈련 수료 여부를 둔다. 즉 훈련을 받지 않으면 교회의 중직이 되지 못하는 것이다. 그만큼 제자훈련이 교회의 중심을 이루는 문화가 되는 것이다. 따라서 제자훈련을 도입할 때는 목회 전반에 대한 계획(어떤 점에서 변화가 필요한 지)을 수립하고 있어야 한다.

옥한흠 목사의 경우, 종종 제자훈련을 쉽게 도입하지 말라고 말했다. 제자훈련을 하다 보면 평신도들이 성경을 보는 눈이 성장하게 되는데, 목회자가 깊이 있는 성경 묵상에 바탕이 된 설교를 하지 않는다면 오히려 훈련 받은 성도들이 교회를 떠나는 역효과가 나타날 수 있다는 것이다. 그만큼 제자훈련은 목회자의 자기 성장을 요구하게 되며, 이에 대한 각오가 없이는 함부로 시작하지 말라는 것이다. 다만 제자훈련이 힘들지만 실시하는 이유는 평신도 훈련의 열매 때문이다. 한 사람이 영적으로 성장하고 성숙해지는 과정을 지켜보는 것만큼 큰 목회적 기쁨이 없기 때문이다.

⑥ 자신을 점검하라

앞서 서술한 바와 같이 제자훈련은 소그룹 환경에서 이루어진다. 따라서 목회자도 훈련생들 한 사람 한 사람 인격을 들여다볼 수 있지만, 목회자의 삶과 인격이 훈련생들에게도 드러날 수밖에 없는 구조다. 예수님 역시 제자들과 함께 지내셨다. 제자들은 예수님이 어떻게 기도하는지, 인생의 문제 앞에서 어떻게 반응하는지 가까이서 자세히 볼 수 있도록 하셨다. 오히려 이를 통해 자신을 본받기를 원하셨다. 따라서 제자훈련 인도자는 자신의 인격과 삶을 가식적으로 꾸밀 수 없으며, 인도자가 먼저 그리스도를 본받기 위해 노력하지 않는다면 훈련생들 역시 제자훈련 프로그램에 참여는 하지만 진심으로 그리스도를 본받으려고 하지 않을 것이다. 그렇기 때문에 바울 역시 그리스도를 본받으라고 말한 것이 아니라, "내가 그리스도를 본받는 자 된 것 같이 너희는 나를 본받는 자 되라"(고전 11:1)고 말한 것이다.

물론 이것이 완벽한 사람이 되라는 의미는 아니다. 옥한흠 목사는 은퇴를 앞둔 마지막 순장반(소그룹 지도자 모임) 때 다음과 같이 물었다. "순장님들, 옥한흠 목사가 평생을 제자훈련을 하자고 외쳤는데, 옥한흠 목사를 떠올리면 예수님이 떠오르십니까?" 그랬더니 순장들이 아무 답도 하지 않았다. 그러자 옥한흠 목사는 "제가 여러분의 수준을 낮게 봤습니다. 질문을 바꾸겠습니다. 옥한흠을 떠올리면 그리스도를 닮기 위해 노력하는 자가 떠오르십니까?" 그러자 "예"라고 순장들이 한목소리로 답했다. 결국 중요한 것은 의지다. 목회자가 먼저 그리스도를 본받기 위해서 노력하는 모습을 보일 때 훈련의 열매가 나타나게 된다. 따라서 목회자는 제자훈련을 시작하기 전에 "나는 그리스도를 본받고자 날마다 노력하고 있는가?"라는 질문에 대한 해답이 있어야 한다.

2. 토양 분석

(1) 진단하고 처방하라

① 먼저, 진단하라

교회가 새롭게 변화될 때 중요한 것은 "어디서 떨어졌는지를 생각하는 것"(계 2:5)이다. 즉, 정확한 진단이 있어야 새로운 변화의 발판을 마련할 수 있다. 목회자들이 흔히 저지르는 실수 중 하나는 다양한 프로그램을 정확한 진단 없이 적용하는 것이다. 비전을 제시하고 달려가는 것보다 먼저 해야 하는 일은 바로 진단이다. 『다시, 불길로 타오르게 하라』의 저자 해리 리더 목사가 파인랜즈 장로교회에 처음 부임했을 때 가장 먼저 한 것은 기존 사람들을 심방하는 일이었다. 모든 변화는 정확한 진단에서 시작되기 때문이다. "파인랜즈 장로교회 재활성화 사역에서 내가 가장 먼저 한 일은 홍보를 하는 것도, 동네에 광고를 하는 것도, 새로운 프로그램을 도입하는 것도 아니었다. 내가 가장 먼저 한 일은 장로들과 함께 기존 회중의 가정들을 방문하는 것이었다." 길을 잃었을 때 지도를 보면서 제 길을 찾아가려면 내가 어디로 가고 있는지를 아는 것보다 현재 어디에 있는지를 아는 것이 더 중요하다. 현재 위치를 알아야 지도를 보고 방향을 정할 수 있기 때문이다. 제자훈련을 접목하는 과정도 마찬가지다. 목회자가 "제자 삼아야 교회가 산다"라는 뜨거운 열정 하나만 가지고 "우리 교회는 다음주부터 제자훈련을 실시할 것입니다. 그렇게 알고 따라와 주십시오."라고 선전포고하듯이 훈련을 시작한다면, 거의 대부분 실패를 경험하게 된다. 새로운 시도를 하기 전에 우리 교회가 가지고 있는 전통은 무엇이고, 교회를 구성하고 있는 사람들이 누구이며, 우리 교회가 안고 있는 문제는 무엇이 있는지를 파악해야 한다. 나아가 전통적인 교회의 틀 속에서 제자훈련을 실시할 경우 어떤 반응이 있을지도 예상해 보아야 한다. 또한 제자훈련을 받을 수 있는 그룹과 그렇지 못한 그룹이 있다는 것을 파악하고, 훈련에 임할 수 없는 그룹의 사람들이 소외감을 느끼지 않을 수 있는 대안이 있는지도 살펴보아야 한다. 만약 끝까지 훈련에 반대하는 사람이 있을 경우에는 어떻게 대할 것인지에 대한 대책도 마련해 놓아야 한다.

② 처방하라

광주사랑의교회 박희석 목사는 제자훈련을 하는 조건으로 부임을 했기에, 제자훈련을 시작하는 데에는 아무런 문제가 없었다. 그러나 충분히 양육되지 못한 교회에서 성급하게 제자훈련을 시작했기 때문에 시행착오를 겪었다. "(제자훈련의 중요성에 대해) 2년 동안 귀에 못이 박히도록 반복해서 이야기 했다. 그런데 훈련생들의 반응은 여전했다. 신년예배 때 1년 동안 교회에서 섬기고 싶은 사역에 표시해서 내라고 종이를 나눠줬다. 나중에 수거된 종이를 살펴 보니 제대로 표시가 된 것은 한 장도 없었다. 행사 중심의 신앙생활이 몸에 배어 있던 성도들에게 자발적인 사역에의 동참을 가르치는 것은 그리 쉬운 일이 아니었다." 시행착오 끝에 박희석 목사는 대각성 전도집회와 전도폭발을 통해서 돌파구를 찾게 되었다. 전도를 통해 예수님을 믿지 않던 영혼들이 교회에 등록하고, 기존의 성도들은 복음의 은혜를 체험하면서 교회가 활기를 되찾았다. 지방 소도시 교회의 현장을 정확히 진단했기 때문에 가능한 일이었다.

강남교회에 부임했던 송태근 목사는 강남교회로 부임할 당시 옥한흠 목사를 찾아가 조언을 구했다. "목사님께 저의 상황과 앞으로의 계획에 대해 쭉 말씀드렸습니다. 그랬더니, 목사님께서는 두 가지만 당부하겠다며, '강남교회는 전통적인 교회니까, 우선 첫 해에는 의자 줄 하나 주보 글자 하나 바꾸지 말고, 무지막지하게 기도하고 목숨 걸고 강단을 충실히 지켜라'라고 말씀하셨습니다. 그 말씀을 통해 저는 무엇보다도 중요한 것은 사람을 세우는 것임을 다시 한 번 깨달을 수 있었습니다." 강남교회가 제자훈련을 잘 정착할 수 있었던 배경에는 정확한 현장 분석이 있었다. 제자훈련을 교회에 정착시키려면 프로그램을 도입하는 것이 아니라 자신이 속한 교회의 토양을 분석해야 한다.

팀 켈러 목사는 『팀 켈러의 센터처치』에서 무분별한 프로그램을 도입하는 목회자들에게 이렇게 말했다. "몇 년간 컨퍼런스를 하며, 참관자들이 붙잡아야 할 중요한 것은, 리디머 교회가 열매 맺는 비결이 '어떤 목회 프로그램을 사용 했느냐?' 하는 것보다 그 방법들에 도달하기 위해서 어떻게 했는가 하는 것이다. 우리는 복음의 본질과 적용에 대해 오랫동안 숙고했다. 그리고 뉴욕의 문화에 대해서도 오랜 기간 열심히 공부했다." 처방보다 중요한 것은 먼저 바르게 진단하는 것이다.

(2) 개척교회 제자훈련 접목을 위한 질문

이번 장에서는 개척교회 목회자들이 제자훈련을 실시할 때 갖게 되는 몇 가지 질문에 대해 함께 나누어 보자.

① 개척교회 제자훈련, 언제부터 시작할 것인가?

제자훈련을 실시하려는 개척교회 목회자들이 가장 궁금해하는 것 중 하나는 언제부터 제자훈련을 시작하면 좋은가 하는 점이다. 일반적으로는 어느 정도의 규모가 갖추어진 후에 제자훈련을 실시하는 것이 좋지 않은가 생각하기 쉽다. 하지만 개척교회에서 제자훈련을 실시한 경험이 있는 목회자들은 사람만 있다면 기다리지 말고 바로 제자훈련을 시작할 것을 권한다.

인천 부평구에 위치한 M 교회의 K 목사는 이렇게 말한다. "저는 올해로 개척한지 13년이 되는데, 제자훈련을 시작한 것은 5년 전이었습니다. 제자훈련을 시작하기 전까지는 교회 역사가 꽤 흘렀지만 성도수가 20명 남짓의 개척교회나 다름이 없었습니다. 저는 제자훈련 지도자 세미나를 통해 제자훈련을 접하자마자, 바로 세 사람을 데리고 제자훈련을 시작했습니다. 적은 수이지만 이들의 영혼을 가지고 씨름할 때, 하나님께서 기뻐하신다는 느낌을 많이 받았습니다. 그 결과 지난 5년간 제자훈련을 꾸준히 실시하고 있으며, 이로 인해 교회적으로 누린 영적 유익이 컸습니다."

경기도 고양시에 위치한 H 교회의 J 목사 역시 동일한 의견이다. "사람이 모일 때까지 기다리다 보면 3~4년이 금방 지나갈 수 있습니다. 훈련시켜도 될 만한 사람이 있다면 두세 사람이라도 훈련을 시작해야 한다고 저는 생각합니다. 물론 충성된 사람인지에 대해서는 판단을 해야 합니다. 하지만 일단 확신이 서면 기다리지 말고 적은 수라도 제자훈련을 시작하는 것이 좋습니다. 오히려 기다리다가 기회를 놓쳐버릴 수 있다고 생각합니다." H 교회의 경우 개척 초기부터 꾸준히 제자훈련을 실시해 왔고, 상가 지하라는 어려운 여건에도 불구하고 교회가 꾸준히 양적으로도 성장해 왔다.

다시 말해 제자훈련을 언제부터 시작해야 할지는 단순히 성도수에 달린 문제가 아니라는 것이다. 즉, 제자훈련 인도자가 제자훈련에 대한 분명한 철학이 있고, 훈련받을 만한 성도가 적은 수라도 있다면 제자훈련을 시작할 수 있다는 것이다. 뿐만 아니라, 제자훈련을 개척 초기부터 시작할 경우, 제자훈련을 통해 교회의 DNA를 형성할 수 있다는 장점이 있다. 게다가 제자훈련의 경험이 없는 목회자라면, 제자훈련을 하면서 노하우도 쌓이고, 목회자 자신이 성장하는 유익도 누릴 수 있다.

경기도 고양시에서 위치한 O 교회의 K 목사는 이렇게 말한다.

"저는 개척 전부터 제자훈련에 대한 관심을 가지고 있었습니다. 그래서 개척을 시작하자마자 사모와 성도 한 명을 데리고 바로 제자훈련을 시작했습니다. 이를 통해 저는 두 가지 유익을 경험했습니다. 첫째는 제자신이 훈련을 통해 성장을 했다는 것입니다. 그리고 둘째는 교회의 토양이 처음부터 제자훈련으로 자리잡을 수 있다는 점이었습니다. 그래서 저는 사람이 없으면 사모와 함께라도 자신을 먼저 훈련시킨다는 마음 자세로 제자훈련을 시작하는 것이 좋다고 생각합니다."

② 훈련할 만한 사람이 없다?

제자훈련과 관련해서 개척교회가 갖고 있는 문제는 영적으로 충분히 준비된 성도가 부족하다는 것이다. 실제로 개척교회는 특별한 경우를 제외하고는 대부분이 초신자나 기존 교회에 적응하지 못한 사람들이 주를 이루게 되는 것이 현실이다. 따라서 훈련을 받을 만큼 영적으로 충분히 준비된 사람을 기다리기보다는, 오히려 훈련을 통해서 사람을 세워가겠다는 마음의 자세가 더 필요할 것이다.

실제로 제자훈련을 통해 건강한 교회로 세워진 많은 교회들의 1기 제자훈련생들의 면모를 보면 객관적으로 준비된 사람들이라고 보기가 어렵다. 그럼에도 불구하고 목회자가 이들을 데리고 시간과 열정을 투자할 때, 사람들이 변하고 이들을 통해 교회가 새로워지는 것을 보게 되는 것이다.

제자훈련 모델교회로 잘 알려진 평택대광교회(담임 배창돈 목

제자훈련목회 이렇게 하라!

사)의 경우도, 제자훈련을 받겠다는 사람이 없어 사모와 성도 세명을 데리고 1기 제자훈련을 시작할 수밖에 없었다. 이들 중에는 과거의 직업, 학력 등 여러 면에서 준비된 사람이라고 할 만한 사람이 없었다. 하지만 훈련을 통해 이들의 삶 속에 열매가 맺히면서 제자훈련이 뿌리내리게 되었고, 이는 교회가 건강해지고 성장해가는 모판이 되었다. 제자훈련의 진정한 강점은 연약한 자들을 그리스도의 군사로 세울 수 있다는 점에 있다. 따라서 제자훈련은 개척교회에서도 그 효과가 동일하게 나타날 수 있는 것이다.

제자훈련을 실시하는 데 있어 어떤 사람을 훈련에 참여시킬 것인지는 중요한 문제다. 그런데 준비된 사람을 찾기보다는, 어떻게 훈련생들을 영적으로 준비시켜 훈련에 참여하게 할 것인가에 대해 보다 많은 고민과 노력이 필요할 것이다. 물론 제자훈련에 충분히 익숙한 목회자라면, 준비가 덜 된 훈련생이라도 훈련 과정을 통해 영적인 성장과 성숙을 맛보고, 이를 통해 삶의 열매를 맺도록 인도할 수 있을 것이다. 하지만 그렇지 않은 경우라면, 훈련 전에 충분히 양육과정을 수행하는 것이 제자훈련의 시행착오를 줄이고 열매를 크게 하는 데 도움이 될 것이다. 정리하면 훈련시킬 만한 훈련생이 없다면, 훈련받기에 충분하도록 양육한 후 훈련에 동참하도록 하면 좋을 것이다.

통상 제자훈련의 경우 1-2년 과정으로 진행되며, 과제물도 많고 훈련 강도가 높다. 따라서 훈련에 들어오기 전에 단기간의 낮은 수준의 양육과정을 실시하는 것이 훈련생들을 영적 준비를 하는 데 도움이 된다. 5주 과정의『영적 성장의 첫걸음』과 13주 과정의『영적 성장의 길』(김명호, 양승언, 디모데)의 경우, 옥한흠 목사의 제자훈련 교재와 같은 철학과 방법론으로 구성되어 있기에 제자훈련 전 단계 양육을 하는데 도움이 될 것이다.

또한 목회자가 직접 소그룹 모임을 인도하는 것도 좋은 방법이다. 이는 훈련받게 될 성도들이 소그룹 환경과 귀납적 성경공부를 경험한 후 훈련에 참여하게 함으로 훈련의 효과를 크게 할 수 있다. 뿐만 아니라 훈련생들이 수료 후 실제 사역 현장에 투입되었을 때를 위한 소그룹의 토양을 갖출 수 있다. 게다가 소그룹 환경에 익숙하지 않은 목회자라면, 목회자 자신이 소그룹 환경과 귀납적 성경 연구에 익숙해지는 기회를 갖게 될 수도 있다. 교회의 규모가 작은 개척 교회의 경우, 이 방법은 별도의 양육 프로그램을 만드는 것보다 효과적일 수 있다. 이때 목회자가 인도하는 소그룹은 앞으로 교회 전체의 소그룹의 DNA를 심는 역할을 할 수 있다.

③ 훈련의 강도는 어떻게 하나?

개척교회 목회자라면 한 명의 성도가 얼마나 중요한 지 굳이 말하지 않아도 충분히 느낄 수 있을 것이다. 그런데 이러한 현실은 한 영혼이라도 귀하게 여기는 마음으로 나타나기도 하지만, 때로는 교회를 떠나면 어떻게 하나라는 두려움으로도 나타나기도 한다. 그래서 이러한 두려움으로 인해 제자훈련에 대한 강한 동기부여도 못하고, 제자훈련을 실시할 때도 훈련의 수준을 낮추고자 하는 유혹에 종종 부딪히기도 한다.

현장 목회자들은 한결같이 이렇게 말한다. "훈련생들이 처음에는 훈련에 대해 부담스러워하지만, 훈련생 한 명 한 명의 영적 성장을 위해 애쓰는 목회자의 모습에 나중에는 오히려 감사하게 생각하고 기쁨으로 훈련 받게 된다." 바꿔 말하면, 성도들에게 제자훈련이 부담일 수도 있지만, 제자훈련만큼 축복의 시간도 없는 것이다. 분명 중간에 포기하는 사람도 있을 수 있지만, 다른 훈련생들이 훈련을 마친 후 변화된 모습을 보면서 다시 훈련에 들어오게 되며, 그렇게 떠날 사람이라면 언젠가는 떠날 사람이라는 것이다. 따라서 무엇보다도 중요한 것은 지도자의 확신과 용기이다.

경남 양산시에 위치한 P 교회의 K 목사의 경우, 제자훈련 지도자 세미나를 참석하기 전에 이미 자체적으로 옥한흠 목사의 교재를 가지고 제자훈련을 실시하고 있었다. 그러나 세미나를 마친 후에 자신이 이때까지 해왔던 제자훈련이 잘못된 것이었음을 뼈저리게 느끼게 되었다. 그러나 수료식을 한 달 앞두고 있었으므로, 처음부터 다시 하자고 말할 용기가 생기지 않았다. 하지만 만약 그대로 졸업한다면 제자훈련에 대한 잘못된 인식과 토양만이 생기고, 나아가 하나님이 바라시는 교회도 세우지 못할 것이라는 생각이 들었다. 그래서 인도자 자신을 비롯하여 전원 유급하자고 제안했고, 결국 1기 제자반은 3년에 걸쳐 같은 교재로 두 번 훈련 받게 되었다.

새롭게 시작된 1년은 이전과는 전혀 다른 시간들이었다. 1기 제자반을 함께 받은 K 목사의 사모는 당시를 이렇게 회상한다. "저뿐만 아니라, 모든 훈련생이 처음에는 의아해했던 것이 사실입니다. 그래도 목사님을 믿고 따랐는데, 아니나 다를까 귀납법적으로 교재를 다루며, 서로의 삶을 말씀 앞에 내려 놓고 씨름하게 되자, 같은 교재인데도 이전과는 전혀 다르게 다가왔습니다. 결국 서로의 삶에 안고 있던 문제들이 터져 나왔고 매시간 눈물 없이 훈련받을 수 없게 되었습니다."

분명한 확신과 용기가 없었다면, 결코 이런 결단을 내리지 못했을 것이다. 이러한 확신과 용기에는 반드시 훈련을 통한 열매가 뒤따라야 한다. 훈련생들이 어렵게 헌신하는 훈련이 형식적으로만 흐른다면 결국 부담으로만 끝나고 오히려 부정적 영향만을 남기게 될 것이기 때문이다. 따라서 인도자는 훈련생들에게 헌신을 요구한 만큼, 그들이 훈련의 열매를 맛 볼 수 있도록 목숨을 걸어야 한다.

④ 훈련시켜도 사역할 장이 없다?

개척교회에서 제자훈련을 실시하는 목회자들의 또 다른 고민 중 하나는, 훈련 후 어떤 사역을 맡겨야 하는지에 대한 것이다. 만약 교회가 꾸준히 성장하여 충분한 소그룹 수를 유지할 수 있다면 훈련생들이 수료 후 소그룹 현장에서 일할 수 있으므로 이상적일 것이다. 하지만 그렇지 않은 경우라면 "막상 훈련을 시켜 놓았는데 맡길 일이 없다"라는 고민이 생길 수밖에 없다. 특히 전체 성도 중 훈련생이 차지하는 비율이 상대적으로 높을 수밖에 없는 개척교회의 경우는 더욱 그렇다.

M 교회의 K 목사는 이렇게 말한다. "저 역시 개척 초기에 사역의 장을 어떻게 만들지가 고민이었습니다. 그래서 화장실 청소나 식당 봉사와 같이 아주 사소한 일부터 시작해서 교회 내에서

섬김의 손길이 필요한 영역들을 목록으로 만들어 보았습니다. 그런 다음 훈련받는 분들에게 이들 사역 중 한두 가지를 섬기도록 도전하였습니다. 그랬더니 사역을 통해 얻는 기쁨과 훈련을 통한 영적 성숙이 서로 상승효과를 가져와 훈련의 열매가 더욱 컸습니다. 그래서 우리 교회는 지금까지 거의 모든 훈련생이 훈련 기간 중 교회 내 작은 사역과 봉사라도 참여하게 하며, 이 사역목록은 지금도 계속해서 늘어가고 있습니다."

모든 훈련생이 사람을 세우는 사역에 직접적으로 관여할 수는 없겠지만, 교회 내 다른 사역의 장은 개척교회라도 얼마든지 발굴할 수 있다는 설명이다. P 교회의 K 목사 역시, 도시와 시골의 경계라는 지역적 특성으로 인해 교회의 건강도와는 별개로 성장 속도가 더딜 수밖에 없어 비슷한 고민을 하게 되었다. 그래서 소그룹 지도자로 파송 받지 못한 사람들에게는 화요 전도 모임이나 주중 중보기도 체인 등 교회 내 가장 기본적인 사역에 헌신하도록 하였다. 그런데 같은 사역이라도 훈련된 사람들이 맡으니까 그 열매가 달라지기 시작했다고 한다. 그 결과, 사역의 장이 풍성해졌을 뿐만 아니라, 꾸준한 전도와 기도의 분위기가 교회 내에 형성되면서 교회 성장의 중요한 동인이 되었다.

결국 사역의 장의 개발도 중요하지만, 그 사역을 맡은 사람에게 얼마나 섬김의 마음과 자세가 있는지를 고려하는 것이 더 중요하다고 할 수 있다. 영적으로 성숙하지 않은 사람이라면 어떤 사역을 맡더라도 사역의 열매가 작을 수밖에 없고, 반대의 경우는 어디에서 어떤 사역을 하든지 긍정적인 영향을 미칠 것이기 때문이다. 따라서 목회자는 훈련생에게 어떠한 사역을 맡기느냐 못지 않게, 그들이 훈련을 통해 성숙한 마음과 자세를 갖게 하는 데 집중해야 할 것이다. 또한 사역의 초점을 교회 안뿐만 아니라 교회 밖으로 돌리면 사역의 장은 더욱 풍성해지게 된다. 물론 교회 운영도 버거운 상황에서 어떻게 교회 밖 사역을 감당할 것이며, 이는 어느 정도 규모가 갖춘 후에나 전개할 수 있는 것 아니냐고 반문할 수 있을 것이다. 하지만 개척 초기부터 교회 밖 사역을 전개한 교회의 경우, 목회자가 분명한 철학과 확신을 가지고 비전을 제시한다면 개척교회라도 충분히 가능하다고 이야기한다.

강원도 춘천시에 위치한 S 교회의 L 목사의 경우, 개척 초기부터 호스피스 사역을 꾸준히 전개해 왔다. 덕분에 지금도 호스피스 사역은 물론 노인복지 사역 등 지역사회를 대상으로 한 다양한 사역들을 전개하고 있다. 특히 외부 사역을 통해 오히려 교회가 더욱 건강해지는 계기가 되었다고 말한다. 개척 초기부터 세상을 향해 섬기고 복음을 증거함으로써 성도들이 보냄받은 제자로서의 정체성을 갖게 하였고, 이는 개인의 영적 성장은 물론, 교회의 건강과 성장을 유지하는 비결이 되었다는 것이다.

⑤ 사람이 없는데 훈련을 계속해야 하나?

분명 제자훈련은 질적인 면이나 양적인 면에서 교회의 성장에 긍정적인 영향을 미치게 된다. 특히 개척교회의 경우, 훈련생들은 전도의 강한 동인이 되고 교회성장의 중요한 모판이 된다. 옥한흠 목사의 제자도의 세 가지 요소 중 하나가 "증인"임을 감안한다면, 어쩌면 이런 결과는 제자훈련을 통해 당연히 뒤따르는 것이라고도 할 수 있겠다. 하지만 교회의 양적인 성장은 하나님의 은혜의 영역이므로 때로는 그 성장이 더딜 수가 있다. 이럴 경우 훈련을 계속해야 하는 지에 대한 고민이 생길 수 있다. 왜냐하면 미성숙한 성도에게 사역을 맡기는 것도 위험하지만, 훈련을 받은 사람에게 아무 사역도 맡기지 않는 것 또한 좋지 않기 때문이다.

이때 목회자는 빨리 많은 수의 훈련생들을 배출하기보다는 꾸준히 적은 수라도 훈련을 받는 분위기를 교회 내에 형성하기 위해 노력해야 한다. O 교회의 K 목사는 이렇게 말한다. "일단 시작했으면 중단하지 않는 지구력이 중요하다고 생각합니다. 저의 경우, 첫 해에 사모와 성도 한 명을 데리고 훈련을 했습니다. 그 다음에는 다섯 명을 데리고 했습니다. 그런데 생각만큼 금방 훈련의 열매가 나타나지 않았습니다. 그럴 때마다 저는 저를 훈련하는 시간이라고 생각하고, 적으면 적은 대로 한두 명이라도 데리고 욕심 부리지 말고 행복하게 훈련하자고 다짐하곤 했습니다. 그랬더니 정말 나와 같은 마음을 가진 평신도 동역자들이 세워지면서 교회가 달라지고 성장하기 시작했습니다." H 교회의 J 목사 역시 이렇게 말한다. "성장이 더디더라도 한 사람만 있어도 훈련시키겠다는 자세가 중요하다고 생각합니다. 결국 그것이 주님의 방법이라고 생각합니다. 이러한 한 사람의 대한 분명한 철학을 가지고 훈련시키다 보면, 하나님께서 은혜를 주시는 시기가 온다고 저는 믿습니다."

결국 제자훈련을 지속할 것인가 말 것인가의 문제는 교회의 양적 성장이라는 객관적인 여건이나 상황보다는 제자훈련에 대한 목회자의 철학이 분명한가에 따라 결정된다는 것이다. 다시 말해 목회자의 한 사람에 대한 철학과 자기 확신이 분명하다면, 훈련받을 사람이 부족할지라도, 없어서 못 하지는 않을 것이다. 사람이 없어서 못 할 사람이라면, 결국 사람이 많아도 안 할 확률이 큰 사람임을 잊지 말아야 한다.

개척교회에서 제자훈련을 실시하는 것은 분명 쉬운 일이 아니다. 하지만 현재 제자훈련 모델교회로 세워진 많은 교회들이 개척교회에서부터 제자훈련을 실시한 교회임을 감안할 때, 힘든 만큼 그 열매가 크다는 것을 알 수 있다. 중요한 것은 환경이 아니라, 목회자가 누구냐는 것이다. 목회자가 분명한 확신과 비전, 그리고 한 사람을 붙잡고 오랜 시간을 씨름할 열정이 있다면 반드시 그 열매를 거두게 되리라고 믿는다. 반가운 소식은 여전히 개척교회라는 척박한 현장 속에서 분투하는 목회자들이 많다는 것이다. 그리고 이들의 모습 속에서 여전히 제자훈련 목회에 대한 소망을 갖게 된다.

(3) 기성교회 제자훈련 접목 시 부딪히는 문제들

모든 교회가 마찬가지겠지만, 기성교회의 경우 제자훈련을 접목할 때 문화적 충돌이 심할 수밖에 없다. 제자훈련은 전통적인 신앙관과 교회관에 변화를 가져오기 때문에, 기존의 질서나 문화와의 대립은 불가피한 면이 있다. 심지어는 제자훈련을 시작하기도 전에 포기해야 하는 경우가 발생하기도 한다. 따라서 이러한 문화적 충돌을 어떻게 다룰 것인가는 기성교회에서 제자훈련을 접목할 때 중요하게 다뤄져야 할 문제라고 할 수 있다.

① 속도의 충돌: 변화를 준비할 때, 한 발만 앞서라

기성교회에서 제자훈련을 접목할 때, 자주 발생하는 문제는 속도의 충돌이다. 기성교회는 새로운 것이나 변화를 받아들이는 속도가 느릴 수밖에 없다. 특히 교회의 역사가 길면 길수록, 규모가 크면 클수록, 성도들의 연령층이 높으면 높을수록 변화의 속도가 느린 것이 일반적인 경향이다. 문제는 이러한 현실을 무시한 채 조급하게 변화를 추구할 때 발생한다.

많은 목회자들이 제자훈련에 대한 기대와 의욕으로 현장에 돌아가서 바로 제자훈련을 시작하고, 곧 열매가 맺히기를 기대하는 경우가 있다. 하지만 현실은 기대만큼 빠르게 변하지 않고, 열매가 드러나지도 않는다. 이러한 현실과 목회자의 인식 차이는 목회자를 지치게 만들어 제자훈련을 중도에 포기하게 만드는 원인이 된다.

이런 점에서 앞서 언급한 강남교회 송태근 목사의 사례는 주목할 만하다. 젊은 나이에 외국 유학까지 마친 송 목사는 40년의 역사를 지닌 강남교회에 부임할 당시에 아무래도 의욕이 앞설 수밖에 없었다. 부임 전 옥한흠 목사로부터 "1년 동안은 주보 한 줄, 의자 줄 하나 바꾸지 말라"는 조언을 들었던 처음에는 의아했으나, 그 조언이야말로 당시 자신에게 꼭 필요한 것이었다고 송 목사는 회상한다. 만약 그때 자신이 조급하게 변화를 시도했다면 지금의 강남교회는 없었을 것이라고 그는 말한다. 이처럼 기성교회에 제자훈련을 접목하고자 한다면, 무엇보다도 조급증을 버릴 필요가 있다. 지도자는 사람들보다 한 발만 앞서가는 사람임을 잊지 말아야 한다.

② 경험의 충돌: 과거의 헌신을 이해하라

기성교회에는 낡은 피아노 하나, 투박한 강대상 하나, 의자 하나에도 숨겨진 과거의 헌신이 담겨 있다. 사람들은 과거의 경험에 의해 직간접적인 영향을 받는다. 변화는 자칫하면 과거에 대한 도전으로 받아들여지기 쉽다. 이런 경우 과거의 헌신을 경험했던 이들은 옳고 그름을 떠나 새로운 변화를 거부하게 된다. 따라서 목회자는, 특히 새롭게 부임한 목회자라면 변화를 시도하기 전에 과거를 이해할 수 있어야 한다. 과거를 이해하고 과거의 헌신을 존중하며 변화를 추구할 때, 불필요한 충돌과 아픔을 최소화할 수 있다.

울산교회의 정근두 목사는 어느 날 장로들로부터 식사 초대를 받게 된다. 그 자리에서 정 목사는 A4용지 4-5분량의 건의서를 받았는데, 건의서의 주된 내용은 자신들이 들었던 방식으로 설교해 주고, 자신들이 경험했던 방식으로 목회를 해 달라는 것이었다. 특히 건의서 내용 중 설교에 대한 것이 가장 많았다. 유학을 가 설교학을 전공하였고, 설교에 있어서 손꼽히는 강사로 활동했던 그에게는 답답한 노릇이었다. 하지만 정 목사는 "투박했지만 이러한 부딪힘 역시 서로를 알아가는 과정"이라고 말한다. 어린 시절 시골에서는 새로운 친구가 이사를 오면, 으레 또래 중 한 명과 싸운 후 친해지는 것처럼, 사귐의 과정으로 이런 방식을 택했다고 느꼈다는 것이다. 만약 그때 정 목사가 이들의 과거를 이해하지 않고, 감정적으로 대처했다면 오늘의 울산교회는 없었을 것이다.

③ 형식의 충돌: 비본질적인 싸움은 피하라

모든 변화는 내용과 형식, 전부를 포함한다. 그런데 기성교회에 제자훈련을 접목하는 데 있어, 내용이 아니라 소그룹의 명칭 등 형식의 변화부터 시작하고 집중함으로 인해 어려움을 겪게 되는 것을 종종 보게 된다. 하지만 보다 본질적인 싸움은 내용의 문제이고, 내용이 변화되면 형식은 자연스럽게 따라가게 됨을 기억할 필요가 있다.

물론 어느 시점이 지나면 형식의 변화 역시 필요하다. 때로는 의도적으로 형식의 변화를 가져옴으로써, 교회가 변화의 시점에 와 있음을 전 성도에게 인식시킬 수도 있다. 하지만 내용이 담기지 않은 형식의 변화는 불필요한 문화적 충돌을 야기하게 된다. 무엇인지 알지도 못한 채 변화의 현장에 뛰어들 사람은 많지 않기 때문이다. 따라서 형식의 변화로 인한 비본질적인 싸움은 되도록 피하고, 내용의 변화라는 본질적인 문제에 집중할 필요가 있다.

장충교회 남창우 목사 역시 "늘 열 중 서넛은 장로들에게 져주라"라고 권면한다. 정말 양보할 수 없는 본질적인 부분은 더디 가더라도 양보하지 않아야 하겠지만, 그렇지 않은 영역에 대해서는 장로들을 존중하라는 것이다. 그 결과, 첫 장로 제자반 수료식 때 장로 한 분은 "나는 언제나 선거 때면 1번만 뽑아 온 사람입니다.

그만큼 변화를 싫어했던 사람입니다. 그러나 이제는 2번도 뽑으라면 뽑을 수 있는 사람이 되었습니다."라고 간증까지 하게 되었다. 형식을 양보하고 내용에 집중한 결과가 낳은 변화인 것이다.

④ 대상의 충돌: 침묵하는 다수를 주목하라

모든 변화에는 적극적 수용자와 적극적 반대자, 그리고 침묵하는 다수가 존재한다. 변화를 도입할 때, 가장 먼저 주의해야 할 대상은 적극적 수용자이다. 목회자가 이들에게 집중하여 변화를 추구한다면, 변화를 빨리 추구할 수 있겠지만 그만큼 심한 반발도 경험하게 될 것이다. 따라서 기성교회에서 제자훈련을 접목하고자 하는 목회자는 적극적 수용자를 중심으로 변화를 이루어가겠다고 생각해서는 안 된다. 오히려 이들에게 함께 인내하며 기다려줄 것을 요구해야 한다.

다음으로 주의할 대상은 적극적 반대자이다. 아무리 좋은 변화라도 적극적 반대자는 존재하기 마련이다. 특히 이들은 자신의 주장을 강하게 펼치기 때문에 반대가 실제보다는 크게 느껴지게 된다. 목회자가 이들에게 집중하게 되면, 변화를 포기하거나 반대자의 의견에 대응하는 데 너무 많은 에너지를 소모하게 된다. 사실 이들을 변화의 옹호자로 만들기는 현실적으로 어려울 수 있다. 하지만 이들을 배제하는 것이 아니라 오히려 적극적으로 훈련의 과정에 들어오도록 권면할 필요가 있다. 훈련을 받았다는 사실만으로 변화에 대한 암묵적 지지자로 만들 수 있기 때문이다.

하지만 결국 변화는 적극적 수용자나 적극적 반대자와 같은 양극단이 아닌 침묵하는 다수에 의해 이루어진다. 사실 변화를 추구하다 보면 양극단의 목소리에 집중하기 쉽다. 하지만 침묵하는 다수가 어떤 영적인 상태이며 영적 변화에 대한 갈증을 느끼고 있는지, 변화에 대한 어떤 기대감과 거부감이 있는지 파악하는 것이 중요하다. 그리고 이들의 눈높이에 맞춰 변화의 속도와 방향을 조정하는 것이 필요하다. 이를 위해 이들의 목소리를 들을 수 있는 충분한 시간과 기회를 가질 수 있어야 한다.

⑤ 인식의 충돌: 문화는 전염병이다

기성교회에서 변화를 추구할 때, 변화의 필요성에 대해 모두가 목회자와 동일하게 느끼지 않는다. 오히려 어떤 이들은 자신의 상황에 충분히 만족한 상태일 수 있다. 따라서 목회자는 성도들에게 변화의 필요성을 인식시킬 필요가 있다. 이를 위해서 대그룹을 대상으로 한 설교, 핵심 지도자를 대상으로 한 독서 토론회, 중직자 기도 모임, 개인적인 만남 등을 활용할 수 있다. 또한 모델 교회를 탐방하여 직접 눈으로 보게 하는 것도 좋은 방법이 될 것이다.

이때 중요한 것은 방법이 아니라, 사람에게 있음을 기억해야 한다. 문화는 사람에 의해 사람에게로 전파되며, 전염병처럼 처음에는 한두 명에게 서서히 옮겨지다가 나중에는 급속도로 확장되어 가게 된다. 그 시작은 바로 목회자임을 기억해야 한다. **목회자 자신이 먼저 제자훈련에 대한 분명한 철학을 가지고 그리스도의 제자가 되기 위해 노력하는 것만큼 강력한 도구는 없다.** 훈련을 통해 소수의 사람들이라도 제대로 변화될 수 있다면, 그들로 인해 교회도 점점 변화될 것이다.

전북 군산의 S 교회 C 목사가 부임할 당시에 장로들은 고령이었고, 심지어 한글을 모르는 경우도 적지 않았다. 이들을 데리고 어떻게 제자훈련을 시킬까 고민하기도 했지만, C 목사는 이들 수준에 맞춰 제자훈련을 실시했다. 아쉽게도 장로 제자반은 제대로 마무리 짓지 못했지만 그들은 C 목사의 든든한 우군이 되었다. "목회자에 대한 불신으로 지역 내에서 목사 내쫓기로 유명했던 S 교회가 지금은 C 목사가 하는 일은 무엇인지 돕게 되었다."라는 것이 S 교회 장로들의 고백이다. 아무리 가능성이 없어 보이는 사람이라도 목회자가 집중한다면, 그 사람은 교회 문화 전반을 바꾸어 갈 수 있는 변화의 동인이 될 수 있음을 잊지 말아야 할 것이다.

(4) 비전을 공유하라

제자훈련에 대한 목회자의 철학이 확고해졌다면, 성도들에게 제자훈련의 비전을 나누어야 한다. 성도들의 마음 속에 왜 훈련을 받아야 하는지에 대한 동기를 부여하고, 훈련을 통해 어떤 유익을 누릴 수 있는지에 대한 기대와 더불어 훈련 이후에 어떤 모습으로 무엇을 하게 될지에 대한 그림을 제공할 수 있어야 한다. 왜냐하면 성도들이 함께 꿈꾸지 못한다면, 훈련을 통해 기대하는 열매를 맛볼 수 없기 때문이다. 그럼 어떻게 비전을 공유할 수 있을까?

① 비전의 근거를 명확히 하라

비전과 야망의 차이는 무엇인가? 그것은 근거의 차이다. 근거의 명확한 유무(여부)에 따라 결정된다. 목회자의 비전은 교회의 성장이나 개인적인 성취가 되어서는 안 된다. 비전은 성경적인 명확한 근거와 확신에서 나오는 것이어야 한다. 즉 하나님이 교회를 통해 이루고 하는 것이 무엇인지에 대한 성경적 연구에서 나와야 한다. 목회자는 비전을 선포하기 전에 자신이 가진 비전의 신학적, 목회적인 튼튼한 근거를 마련해야 한다. 내가 아닌 하나님에게서(성경에서) 나온 비전이어야 한다. 『영적 리더십』의 저자 헨리 블랙커비는 비전에 대해 이렇게 정의하고 있다. "영적 리더십이란 자기 비전을 만들어서 이를 따를 만한 사람들을 모으는 것이 아니라 사람들에게 하나님의 약속을 전달하는 것이다."

② 핵심 그룹과 나누라

전 교인들에게 비전을 선포하기 전, 먼저 교회 리더 그룹이나 중직자들과 함께 나누는 것이 좋다. 오랫동안 교회의 평신도 지도자로 있었던 사람이 교회의 중요한 변화와 방향에 대해서 다른 평신도들과 같은 정도의 정보만을 알고 있다면, 그들은 소외감을 느끼게 될 것이다. 만약 설교 시간에 교회 안의 핵심 그룹의 사람들이 모르는 비전이 전체 교인들에게 선포되었다면 어떤 일이 일어나겠는가? 아마도 사람들은 예배를 마치고 나오면서 핵심 그룹의 사람들에게 목사님의 새로운 계획에 대해 어떻게 생각하느냐고 물을 것이다. 핵심 그룹의 사람들이 그것에 대해 아무런 정보도

가지고 있지 않다면 그들은 기쁜 마음으로 목회자의 비전을 후원할 수 없을 것이다.

사실 비전이라는 것은 많은 사람을 모아 놓고 설명한다고 충분히 이해되는 것도, 함께 꿈꾸게 되는 것도 아니다. 비전은 그것에 대해 의문점에 대한 해답을 얻고, 다른 사람들의 의견을 수집한 후에야 자신의 것으로 받아들이게 된다. 따라서 비전이 교회 공동체 전체의 비전이 되려면 핵심 그룹에 충분한 이해와 동의를 구하고, 그들이 다른 성도들의 궁금증을 풀어주고 목회자의 입장에서 대변해줄 수 있어야 한다. 사실 제자훈련을 하는 이유도 여기에 있다. 목회자와 한 마음을 품고 함께 뛸 수 있는 사람으로 세우기 위해 훈련하는 것이다. 따라서 핵심 그룹을 비전 수립에서 절대 소외시키면 안 된다. 물론 적극적으로 동참하지는 않더라고 동의를 구하는 작업은 반드시 필요하다.

단순히 이야기를 나누는 것보다 더 특별한 비전 나눔을 하고 싶다면, 핵심 그룹들과 함께 수련회를 떠나는 것도 좋은 방법이다. 『플라밍고 로드교회 이야기』의 저자 댄 셔딜랜드는 이것을 '비전 여행'이라 부른다. "모든 리더들을 데리고 비전 여행을 떠나는 것도 좋다. 금요일 밤부터 토요일까지 정도면 충분하다. 그 시간을 이용해 그들을 비전 과정에 참여시키고 격려하라, 그러면 그들 사이에 일치감이 형성되고, 다양한 질문과 대답을 주고받을 수 있으며, 지도자 팀이 비전의 주인이며 수행자가 될 수 있는 기회를 제공해 주는 유익이 있을 것이다."

③ 전체 교인들에게 나누라

교회 리더십 안에서 비전이 공유되었다면 이제는 전체 교인들과 나누어야 한다. 가장 대표적인 방법은 '설교'다. 설교를 통해 한 영혼을 제자 삼는 사역의 중요성을 지속적으로 선포하여야 한다. 동시에 강대상 밖에서도 목회자 안에 불타는 것이 무엇인지를 사람들에게 알려야 한다. 이것은 의도적인 계획으로 이루어지는 것이 아니라, 전하지 않고서는 견딜 수 없는 삶의 열정으로 이루어지는 것이다. 열정은 거짓으로 꾸며낼 수 없으며, 사람은 그 마음에 가득한 것을 입술로 고백하기 마련이다. 성도들이 제자훈련의 비전으로 뜨거워지기를 원한다면 목회자 자신이 먼저 뜨거워져야 한다. 어디에 있든지 누구를 만나든지 하나님의 비전은 나누어져야 한다.

④ 간증을 활용하라

감기에 걸린 사람 곁에 있으면 감기에 옮듯, 확실한 비전을 가진 사람과 함께 있으면 비전도 전염된다. **말로 선포하는 비전은 전달되지만, 삶으로 전달하는 비전은 전염되는 것이다.** 릭 워렌 목사는 이렇게 말한다. "목사들의 메시지를 들으면 사람들은 월급 받는 세일즈맨의 말처럼 들릴 때가 있지만, 평신도들의 삶의 고백은 그 제품을 써본 사람의 만족으로 생각하기 때문에 더 신뢰한다." 결국 제자훈련의 철학이 교회에 뿌리내리는 힘은 제자훈련을 통해 변화된 사람들의 삶의 고백인 것이다. 교회의 소그룹 안에서 제자훈련생의 변화된 모습을 볼 때, "나도 제자훈련을 받아서 저렇게 변화 되고 싶다."라는 소망이 생기는 것이다. 제자훈련을 통해서 가장 기대하는 것이 남편과의 관계 회복이라고 말한 훈련생이 있었다. 이는 소그룹 구성원 중에 제자훈련을 통해 남편과의 회복을 경험한 사람이 있었기 때문이었다. 해결되지 않을 것 같아서 그저 포기하고 살았던 고목과 같은 삶에 새로운 소망을 불어넣어 준 것은 바로 한 사람의 변화된 삶이었다. 이런 변화된 간증을 효과적으로 보여줄 수 있는 장이 바로 제자훈련 수료식이다. 특히 제자훈련 첫 해의 수료식에서 은혜로운 간증들이 쏟아지면 사람들은 자연스럽게 제자훈련의 중요성에 대해 알게 될 것이다.

⑤ 모델 교회 탐방을 활용하라

오래된 전통교회에서 비전을 나눌 때 유용한 것은 바로 제자훈련 모델교회를 탐방하는 것이다. 늘 익숙한 분위기에서 예배를 드리고 교회 생활을 하다가 새로운 교회에서 예배를 드리는 경험은 신선한 자극이 될 것이고, 그곳에서 열정적으로 헌신하는 평신도들의 모습을 보면서 도전도 받을 것이다. 직접 보고 느끼는 것보다 더 큰 변화의 동력은 없다.

〈탐방 자료 예시〉

사역부서: 이름:

1. 당신이 섬기는 부서와 사역은?

2. 당신이 탐방한 교회에서 관심을 갖고 살펴본 부분은?
1)
2)
3)

3. 탐방교회의 예배와 전체적인 분위기는?
1)
2)
3)

4. 탐방교회는 어떤 부분에서 탁월하다고 느끼는가?

5. 당신이 섬기는 교회에 도입되었으면 하는 아이디어는?

6. 탐방교회에 대한 종합적인 평가를 해보십시오.

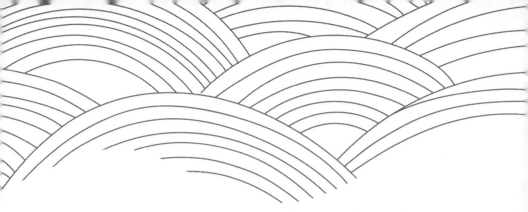

3. 정착과 양육체계

(1) 정착 프로그램: 새 가족 모임

새 가족 모임은 교회로 인도된 사람들을 교회에 정착시키는 과정
이다. 전도를 잘 하는 것도 중요하지만 교회 안에 들어온 사람들
을 잘 정착시키는 것도 매우 중요하다. 리벨(Roland A. Leavel)
박사는 흥미로운 통계를 가지고 지역교회 안에서 이루어지는 양
육의 현주소를 설명한다. "교회의 20%는 기도하지 않는다. 25%는
성경을 전혀 읽지 않는다. 30%는 교회에 정기적으로 출석하지 않
는다. 60%는 저녁 예배에 참석하지 않는다. 70%는 선교헌금을 하
지 않는다. 80%는 기도회에 참석하지 않는다. 90%는 가정 예배를
드리지 않는다. 95%는 그들이 주님께 인도한 사람들을 양육하지
않는다." 그만큼 양육을 소홀히 하고 있다는 말이다.

건강한 교회는 처음 교회를 방문한 불신자나 초신자들이 어색
하거나 불편하지 않도록 밝고 환영하는 분위기를 만들어 준다. 한

번 방문하면 매력을 느낄 수 있도록 최선의 배려를 아끼지 않는다. 하지만 한국 교회의 새 신자 정착율이 5-17%에 머물고 있다는 통계는 어렵게 교회를 찾은 새 신자의 80% 이상이 교회에 머물지 못하고 떠나고 있는 것을 말해준다. 이처럼 새 신자 정착율이 낮은 것은 새 신자 정착을 위한 교회의 전략과 프로그램이 미약하기 때문일 것이다.

정착을 돕기 위해서 바나바 사역과 같이 1:1의 형식을 취할 수도 있고, 다락방이나 셀과 같은 소그룹 형태를 취할 수도 있고, 강의식으로 진행할 수도 있다. 특히 공동체 내에서 인사를 나눌 수 있는 사람이 5명 이상 생길 경우 정착율이 현저히 높아짐을 볼 때, 소그룹으로 연결되는 것은 교회 정착에 있어 큰 도움이 된다. 정착 프로그램의 형식은 각 교회의 새가족 등록상황 추이에 따라 융통성 있게 변화를 주면 될 것이다. **정착 과정의 초점은 처음 방문한 사람들을 잘 맞이하고, 그들이 좋은 관계를 맺을 수 있도록 돕고, 분명한 복음을 듣고 예수님을 영접할 수 있게 하며, 교회에 대해 좋은 인상을 심어줄 수 있어야 한다.**

① 목회 시스템과 정착

전도를 통해 한 사람이 예수를 믿고 교회에 발을 들여놓게 되면, 정착을 돕고 양육하는 과정이 이어지게 된다. 전도는 그 자체로 독립된 어떤 것이 아니라 양육과 공동체적 삶으로 연결되어야 제대로 되었다고 할 수 있다. 따라서 초신자들을 따뜻하게 양육할 수 있는 체계적인 목회의 틀이 필요하다.

정착과 양육은 전도의 후속조치라고 할 수 있다. 테니스를 치는 사람이 원하는 곳으로 공을 보내려고 한다면 공이 자신에게 오기 전에 충분한 백스윙을 하고 기다려야 한다. 그리고 공과 라켓이 제대로 만나 임팩트가 일어나도록 해야 한다. 공이 라켓에 맞았다고 거기서 만족하고 멈추는 사람은 운동을 많이 안 해본 사람일 것이다. 공이 라켓에 맞은 뒤에도 공이 가는 방향으로 라켓이 함께 따라가야 한다. 팔로우 드로우를 제대로 해야 공에 힘이 있어 목적지까지 제대로 갈 수 있다. 이와 마찬가지로 전도한 이후에 새 신자들이 교회에 잘 정착하고 그리스도의 제자로 살아갈 수 있도록 돕는 양육이 계속되지 않는다면, 그 전도의 효과는 미미할 수밖에 없다.

전도 정착과 양육 훈련 사역과 전도 리더십으로 이어지는 과정에 동맥경화가 일어나지 않고 원활하게 흐름이 이어져야 한다. 성도들의 영적 수준에 맞게 도움을 주어 그들을 온전케 하고, 봉사할 수 있게 하고, 이를 통해 그리스도의 몸을 세워나가는 사역이 원활하게 이루어질 때 건강한 목회라고 할 수 있다. 건강성을 회복하려면 흐름이 멈추거나 연결고리가 약한 부분을 보완해야 한다. 한국교회의 건강성 회복은 전도와 양육에서부터 시작되어야 한다. 동시에 새 가족 모임을 활성화하기 위해서는 이러한 전반적인 목회의 흐름 속에서 정착 사역을 준비해야 한다.

새 가족 모임은 담임목사의 목회철학에 따라 매우 민감하게 반응한다. 따라서 목회자가 이 사역을 얼마나 중요하게 여기느냐에 따라 전도의 열매가 달라진다. 정착과 양육에 대한 목회자의 의식은 아주 작은 것에서도 드러나게 되어 있다. 새 가족 모임의 장소, 새 가족을 위한 주차 배려, 교회의 구석구석을 보여주는 안내 등 새로 온 사람들을 위한 준비과정은 목회자의 의식에 따라 매우 민감하게 달라진다.

또한 이 사역을 위해서는 은사를 가진 성도들의 협력이 중요하다. 오늘날의 교회는 홀로 분주하고 긴장한 운전기사 1명과 나머지의 졸고 있는 승객들과 같은 모습으로 움직이고 있다. 이렇게 한 사람에게 집중된 교회의 운영 방식은 달라져야 한다. 훈련을 통해 준비된 평신도 사역자들이 자신의 은사에 따라 함께 사역할 때 교회가 건강해지므로, 평신도 사역자들을 준비시키고 그들과 함께 사역을 진전시킬 수 있는 사고가 필요하다. 새 가족 모임도 마찬가지다.

지역교회에 발을 들여놓은 새 가족들이 교회 안에 정착하여 영적 성장을 경험하기 위해서는 변할 수 없는 성경적 원리를 붙잡으려는 자세와, 동시에 시대적 상황과 필요에 따라 변화할 수 있는 열린 마음이 필요하다.

② 새 가족(New Family)이란?

교회에 처음 나온 사람이라면 새 신자라는 칭호가 가장 보편적일 것이다. 하지만 처음 나온 사람 중에는 낙심했다가 다시 교회에 나온 사람, 다른 도시에서 이사하여 전입한 사람, 사정으로 인해 교회를 옮긴 사람들도 있다. 따라서 이런 모든 사람을 포괄하기 위하여 '새 가족(New Family)'라는 용어를 쓴다. 새 가족들은 교회의 분위기와 예배 형식에 어색해하고 낯설어한다. 특히 교회 문턱을 생전 처음 넘어봤거나 개종을 한 사람들에게 교회의 분위기는 매우 생경할 수밖에 없다. 이는 불교에 대한 사전 지식이 없는 성도가 절에 들어갈 때 느끼는 감정과 비슷할 것이다. 교회에서 사용하는 용어나 의식 절차에 대해서 전혀 모르는 사람들이 낯선 환경으로 인해 불안해하는 것은 너무나 당연하다. 이들을 따뜻하게 맞아주고 자세하게 설명해주어 평안하게 교회생활을 할 수 있도록 돕는다면 훨씬 더 많은 사람들이 교회에 들어올 수 있게 될 것이다.

새 가족들에는 호기심과 불안함이 공존한다. 아직 익숙하지 않은 문화와 형식, 표현방식 때문에 호기심이 생겨난다. 신앙생활을 처음 하는 사람은 종교를 바꾸면 집안에 우환이 있다는 생각 등 때문에 두려워하며 매우 조심스럽게 된다. 반면에 교회를 옮긴 사람들은 '이 공동체는 믿을만한가?', '이 공동체에서 거절당하면 어떻게 해야 하나?' 등의 두려움이 존재한다.

새 가족은 교회의 성장과 건강에 매우 중요한 사람들이다. 이들이 잘 정착하면 교회가 양적으로 성장할 수 있다. 또한 새롭게 교회에 오는 사람 주변에는 전도 대상자들도 많다. 따라서 이들은 전도의 전략적 거점이라고 말할 수 있다. 또한 전도를 통해 교회에 정착한 사람들은 기존 성도들에게 큰 힘이 되어준다. 이들을 통해 기존 성도들에게 영적 각성이 일어난다. 이처럼 새 가족들은 전통적인 교회의 묵은 관습들을 깨고 새로운 문화를 형성할 수 있는 좋은 계기를 만들어낼 수 있다.

③ 새 가족이 가지고 있는 5가지 질문

새들백교회 릭 워렌 목사는 "교회에서 가장 중요한 소그룹은 바로 새 가족반이다."라고 말했다. 그 이유는 사람들이 새 가족반을 통해서 예수님을 영접하고, 또 교인으로 등록하기 때문일 것이다. 릭 워렌 목사는 새 가족들이 교인으로 등록하기 전에 가지고 있는 5가지 질문을 해결할 때, 더욱 효과적인 새 가족반이 될 수 있다고 조언한다. 다음은 릭 워렌 목사가 말하는 5가지 질문이다.

1) 내가 여기에 맞는 사람인가?
→ '용납'에 대한 질문

이 질문에 대한 가장 적절한 대답은 교회 내에 동질의 그룹을 만들어서 비슷한 나이, 관심사. 문제 또는 배경을 가진 사람들이 서로 만나 관계를 형성하도록 돕는 것이다. 모든 사람은 교회 안에서 자신이 있어야 할 자리가 필요하며, 소그룹은 이 필요를 채우는 데 있어서 결정적인 역할을 한다. 사람들에게 그들을 위한 자리가 있다는 것을 반드시 보여주어야 한다.

2) 나에 대해 알고 싶어 하는 사람들이 있는가?
→ '우정'에 대한 질문

이 질문에 대한 적절한 대답은 다른 교인들과 관계를 형성할 수 있는 기회를 제공하는 것이다. 교인들과 관계를 형성할 수 있는 방법은 무수히 많지만, 이를 실행에 옮기기 위해서는 계획이 필요하다. 사람들은 친절한 교회보다는 친구를 더 찾고 있으며, 개인적인 관심을 받을 자격이 있다는 것을 기억해야 할 것이다.

3) 나를 필요로 하는가?
→ '가치'에 대한 질문

사람들은 자신이 중요하다고 느끼고 싶어 하며, 자기의 삶으로 무언가 공헌하기를 원한다. 따라서 사람들에게 자신들의 재능과 은사를 사용하여 의미 있는 공헌을 할 수 있다는 것을 보여주면 그들은 기꺼이 참여하기를 원할 것이다. 교회에는 성가대원과 안내위원, 그리고 주일학교 교사들만 필요한 것이 아니다. 교회를 온갖 재능과 능력이 표현될 수 있는 창조적인 장소로 만들어 가라.

4) 이 교회의 교인이 됨으로써 얻는 유익은 무엇인가?
→ '혜택'에 대한 질문

당신은 교회의 교인이 되는 것이 좋은 이유와 그에 대한 혜택을 간단명료하게 설명할 수 있어야 한다. 또한 교인이 된다는 것의 성경적, 실제적 그리고 개인적인 이유를 설명할 수 있어야 한다.

5) 교인에게 요구되는 것은 무엇인가?
→ '기대'에 대한 질문

당신은 교인이 될 때 얻는 혜택과 동시에 그 책임도 설명할 수 있어야 한다. 사람들은 그들이 교인이 되기 전에 교회가 그들에게 무엇을 기대하는지를 알 권리가 있다.

교인이 되는 것은 충동적인 결단으로 되는 것이 아니라, 위의 다섯 가지 질문에 답을 얻을 때 비로소 가능한 것이다. 교회가 새 가족들의 이러한 질문에 대해 제대로 답해 주고 그들의 필요를 채

위준다면 더 많은 헌신된 성도들을 얻을 수 있을 것이다. '용납'과 '우정'과 '가치'와 '혜택'과 '기대'를 가지고 그들의 두려움을 해결해 주어야 한다.

④ 새 가족 모임의 목적

1) 원색적인 복음을 듣는 자리가 된다.

신앙생활을 처음 시작한 사람에게 복음을 들려주는 것은 너무나 당연한 일이라고 할 수 있다. 하지만 오랫동안 다른 교회에 다녔던 경험이 있는 사람이라 할지라도, 그들이 복음을 제대로 이해하고 있는지 형식적인 신앙생활을 하는 사람은 아니었는지 점검할 필요가 있다. 사역을 하다보면, 다른 교회에서 중요한 직분을 가지고 신앙생활을 했던 사람도 복음이 무엇인지를 몰랐다고 고백하는 경우를 종종 보게 된다. 한국교회가 신앙생활의 첫 단추라 할 수 있는 복음에 대해서 얼마나 부실하게 생각하고 있는지를 보여주는 현실적인 예다.

문제는 복음을 어떻게 드러내느냐 하는 것이다. 복음은 오직 하나다. 그러나 다양한 표현으로 복음을 드러내어 설명할 수 있다. 바울도 갈라디아서 1장 8절에서 오직 하나의 복음을 주장한 후에 2장 7절에서는 베드로가 할례받은 사람에게 복음을 전하는 일을 맡았듯, 자신은 할례받지 아니한 사람에게 복음을 전하는 일을 맡았다고 말한다. 그러므로 교회에 발을 들여놓은 새 가족들의 상황과 형편을 살펴서, 그들에게 복음을 선명하게 드러내고 선포하는 것이 필요하다.

팀 켈러는 성경적 관점에서 우리가 드러내야 할 복음의 세 가지 관점을 설명했다.

첫째, 복음은 윤리적 권면이 아니라 소식이다. 복음은 하나님께서 우리를 위해 이미 행하신 일에 대한 소식을 말한다. 우리가 하나님을 위해 무엇을 해야 할 것인지를 설명하거나 권하는 것이 아니다. 예수님 자체가 복음이다.

둘째, 복음은 강한 자에게 힘을 주는 것이 아니라 약한 자에게 주시는 은혜다. 복음은 이 세상의 패러다임과 정반대이다. 복음은 권력과 지위와 부에 의해 움직이는 이 세상 질서와 전혀 다른 방식으로 움직이는 대안 왕국을 말한다.

셋째, 복음은 행함과 관련된 것이 아니라 믿음과 관련된 것이다. 복음은 그리스도의 죽으심을 통해 우리가 하나님과 화해케 하시고 하나님 앞에 의롭다 하심을 받게 만드신 것이다. 우리가 의롭다 함을 받을만한 행위를 했기 때문이 아니라, 우리를 의롭게 하셨기 때문에 하나님께서 기뻐하시는 삶을 추구하는 것이다. 우리의 순종의 동기가 구원받기 위한 두려움에서 오는 것이 아니라 구원받은 하나님의 자녀로서 드러나는 사랑에서 오는 것이어야 한다. 여기서 중요한 것은 복음과 복음의 결과를 구분해야 복음이 온전히 설명될 수 있다는 것이다. 복음의 결과를 가지고 복음이라고 설명하게 되면 신앙이 아닌 종교로 변질되는 것이다.

복음의 본질을 온전하게 드러내어 신앙생활의 기초를 든든하게 세우고 교회 생활을 시작하게 하는 것이 새 가족 모임의 목적이다.

2) 교회를 소개하여 잘 정착할 수 있도록 돕는 자리가 된다.

새 가족 모임은 교회의 비전과 핵심가치를 소개하는 자리다. 우리 교회가 소중하게 여기는 것이 무엇인지, 교회가 무엇을 위해 존재하는지를 알 때 그 교회에 잘 정착할 수 있기 때문이다. 새 가족 모임을 제대로 수료하면, 교회에 온 지 얼마 안 되는 사람도 수년을 출석하고 있는 사람처럼 빨리 적응할 수도 있다.

또한 새 가족 모임은 좋은 관계를 맺을 수 있도록 돕는 자리가 된다. 모임을 통해 새 가족들은 담임목사를 비롯한 목회자들과 교회의 리더들과 좋은 관계를 맺을 수 있다. 교회에 아는 사람이 별로 없을지라도, 새 가족 모임을 거치게 되면 빠르게 관계를 형성할 수 있고, 그들의 도움을 통해 교회 생활에 빠르게 정착할 수 있다. 또한 새 가족 모임은 평생 함께 할 수 있는 좋은 친구와 멘토들을 만날 수 있는 자리다. 그러므로 새 가족 모임에서는 과정을 마친 후에도 계속 이어갈 수 있는 관계의 고리를 만드는 데 집중해야 한다. 소그룹과 연결시켜 주고, 새 가족이 가지고 있는 은사에 따라 사역할 수 있는 팀을 연결해주어 교회에 소속감이 들 수 있도록 도와야 한다.

⑤ 새 가족 모임 운영

1) 섬기는 사람들

새 가족들이 교회생활 정착에 실패하는 가장 큰 이유 중 하나로 새 가족 한 사람에 대한 관심과 배려의 부족을 꼽을 수 있다. 오랜 역사와 전통을 자랑하는 교회일수록 새 가족에 대해서 무관심하며, 심지어 배타적일 수 있다. 따라서 교회는 새 가족에 대해 중요한 가치를 부여하고, 이들을 환영하고 영접하는 일에 시간과 물질을 투자해야 한다. 뿐만 아니라 새 가족을 섬기는 스텝들을 제대로 확보하고 훈련하는 것이 필요하다.

새 가족 모임 전체를 이끄는 지도자는 반드시 담임목사의 목회철학을 공유한 사람이 되어야 한다. 다른 사역들과 연계해서 새 가족을 섬겨야 하기 때문이다. 또한 다른 부서와 원활한 소통을 할 수 있는 리더십이 있어야 한다. 함께 하는 스텝들을 선정할 때 기억해야 할 것은 그 사역에 집중할 수 있는 사람이어야 한다는 것이다. 교회 안에 너무 많은 일을 맡아 시간을 내기가 힘든 사람은 피하는 것이 좋다. 또한 직분에 상관없이 영적으로 살아있고, 은사가 있고, 구원의 기쁨과 감격이 있는 사람이어야 한다.

새 가족 모임에서 함께 섬길 스텝들은 교회의 첫인상을 심게 되는 중요한 사람들이다. 그러므로 친절하고 배려심 깊은 사람들이 전면에 나설 수 있도록 배치해야 한다. 얼굴만 봐도 은혜가 되는 사람, 친절이 몸에 밴 사람, 한 번 만났는데도 수년 동안 함께 한 사람처럼 대할 수 있는 사람, 큰 언니의 품과 같이 넉넉한 여유를 느끼게 하는 사람들을 새 가족 모임에 우선적으로 영입해야 한다.

새 가족 모임의 스텝에게는 한 영혼을 귀하게 보는 눈과 뜨거운 가슴에서 나오는 그들을 향한 열정이 필요하다. 한 번 거절당했다고 포기하지 않는 끈기가 필요하다. 미숙한 아이들이 이런저런 실수를 하는 것은 너무나 당연한 일이다. 새 가족들을 대할 때에도 어린아이를 대하는 엄마의 자세가 필요하다. 새 가족들이 익숙하지 못한 환경으로 인해 보여줄 수 있는 실수나 엉뚱한 행동에 대해서 "그럴 수도 있지"라고 넘겨버리고 용납할 수 있는 포용력을 가져야 한다. 다양한 새 가족을 섬기기 위해서는 스텝들도 다양한 연령층, 배경을 가진 사람들이 필요하다.

2) 행정

행정적으로도 꼼꼼하게 준비해야 한다. 새 가족 모임과 교역자, 소그룹 리더, 봉사부서의 리더까지 연계되려면 그들 사이에 치밀한 연결고리가 있어야 한다. 우선 새 가족 모임에 참여하는 사람들의 명단이 교역자와 소속된 소그룹 리더에게 전달되어야 한다. 교역자는 이들을 1주 이내에 심방해야 한다. 심방이 안 되는 상황이라면 전화와 주일 예배 앞뒤 시간을 활용해서 대면하고 인사를 나누는 것이 필요하다. 동시에 소그룹에 연결시켜 주고 소그룹에서는 새 가족을 전담해서 도와줄 수 있는 멘토나 헬퍼가 배치되도록 해야 한다. 이러한 행정적인 관리에 실패하면 이들은 교회에 정착하지 못하게 되며, 자연스럽게 잊힌 사람이 될 수밖에 없다.

새 가족 모임에 참석을 권하기 위해서는 예배시간마다 새 가족을 환영하며 모임에 참여할 수 있도록 안내하는 것이 필요하다. 안내를 하거나 등록을 받을 때 권면과 인도도 필요하다. 학습과 세례를 받거나, 제자훈련에 지원하거나, 서리집사로 임명을 받기 위해서는 반드시 새 가족 모임을 수료해야 한다는 제도적 장치도 필요하다.

새 가족 모임의 스텝들이 담당할 수 있는 사역은 다음과 같은 것들이 있다.

- 찬양 : 강의 시작 전

- 환영 : 출석부 관리, 처음 나온 사람과 수료자 파악, 강의실 안내, 교
  재 및 찬양집 배부
- 결석자 파악 : 엽서 발송
- 새 가족 환영과 모임 소개 : 간식 준비
- 수료자 축하와 다락방 연결 : 간식 준비

3) 돌봄

새 가족 중에는 새 가족 모임에 대하여 필요성을 느끼지 않고 교회 안에서 조용히 지내고 싶은 사람도 있다. 이들을 돌볼 수 있는 사람은 교역자밖에 없다. 정기적이면서도 지속적으로 이들을 점검하며 삶의 정황에 따라 연결고리를 찾아 사람들을 묶어주는 일을 해야 한다. 이런 일을 위해서는 현재 제자훈련이나 사역훈련을 받고 있는 사람들에게 미션을 주어 돌볼 수 있도록 하는 것도 가능한 방법 중 하나일 것이다.

소그룹에 배치된 새 가족이 지금 어떤 상황에 있는지, 누구의 돌봄을 받고 있는지 꼼꼼하게 체크할 필요가 있다. 이를 위해서는 소그룹 내에 한 사람이 전담으로 새 가족을 돌볼 수 있도록 소통할 수 있는 매뉴얼을 만들어서 사용하는 것이 좋다. 또한 새 가족의 신앙 수준에 따라 교회에서 제공하는 다양한 양육 프로그램에 연결해 주는 것도 중요하다.

4) 운영

교회의 필요에 따라서 새 가족 모임의 운영 기간을 다양하게 운영할 수 있다. 기간은 짧게는 4주부터 길게는 8주까지 활용할 수 있으며, 소요시간도 30분에서 1시간 정도까지 형편에 따라 다

제자훈련목회 이렇게 하라!

양하게 운영할 수 있다. 처음 새 가족 모임에 참석한 사람에게 오리엔테이션을 하거나, 수료하는 사람에게 마무리할 수 있는 시간이 따로 분리되면 좋다.

새 가족과 담임목사가 만날 수 있는 기회를 만들어 주는 것이 좋다. 강의 일정 가운데 한 과를 담임목사가 인도하면 좋고, 그렇지 못하더라도 연 1회 혹은 분기별 1회 정도로 담임목사와 만나는 자리를 만들 것을 추천한다.

⑥ 맺는말

어떤 이유로 교회에 나오게 되었든지 간에, 새 가족은 영적으로 매우 불안한 상태임에 틀림없다. 세심한 돌봄이 없다면 이 교회에 뿌리를 내리고 자라날 수 없게 된다. 한 사람을 그리스도의 제자로 세워가기 위해서는 정착 과정에서부터 제대로 준비되어야 한다. 제자훈련을 잘하고 싶다면 사역의 큰 그림을 가지고 새 가족 모임에서부터 양육과정을 제대로 손보고 기초가 준비된 사람들을 사역자로 세워나가야 할 것이다.

(2) 양육 프로그램 소개

목회는 건강한 성도를 세우는 일이다. 건강한 교회를 세우려면 성도들을 건강하게 세워가야 한다. 교회가 건물이 아니라 사람이라는 말을 많이 한다. 하지만 실제로는 건물을 짓고 여러가지 프로그램으로 건물을 운영하는 데 공을 들인다. 교회를 어떻게 보느냐에 따라 목회가 달라진다. 성도들이 말씀으로 건강하게 세워지면 교회는 힘있게 일할 수 있게 된다. 목사 한 사람이 뛰는 교회의 사역과 수많은 평신도 지도자들이 함께 동역하는 교회의 사역은 비교가 되지 않는다. 문제는 그런 건강한 평신도 지도자를 어떻게 세울 수 있느냐는 것이다.

사람을 세우는 방법은 "훈련" 밖에 없다. 예수님께서는 무리를 향하여 천국 복음을 전파하시는 것과 더불어 거의 3년이라는 시간을 투자하여 12명의 제자들을 부르시고 훈련하셨다. 사람에게 투자하여 훈련하는 것 외에 지도자를 세울 수 있는 다른 길은 없다. 그럼에도 불구하고 오늘날 교회의 모습을 돌아보면 '제자삼으라'는 주님의 명령은 무시되고 있다.

조지 바나는 제자훈련 프로그램이 없는 교회는 없지만, 제자로 구성된 교회는 찾아보기 힘들다고 말하며, 그 이유가 교회가 제자훈련에 대해 진지하게 생각하지 않기 때문이라고 진단했다. 어느 교회나 제자훈련을 말하지 않는 경우는 드물다. 하지만 긴 시간을 투자하고 땀과 눈물로 사람을 키우는 교회는 그렇게 많지 않다. 제자훈련을 성경공부 정도로 생각하기 때문이다. 목회자가 원하는 일꾼들을 길러내는 프로그램 정도로만 생각하기 때문이다.

옥한흠 목사는 〈평신도를 깨운다〉 제자훈련 지도자 세미나를 개최하면서 교회론과 제자도를 설명하는 데 많은 시간을 할애했다. 제자훈련이 방법론 이전에 교회론과 목회철학 차원에서 다뤄져야 한다고 생각했기 때문이다. 어떤 교재를 가지고 어떤 과정으로 제자훈련을 하느냐는 목회철학이 분명히 세워진 이후에 따라오는 문제다. 제자훈련 목회의 핵심은 한 사람에게 복음을 전하

제자훈련목회 이렇게 하라!

고, 그를 교회 공동체 안으로 인도하고, 그를 예수님을 닮고 예수처럼 살아가는 그리스도의 제자로 세워가는 것이다. 그 일을 목회의 사명으로 알고 땀과 눈물을 흘리면서 감당해내고 있느냐가 중요하다. 오늘날 이 소명을 등한시하기 때문에 얼마나 많은 교회가 어려움과 문제들을 경험하고 있는지 돌아봐야 한다.

중요한 일들 중에 훈련 없이 되는 일이 있는가? 악기를 다루는 것에서부터 외국어로 말하는 것, 탁구나 테니스와 같은 운동에 이르기까지 모두 훈련 없이 되는 것은 없다. 훈련의 과정을 거치면 지금은 못 하는 일들을 할 수 있는 상태까지 발전할 수 있다. 그리스도의 제자로 살아가는 것 역시 훈련이 필요하다. 한 사람이 예수 그리스도를 닮아가며 맡기신 사명을 감당할 수 있는 일꾼으로 세워가는 일은 훈련 없이 불가능하다. 예수님이 훈련하셨고, 바울이 그랬다.

① 양육과 훈련의 차이

한국교회는 양육과 훈련이라는 개념을 혼용(混用)해 사용했다. 사실 양육의 사전적 의미는 돌보아 길러 자라게 한다, 누군가를 성장시킨다는 의미이다. 훈련은 가르쳐 익히게 하는 것을 의미한다. 일반적으로 양육은 포괄적인 개념으로 사용되지만, 훈련은 정해진 상황이나 시간 안에서 어떤 목표를 달성하기 위해서 사용한다. 교회 안에서 이 용어를 사용할 때, 양육은 영적으로 어린 그리스도인의 신앙의 기초를 잡아주는 과정을 의미한다. 훈련은 어느 정도 기본을 갖춘 사람을 교회의 지도자로 세우는 데 목적을 둔다.

그런데 양육을 제자훈련이라고 생각하는 사람들도 있고 제자훈련을 소그룹 형태의 또 다른 성경공부로 이해하는 사람들도 적지 않다. 그러나 제자훈련을 보다 효과적으로 실행하려면, 양육과 훈련이라는 개념을 차별화해서 이해할 필요가 있다. 그렇게 해야만, 교회 안에서 그룹을 구성하거나 지도할 때 그 목적과 필요에 맞게 인도할 수 있다. 이에 대한 개념정리가 되어 있지 않으면 양육 받아야 될 사람들이 제자훈련반에 들어오는 사태도 발생할 수 있고, 제자훈련이 또 하나의 양육 프로그램으로 전락해 버릴 위험도 배제할 수 없다.

넓은 의미에서의 제자훈련은 예수 그리스도를 닮고 예수님처럼 살도록 돕는 모든 과정을 말한다. 제자훈련의 목표는 그리스도의 장성한 분량에 이르는 것이다(엡 4:13). 즉, 성숙이다. 성경은 우리의 신앙생활에 어린아이와 같은 수준이 있고 청장년의 수준이 있다고 말한다. 어린아이는 젖이나 먹어야 하지만, 장성한 자들은 단단한 음식을 먹고 소화시킬 수 있다(히 5:12-14). 영적으로 장성한 사람은 스스로 선악을 분별하는 사람을 말한다. 우리는 초보의 수준을 버리고 완전한 데 나아가도록 부름을 받았다(히 6:1-2). 또한 "우리 주 곧 구주 예수 그리스도의 은혜와 저를 아는 지식에서 자라 가라(벧후 3:18)"라고 명령받았다. 장성한 자의 모습은 골로새서 2장 7절에서 나무에 비유된다. "그 안에 뿌리를 박으며 세움을 입어 교훈을 받은대로 믿음에 굳게 서서 감사함을 넘치게 하라." 이렇게 이해할 때, 훈련과 양육은 분명히 공통분모가 있으며, 서로가 서로를 포함하는 개념으로 이해될 수 있다.

그러나 좁은 의미에서의 제자훈련은 다른 사람들을 돕고 섬길 수 있을 만큼 영적으로 강건한 사람들을 지도자로 세워가는 높은 단계의 과정이라고 정의 내릴 수 있다. 반면에 양육은 영적 어린아이가 성장하여 단단한 음식을 먹고 소화시킬 수 있을 때까지 돕는 초보적인 모든 과정을 말한다. 이렇게 정의하게 되면 양육에서는 돌봄이라는 요소가 더 많은 부분을 차지하게 된다. 그러므로 양육의 단계에서는 갓 태어난 어린아이를 돌보는 어머니처럼 세심한 돌봄의 손길이 필요하다. 즉, 양육은 신앙적으로 어린 그리스도인들의 균형 잡힌 성숙을 도모하는데 그 목적이 있고, 훈련은 어느 정도 성숙해진 사람들을 지도자로 세워가는 데 그 목적이 있다. 때문에 양육이라는 말은 쉽고 편안하게 느껴지는 반면, 훈련이라는 말은 상당히 부담스럽게 여겨진다.

양육의 핵심은 "성숙"이라는 단어로 설명할 수 있다. 어린아이가 젖을 떼고 이유식을 거쳐 단단한 음식을 먹을 수 있도록 돕는 것이 양육이다. 지금까지 한국교회에서는 종교적인 관습과 행동이라는 측면에 치우쳐 왔던 것이 사실이다. 양육이 방목 수준에서 이루어졌다. 그런데 "성숙"에 있어서 놓치지 말아야할 중요한 요소가 바로 "균형"이다. 트리니티 복음주의 신학교의 테드 워드(Ted Ward) 박사의 이론을 따르자면 균형잡힌 영성은 우리의 삶의 전(全) 영역, 즉 신체적(physical), 정신적(Intellectual), 감성적(emotional), 사회적(social), 도덕적(moral) 발달영역의 균형을 의미한다. 교회생활과 사회생활의 균형, 성령의 열매와 성령의 은사의 균형, 복음전도와 사회봉사의 균형, 예루살렘과 땅 끝의 균형이 필요하다.

어느 정도 양육의 필요성을 가지고 양육 시스템을 추구하는 교회가 가지는 또 다른 문제점도 있다. 양육이 획일적이고 계단식이었다는 것이다. 일반적으로 양육 과정을 생각하면 새 신자반을 거쳐 일대일 성경공부, 기초양육반, 초급 제자반, 중급 및 고급 제자반 등의 일련의 과정을 만들어놓고 거쳐가도록 만드는 커리큘럼을 떠올리게 된다. 이러한 경직된 개념은 양육체계를 사람들의 실제적인 필요를 생각하지 못하고 일률적인 과정을 통해 그 다음 단계로 나아갈 수 있는 자격증을 주는 것처럼 만들어 버렸다. 이러한 패러다임은 교회를 학원으로 전락시켜 버린다. 그저 좋다는 프로그램들을 모아 놓은 짜집기식의 양육 시스템이 되어 버린다. 성도들 개개인의 삶의 영역 속에서 채워지고 보강되어야 할 최소치를 찾아내고 그것을 채워줄 수 있는 프로그램을 만들어야 하는데 그런 적응력이 없는 것이 문제다.

이제는 양육체세를 다시 정립해야 한다. 삶의 현장 속에 실재하는 아픔과 고통, 문제들을 파악하고 거기에 맞춘 맞춤식 양육 시스템을 세워가야 한다. 관리자 위주의 시스템이 아니라 양육 대상의 필요에 초점을 맞춘 필요중심적인 양육 프로그램이 이루어져야 한다.

균형있고 체계적인 양육 시스템을 구축하는 데 장애물이 또 하나 있다. 교육이나 훈련을 통해 지금 당장 열매를 보고싶어하는 조급함이다. 사람을 기르는 일이란 사람들에게 시간과 열정을 투자하고 땀을 흘리는 해산의 고통을 수반하게 되어 있다. 이렇게 치뤄야 할 대가를 생각하다가 목회자들이 양육과 훈련에 헌신하기를 두려워하며 주저하고 있다. 이것이 성도들 가까이 다가가 삶에 충격(impact)를 주기보다는, 그저 적당한 거리에 두고 설교와 같은 일방통행식의 가르침을 통해 감동이나 끼치면 좋겠다는 식의 목회가 유행하는 이유다. 결국은 일만 스승은 있으되 아비된 자가 없다는 말씀처럼 자식의 배설물을 받아가며 밤잠 못자고 키우는 부모의 심장을 가지고 섬기는 목회는 포기하고 말았다.

하지만 신앙의 기초를 잘 잡아주는 양육 시스템을 가지게 되면 균형잡힌 성도들을 세워갈 수 있고 전반적으로 교회의 분위기가 긍정적으로 바뀌게 된다. 또한 좋은 양육체계를 통해 준비된 성도들은 좀 더 훈련받고 싶고 더 성숙을 갈망하게 된다. 좋은 양육이 훈련의 동기가 되는 것이다. 한 번 좋은 음식의 맛을 본 사람이 더 좋은 것을 사모하듯이, 양육의 과정을 통해 하나님을 만나고 그 은혜를 경험한 사람들은 다음 단계의 훈련받기를 원하며 잘 준비된 일꾼으로 주님께 쓰임 받기를 소원하는 마음을 가지게 된다.

좋은 양육은 제자훈련을 잘 받을 수 있도록 하는 기초공사의 역할을 한다. 제자훈련에 실패하는 많은 이유는, 준비도 안 된 사람을 제자훈련에 끌어들여 너무 무리하게 훈련하기 때문이다. 젖을 먹고 걸음마를 걷는 수준에 있는 아이에게 군장을 메고 구보를 시키는 것과 같다. 아직 준비가 되지 않은 사람을 훈련에 끌어들이면 실패하게 되어있다. 제자훈련을 성공적으로 실행하길 원한다면 먼저 양육부터 정착시켜야 한다. 그러므로 목회에 있어서 양육과 훈련의 개념을 잘 구별하여 시행하는 것이 필요하다.

양육과 훈련에 따라 교육 환경과 기간, 티칭 스타일을 달리하는 것이 필요하다. 양육 단계에서는 가르치는 기간이 너무 길면 안 된다. 5주 정도에서부터 길어도 15주 이내가 좋다. 교회의 영적 지도자를 세워 목회의 동역자로 세우는 훈련 과정은 1-2년 정도의 시간을 투자할 수 있다. 하지만 양육 과정은 짧은 시간 안에 뭔가를 성취했다는 느낌을 갖도록 하는 것이 좋다. 요구하는 과제의 부담도 훈련보다는 많이 줄여줘야 한다. 미리 해야 할 숙제가 많으면 그 시간에 참석하는 것 자체가 힘들 수도 있다. 많은 정보를 주입하기보다는 한두 가지 중요한 개념을 전달한 뒤에 자신의 상황에 맞게 이해할 수 있도록 느낌과 적용 위주의 나누는 시간을 많이 가지는 것이 필요하다.

② 양육체계를 세우기 위한 프로그램

성도들을 양육하기 위한 다양한 프로그램들을 소개한다. 모든 프로그램을 소개할 수 없으므로, 제자훈련 교회에 필요한 양육 프로그램을 말씀, 기도, 교제, 전도의 주제로 구분하여 소개한다.

1) 말씀 훈련

ⅰ. 신구약 파노라마

스토리텔링과 율동, 시청각자료를 이용하여 신·구약의 뼈대를 세워갈 수 있도록 기획된 성경 개관 프로그램이다. 이 프로그램은 『야베스의 기도』로 국내에서도 유명해진 브루스 윌킨슨이 총재로 사역하고 있는 미국 'Walk Thru the Bible'의 사역을 한국에 소개, 보급하는 디모데성경연구원의 대표적인 프로그램이다. 디모데성경연구원에서 매년 봄, 가을에 실시하는 구약과 신약의 파노라마 강사 교육을 이수하면 이 과정을 교회 안에서 활용할 수 있다. (www.worldteach.co.kr)

ii. 일대일 제자양육

말씀을 가르치는 양육자와 말씀을 배우는 동반자가 일대일(부부의 경우 2대2)로 만나 하나님의 말씀을 체계적으로 공부하고 서로의 삶을 나누고 함께 기도하며 성도의 관계를 맺어, 그리스도의 장성한 분량에까지 영적으로 성장하도록 서로 도와주는 과정이다. 16주간의 만남을 통해 동반자에게 구원의 확신을 갖게 하고 신앙의 성장을 돕는 과정이다. 온누리교회에서 매년 수차례에 걸쳐 일대일 제자양육 세미나를 연다. (www.onnuri.org)

iii. 베델 성서 훈련

한국루터회 총회 산하 베델성서연구원에서는 매년 초교파적으로 신·구약 성서 강습회를 연다. 베델성서교육은 1959년 미국 베델 루터교회 할레이 스위감 박사가 고안한 것으로, 한국교회 초기부터 지금까지 이어진 가장 오래된 양육과정 중 하나이다. 1974년 1회 세미나가 개최되었고, 현재는 총 5편 -성서편, 신앙편, 생활편, 예배편, 구원편- 으로 나누어 성경의 전체적인 윤곽을 그려주며, 성경 전체를 통해 구원의 축복과 예수 그리스도의 진리의 말씀을 깊이 알게 하는 데 초점을 두고 있다.

iv. 영적 성장의 길

많은 지역교회의 요청과 필요에 의해서 만들어진 양육세미나이다. 김명호, 양승언 목사가 공동 집필한 이 교재는 13과로 이루어져 있고 귀납적 성경공부 방식으로 구성되어 있어서 소그룹은 물론 강의로 활용하기도 편하게 꾸며져 있다. 교재의 내용은 첫째, 말씀과 기도를 통해 신앙의 기초(Basic Life)를 세우게 하고, 둘째, 사도신경을 기초로 해서 기독교 핵심 교리를 다루고, 셋째, 대계명의 말씀(마 22:37-39)을 기초로 하여 성숙한 그리스도인의 삶에 관해 다루고 있다. 매년 상반기와 하반기 두 차례 세미나를 제자훈련 연구소에서 개최하고 있다. (문의: 070-4266-4202)

2) 기도 훈련

ⅰ. 중보기도학교

이동원 목사의 저서 "중보기도 사역론"을 가지고 중보기도의 개념, 중보기도 사역에 대한 이해, 중보기도 시스템 운영의 실제를 다루는 세미나이다. 성도들은 고통받는 이웃들을 위한 진실한 중보 기도자가 되게 하고, 교회는 응답된 기도 제목들로 인해 새롭게 살아 움직이게 된다. 교회에서 중보기도학교를 열 때는 1박 2일 동안 중보기도 세미나를 열어 중보기도에 대한 관심을 불러일으키고, 평신도들에게는 매주 1시간씩 중보기도 사역을 감당하게 한다. 지구촌교회 목회 리더십 연구소에서 매년 세미나가 개최된다. (www.forleader.org)

ⅱ. 야베스의 기도세미나

기독교 출판계의 베스트셀러로 잘 알려진 『야베스의 기도』(브루스 윌킨슨 저, 디모데)를 기초로 성도들의 기도생활을 재조명해 보도록 기획된 세미나이다. 야베스라는 사람의 기도를 통해 올바른 기도생활의 모델을 세우도록 도와주는 프로그램이다.

디모데 성경 연구원에서 매년 세미나를 개최하고 있다. (www. worldteach.co.kr)

3) 전도훈련

ⅰ. 전도폭발훈련

17명 규모의 개척교회가 12년 만에 2,000명 규모의 교회로 성장하게 됨을 경험한 제임스 케네디 박사에 의해 개발되었다. 전도폭발은 한마디로 믿지 않는 사람들이 복음을 효과적으로 나누는 삶을 생활화하도록 무장시켜주는 사역이다. 단계별 훈련으로 구성되어 있으며, 국제전도폭발 한국본부로 문의하면 임상훈련에 참여할 수 있다. (www.eekorea.org)

4) 교제훈련

ⅰ. 아버지학교

아버지학교의 꿈은 잃어버린 아버지를 되찾는 것, 즉 부권을 회복하는 것이다. 기독교가정사역연구소에서 주관하는 5주 과정의 프로그램으로 아버지 테스트, 한 여자에게 충실하기 위한 성결 서약, 좋은 아버지의 30가지 습관 등 좋은 아버지가 될 수 있는 비결들을 제시한다. (www.father.or.kr)

ⅱ. 부부성장학교

부부성장학교는 성경적 바탕 위에 가정을 세울 수 있도록 도와주는 가정 제자훈련 프로그램이다. 초급 12주와 중급과정 8주를 포함해 총 20주 동안 수행된다. 부부간의 대화, 자녀교육, 부부갈등 극복 등 가정에서 가장 소중한 주제들을 제자훈련 방식으로 공부할 수 있도록 개발되었으며, 이는 가정을 작은 천국으로 만드는 소중한 밑거름이 된다. (http://hifamily.org)

iii. 피플퍼즐세미나

1924년 윌리엄 머스톤에 의해 개발된 DISC 이론을 성경적 관점에서 재해석한 프로그램이다. 사람의 행동유형을 주도형(Dominance), 사교형(Influence), 안정형(Steadiness), 신중형(Conscientiousness)으로 구분하고, 유형에 따라 생길 수 있는 인간관계 갈등 영역에 적응력을 계발할 수 있도록 도와주는 프로그램이다. (www.worldteach.co.kr)

③ 맺는말

양육과 훈련은 모두 사람을 키우는 전략에 관한 것이다. 건강한 교회는 젖병을 빨고 있는 아이들만 돌보지 않는다. 자라서 싸움에 투입할 수 있는 군사로 키우기도 하고, 병사들을 지휘하는 용맹한 장수들도 세워야 한다. 영적 성장의 각 단계마다 필요한 도움을 줄 수 있는 목회 체계를 갖추어야 한다. 그리스도의 제자답게 생각하고 살아갈 수 있도록 양육하고 훈련하는 교회가 이 시대의 소망이다. 아무쪼록 교회마다 하나님의 마음을 시원케 해드리는 공동체로 쓰임받게 되기를 기대한다.

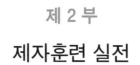

제 2 부

제자훈련 실전

교재

· 제자훈련 교재: "평신도를 깨운다 - 제자훈련 교재 세트"

　　　　　　　(총 3권, 옥한흠, 국제제자훈련원)

　①『제자 훈련의 터 다지기』

　②『아무도 흔들 수 없는 나의 구원』

　③『작은 예수가 되라』

· 사역훈련 교재: "평신도를 깨운다 - 사역훈련 교재 세트"

　　　　　　　(총 3권, 옥한흠, 국제제자훈련원)

　①『성령, 새 생활의 열쇠』

　②『교회와 평신도의 자아상』

　③『소그룹 환경과 리더십』

1. 개강 전

(1) 훈련생 선발의 과정

① 어떻게 선발할 것인가?

1) 선발의 중요성

제자훈련의 성패가 달려 있다고 할 만큼 중요한 사안이 바로 대상자 선발이다. 교회는 누구나 들어올 수 있지만, 아무나 교회의 리더 자리에 올라가서는 안 되는 것이다. 교회의 리더십은 언제나 철저히 훈련되어야 한다. 그렇다면 누구를 선발해야 하는가? 충분히 영적으로 준비된 사람을 제자훈련생으로 선발해야 한다. 물론 경험이 많은 인도자라면 준비가 덜 된 훈련생이라도 충분히 영적인 성장을 이끌어낼 수 있겠지만, 대부분의 경우 영적 준비가 되지 않은 훈련생에게 충분한 훈련의 열매를 기대하기는 힘들다. 특히 제자훈련 1기를 선발할 때는 신중을 기울이는 것이 좋다. 왜냐하면 앞으로 제자훈련의 방향성을 결정할 수 있는 모델이 되기 때문이다.

2) 제자훈련보다 먼저 양육에 집중하라

체계적인 양육 없이 제자훈련을 시작하면, 영적으로 성숙하지 못한 지도자들을 양산하게 될 수 있다. 성숙하지 못한 사람들이 지도자가 되면 더 힘든 일들이 생길 수 있음을 명심하여야 한다(물론 훈련 받지 않은 사람들이 지도자가 되는 것보다는 그나마 부족하지만 훈련받은 사람들이 지도자가 되는 것이 낫다). 따라서 제자훈련을 접목하려면 먼저 충분히 양육된 사람들이 있어야 한다. 이를 위해서는 교회 내 충분한 양육체계를 만들고 이를 통해 검증된 사람을 훈련 과정에 참여하도록 해야 한다. 제자훈련을 시작하려면 충분히 양육을 하면서 때를 기다려야 한다. 야심차게 제자훈련을 시작했는데, 중간에 탈락자들이 많이 생기면 결국 제자훈련에 대해 부정적인 시각이 생겨서 교회에 제자훈련을 정착시키는데 걸림돌이 될 수도 있다. 사람을 세우는 일은 조급함으로 이루어지지 않는다.

3) 기도하라

> 이 때에 예수께서 기도하시러 산으로 가사 밤이 새도록 하나님께 기도하시고 밝으매 그 제자들을 부르사 그 중에서 열둘을 택하여 사도라 칭하셨으니

> (눅 6:12-13)

예수님은 제자를 부르시기 전날, 밤이 새도록 기도하셨다. 제자 삼는 사역이 얼마나 중요한 지를 보여주는 구절이기도 하지만, 이는 또한 하나님의 은혜 없이는 이루어지지 않는 사역임을 알려주고 있다. 목회는 책상에서 이루어지는 것이 아니라, 하나님 앞에 무릎 꿇는 바닥에서 이루어지는 것이다. 인간적인 생각으로 목회자가 대하기 편한 사람들만 개인적으로 선택해서 제자훈련을 시작하면 잘 될 것 같지만 실제로는 그렇지 않다. 인간적인 생각을 내려놓고 오직 하나님께서 은혜를 부어 주시도록 기도하여야 한다.

4) 제자훈련을 위한 분위기를 교회 안에 조성하라

설교, 강의 등 기회가 있는 대로 담임목사의 목회철학을 나누라. 또한 주보 등의 문서를 통해 제자훈련의 중요성과 효과를 홍보하는 것도 필요하다. 경우에 따라서는 제자훈련을 하는 외부 목회자나 훈련을 통해 변화된 평신도 간증자를 초청하여 제자훈련의 필요성과 유익을 나누는 것도 좋다.

<제자훈련생 면담 시 반드시 체크해야 할 사항>

· 제자훈련에 대한 자발적인 의욕이 있는가? (억지로 하는 것은 아닌가?)
· 배우자의 동의가 있는가?(배우자의 반대가 있으면 곤란하다.)
· 훈련기간 중 외국이나 다른 지역에 자주 나가거나 거주할 계획은 없는가?
· 소그룹을 최근 6개월동안 잘 출석하고 있는가?

- 훈련받기 어려운 건강상태는 아닌가? (질병은 없는지 파악한다.)
- 자녀가 너무 어리거나 맡길 사람이 없는 것은 아닌가?(자녀 때문에 늘 일찍 가야 하거나 마음이 분산되어 제자훈련 분위기를 저해하는 경우가 있어서는 안 됨)
- 부부간에, 고부간에, 자녀와의 관계에서 훈련에 방해를 받을 정도로 심각한 문제를 안고 있지는 않은가?
- 남에게 큰 손해를 끼쳐 다른 사람에게 상처를 주고 있지는 않은가?
- 주일예배, 수요예배(집이 멀면 가까운 교회에라도) 등의 집회에 잘 참석 할 수 있는가?
- 제자훈련의 정해진 요일, 정해진 시간에 잘 참석할 수 있는가?
- 초신자는 아닌가? 구원의 확신은 있는가?
- 자기 가정을 오픈할 수 있는가?
- 하루에 정기적으로 2시간 정도의 시간을 내어 과제물을 할 수 있는가?
- 가정이나, 회사일, 그 외 사회적인 일이 너무 바빠 도저히 제자훈련에 우선순위를 둘 수 없지 않은가?

위의 내용들은 탈락시키기 위한 것이 아니라 훈련생을 보다 효과적으로 돕기 위한 것이다. 물론 위의 사항들을 점검하면서 지금이 제자훈련을 위한 적절한 시점이 아니라고 판단되면 권면하여 다음 기회에 훈련받을 수 있도록 하는 것이 좋다. 특히 자격의 문제가 아니라 시기의 문제임을 기억해야 한다. 제자훈련은 특정 사람들만의 몫이 아니라 성도라면 누구나 걸어가야 할 길이다. 다만 언제 훈련을 받는 것이 개인과 공동체의 유익을 위해 가장 적합한지를 함께 찾아가는 과정으로 선발을 활용해야 한다.

〈제자훈련생 면담 시 확인되어야 할 사항〉

· 주간 스케줄
· 가정 내 걱정거리나 훈련에 방해될 사항
· 훈련생의 성격 (장점, 단점)
· 가족의 영적 상태
· 기도 제목
· 기타 교역자의 확인이 필요한 부분

〈제자훈련 면담지 예시〉

제자훈련에 들어오면서 하나님 앞에서의 각오와 결단

1. 제자훈련 지원 동기가 무엇입니까?

1) 제자훈련 신청을 본인이 원해서 하셨습니까?

2) 제자훈련 기간 중에 결석이나 지각할 염려는 없습니까?

3) 제자훈련을 받을 마음의 준비는 되어 있습니까?

4) 가정을 제자반에 공개할 수 있습니까?

5) 제자훈련을 받기 위해서 하루에 고정적으로 2-3시간을 낼 수 있습니까?

6) 본인의 건강 상태는 어떻습니까? (상, 중, 하)

2. 영적 상태를 생각해 봅시다.

1) 성경을 얼마나 읽었습니까? 구약 ___회, 신약 ___회
   하루에 몇 장 정도 읽습니까?

2) 기도생활을 어떻게 하십니까?
   하루에 몇 분 / 몇 시간 정도 하십니까? (___분, ___시간)

3) 신앙 서적은 얼마나 읽습니까? (한달에 ___권)

4) 가정예배를 드리고 있습니까?

5) 수요예배를 참석하고 있습니까?

6) 기도회에 참석해 보셨습니까?

3. 신앙 배경을 생각해 봅시다.

1) 오늘 밤 이 세상을 떠난다면 천국에 들어갈 확신 있습니까?

2) 신앙생활은 언제부터 시작하셨습니까? (___년)

3) 신앙생활을 처음 시작한 교회는 어느 교회였습니까?

4) 우리 교회에는 언제부터 나오셨습니까? (___년)

5) 교회 안에서 다른 훈련을 받은 경험이 있습니까?

6) 그동안 교회 안에서 어떤 봉사를 하셨습니까?

7) 우리 교회에서 현재 하고 있는 봉사는 무엇입니까?

4. 평신도 지도자로서 소명이 있습니까?

1) 어느 부분에서 봉사하기를 원하십니까?

2) 다른 사람을 섬기는 일을 기쁘게 생각하고 있습니까?

3) 음주와 흡연은 어느 정도 하십니까? (많음, 보통, 적음, 없음)

5. 가정에 어려움은 없습니까?

1) 제자훈련을 받는 것에 대해서 가족의 동의나 협조는 받았습니까?

2) 배우자는 우리 교회에 함께 나오고 있습니까?

3) 자녀들은 신앙생활을 잘 하고 있습니까?

6. 제자훈련을 받는 동안 응답받고 싶은 기도제목이 있습니까?

〈제자훈련 모집광고 예〉

제 OO기 OOO 교회 제자훈련 모집안내

교회의 각 영역에서 주어진 은사에 따라 일할 수 있는 평신도 지도자를 양육하기 위해 제자훈련생을 아래와 같이 모집합니다.

지원 자격	1. 본 교회 등록한 지 1년이 지난 자 (○○ 년 ○○월 ○○일 이전 등록자) 2. 세례 받은지 만 3년 이상된 자 (○○ 년 ○○월 ○○일 이전 세례자)로 새 가족모임을 마친 자 3. ○○년 양육세미나 (신·구약의 파노라마 / 성경대학과 큐티세미나)를 이수한 자 4. 만 34세~58세까지 (○○ 년 ○○월 ○○일 ~ ○○ 년 ○○월 ○○일 이전) 일반 제자반 만 59세 이상 남·여 시니어 제자반(일반 제자반과 동일한 과정과 내용으로 훈련) 5. 다락방을 1년 이상 계속 참석한 자(현재 기준) 6. 훈련 중에 교회가 요청하는 봉사 사역에 기쁨으로 순종할 수 있는 자 7. 제자훈련·사역훈련 및 전도훈련을 통해 평신도 지도자로서 파송까지 지속적으로 훈련에 우선 순위를 두고 전적으로 헌신할 수 있는 자 8. 제자훈련의 모든 내용을 온전한 순종과 기쁨으로 감당할 준비가 된 자로 신체가 건강하고 건전한 직업을 가진 자 9. 배우자의 허락과 순장의 추천서가 지역 담당교역자에게 제출된 자

훈련 기간	1. 1년 (총 35주, ○○ 년 ○○월 개강, ○○월 중순 수료, 여름방학) 2. 여자 주간반은 매주 수요일 또는 목요일 오전 10시 3. 여자 직장인반은 매주 화요일 오후 7시, 토요일 오후 3시 4. 남자반은 매주 목요일 저녁 7시 30분, 주일 오후 6시, 토요일 오전 9시 5. 시니어 남자반은 매주 주일 오전 9시 30분/ 여자반은 수요일 오후 3시 30분
지원 방법	1. 접수·신청기간 : ○○월 ○○일 (주일) 2. 지원서 교부 : 2층 안내데스크 3. 접수처 : 교회 마당 제자훈련 접수처 4. 지원방법 : 제자훈련 지원서의 모든 항목을 빠짐없이 본인이 직접 작성 후 서명 날인 → 다락방 순장과 지역담당 교역자의 확인 날인을 받은 후 접수 5. 주의사항 : 지원서의 각 항목을 빠짐없이 기록해야 접수 가능

자격요건에 해당되는 분만 심사하여 그 결과를 ○○월 ○○일까지 개별 연락드립니다.

(2) 오리엔테이션, 이렇게 진행하라

① 오리엔테이션의 중요성

훈련생 선발을 마쳤다면, 훈련생들에게 훈련의 전반적인 과정에 대해 설명하고 안내할 수 있는 시간을 갖는 것이 필요하다. 첫 모임의 분위기는 훈련 전반에 영향을 미치기에 주의 깊게 준비하는 것이 필요하다. 이때 오리엔테이션 자료를 만들어 훈련생들에게 나누어 주면 좋다.

② 오리엔테이션의 실제

1) 자기소개

처음 만난 사람들이기에 자기소개를 통해서 자연스럽게 아이스 브레이크(Ice-Break)를 하는 것이 좋다. 자기소개 끝에 간단한 기도제목들을 나누게 하는 것도 도움이 된다. 좀 더 밝고 유쾌한 분위기를 원하면 각자의 소지품 중에 하나를 골라서 누구의 것인지를 맞추는 게임의 형식으로도 진행할 수 있다. 둘씩 짝지어 서로의 얼굴을 보고 예쁜 곳을 찾아 말하도록 하는 것도 좋다. 그런 다음 "훈련 기간 중 지금처럼 서로의 장점만을 보기 위해 노력합시다."라고 말하며, 관계는 노력을 통해 세워진다는 사실을 주지시키도록 하자.

2) 자료 배부 및 설명

· 제자훈련 교재: 1년 동안 사용할 교재를 함께 나누어 준다.

· 과제물 점검표 (하나님 앞에서): 매주 모일 때마다 한 주간의 과제물을 스스로 점검할 수 있는 표를 나누어 준다.

· 제자훈련 암송카드: 네비게이토 60구절이나 제자훈련 성경암송 카드를 사용한다. 매주 2구절씩 암송한다. 암송은 노력만 하면 누구나 할 수 있다. 특히 돌에 새기면 지워지지 않는 것처럼, 힘들게 외우면 더 오래 기억에 남음을 강조함으로 격려하라.

· 독서 과제물: 예수 그리스도와 구원의 확신에 관한 책을 주는 것도 괜찮고, 은혜롭게 읽을 수 있는 소책자를 주는 것도 괜찮다.

· 제자훈련 서약서: 제자훈련에 임하는 각오를 다시 한 번 기억할 수 있는 서약서 양식을 나눠주고 서명하도록 한다.

· 기도후원자 양식(2장): 제자훈련 기간 중 훈련생을 위해 기도해 줄 기도후원자 2명을 세우도록 한다. 훈련은 영적인 싸움이다. 중보기도는 훈련의 매우 중요한 요소가 된다.

· 성경 읽기표: 훈련생들은 1년에 성경을 일독하도록 한다. 성경 읽기표의 진도에 따라 꾸준히 성경을 읽을 수 있도록 안내하라.

· 주소록: 훈련생들의 주소와 가족관계를 정리해서 나눠주도록 한다.

3) 모임 시간

· 모임 시간을 미리 공지해 둔다. 특별한 사유가 있지 않는 경우에는 정해진 시간에 모이는 것을 원칙으로 하며, 특별한 사유가 있는 경우 함께 논의하여 조정할 수 있다. 이때 시작 시간과 마치

는 시간을 미리 정해 놓는 것이 좋다. 특히 마치는 시간도 정해 놓음으로 불안감 없이 모임에 임할 수 있도록 하며, 정해진 시간이 되면 언제든지 일어서도 된다고 공지해 둔다.

4) 모임 준비

· 모임 하루 전에는 무리한 활동을 하지 않는다. 피곤하다는 이유로 졸거나 집중하지 못하면 안 된다. 무엇보다도 모임을 위해 충분히 기도하도록 해야 한다. 과제물을 하거나 교재를 예습하느라 정작 기도를 게을리하는 경우가 많다. 기도 없이는 훈련의 열매를 기대하기 어렵다.

5) 준비 기도: 모임이 있는 날 아침에는 일찍 일어나 기도로 준비한다.

· 말씀을 들을 수 있는 귀와 볼 수 있는 눈을 열어 주옵소서
· 성령님의 임재를 체험하는 소그룹 시간이 되게 하옵소서
· 사랑이 넘치는 교제가 되게 하옵소서
· 인도자가 성령 충만하게 하옵소서

6) 모임 장소

모임은 모든 훈련생의 가정에서 돌아가면서 진행하고, 순서는 총무와 협의해서 정하도록 한다.

7) 식사

· 식사는 모임 장소를 제공하는 사람이 준비한다.

· 식사는 1식 3찬, 1인 기준 1만원 미만으로 준비할 수 있도록
  한다.
· 장소 제공자는 전날 제자반 식구들에게 집을 찾아올 수 있도록
  안내한다.
· 제자훈련 도중 전화가 오지 않도록 하며, 모임이 방해되지 않도
  록 방문자들을 사전에 조율하도록 한다.

8) 모임 시 유의사항
· 집중: 핸드폰 전원 끄기, 핸드폰 벨이 울릴 시 벌금을 내도록
  한다.
· 자리: 고정석이 생기지 않도록 지난주에 함께 앉지 않았던 사람
  들을 찾아가서 앉도록 한다.

9) 관계
· 생일: 서로의 생일을 축하하고 격려한다.
· 경조사: 서로의 경조사에 참석하는 것을 원칙으로 한다.
· 돈 거래: 어떠한 경우에도 돈거래를 하지 않는다. 적발 시 즉시
  제자반에서 탈락한다.
· 비밀: 제자반에서 나눈 내용은 절대 비밀로 한다. 다른 곳에서
  이야기를 나누어서는 안 된다. 제자반에서 개인적으로 받은 은
  혜는 나누어도 되지만, 다른 훈련생의 사적인 내용을 말해서는
  안 된다.
· 격려: 일주일에 2명에게 통화를 해서 서로 격려하고 기도 제목을
  나눈다.

- 섬김: 신앙 경력이나 나이, 직업 등으로 서로 간의 위치를 정하는 것은 금물이다. 서로 간에 반드시 경어를 사용한다(언니, 선배 등의 호칭 사용 금지).
- 사랑: 서로를 사랑하기 위해 힘써야 한다. 만약 서로를 사랑할 수 없다면 훈련을 멈추어야 한다. 그리스도의 삶의 핵심은 사랑이기 때문이다. **인내는 오래 참음으로 생기고 용기는 두려움을 직면할 때 생기고 사랑은 사랑할 수 없는 대상을 사랑하면서 자라는 것이다.** 그리스도께서 나를 어떻게 사랑하셨는지를 생각하며 사람을 사랑하라.

10) 대화법

- 인도자의 질문에 답변할 때는 형식적으로 Yes, No로 답변하지 말아야 한다. 자신의 생각과 경험, 의견을 담아내는 답변을 하면 된다. 답변은 되도록 3분 가량, 최대 5분을 초과하지 않도록 한다.
- 의견 차이가 있을 때: 의견 차이는 당연한 것이다. 다른 사람의 의견에 '맞다/틀리다'로 말하지 말고 "내 생각에는"이라는 식으로 의견을 제시하는 것이 좋다.
- 침묵: 때로는 침묵도 소중한 것이다. 침묵할 때 성령께서 각 사람의 생각에 역사하신다. 때로는 기다리며 침묵하는 것을 적극적인 답변으로 생각하라.

11) 기도법

- 합심 기도: 인도자가 제시한 기도제목을 가지고 함께 마음을 다

해 기도하는 것이다.

· 문장식 기도: 돌아가면서 한사람이 한 문장씩 기도하는 것이다. 마지막 사람은 "예수님의 이름으로 기도합니다."라고 기도한다.

· 대화식 기도: 순서 없이 아무나 기도하면 된다. 인도자가 기도할 사람의 수를 미리 말해줄 때도 있다. 그러면 마지막 사람이 "예수님의 이름으로 기도합니다."라고 기도한다.

· 통성 기도와 묵상 기도: 통성 기도는 소리를 내어 기도하는 것이고 묵상 기도는 마음으로 기도하는 것이다.

12) 과제물

· 교재 예습: 예습 시에는 연필을 사용하고 훈련 시에는 볼펜을 사용하는 것이 좋다. 또 이전 교재나 타 훈련생의 교재를 참고하지 말고 자신의 생각대로 예습하라. 모르는 것은 답을 쓰지 않아도 된다.

· 성경 읽기: 성경읽기표의 순서대로 읽으면 된다.

· 큐티: 매일 하는 것이 원칙이다. 최소 3일 이상 해야 하며 모든 큐티는 바인더에 기록하는 것이 좋다. 일주일에 하루는 D형 큐티를 해서 제출하면 되며, D형 큐티 숙제는 제자훈련 교재 1권 3과를 배운 후부터 시작된다.

· 기도: 매일 30분 이상 기도해야 한다. 기도 제목은 한 달에 한 번씩 중보기도 도우미가 업데이트해서 새로 나누어 준다.

· 성경 암송: 네이게이토 60구절이나 제자훈련 암송카드를 가지고 일주일에 두 구절씩 암송한다. 암송 시험을 통해 암송을 점검한다.

· 독서 과제물: 정해진 독서 과제물을 읽고 독후감을 써서 제출한
다. 독후감을 쓸 때는 내용 요약보다는 읽고 난 후의 느낌, 결단.
적용 등을 기록한다.

· 주일 예배와 수요 예배: 예배 후 설교를 각각 한 페이지씩 요약해
서 기록한다. 기록할 때는 설교 내용을 요약하고, 자신의 느낌과
적용을 기록해서 제출한다.

· 생활 숙제: 매주 주어지는 생활 숙제를 실천하고, 결과와 느낀 점
을 적어서 제출한다.

· 교제: 일주일에 2명 이상과 통화하고, 통화한 사람의 이름을 기
록한다.

· 제출: 과제물은 봉투에 담아서 제출한다.

· 과제물을 할 때 주의사항: 한꺼번에 폭식을 하는 것이 위험하듯
이 과제물도 한꺼번에 모두 하는 것이 아니라 매일 나눠서 하는
것이 좋다. 매일 말씀을 읽고 기도하는 습관을 만드는 것이 중요
하다.

13) 시험

· 때로 제자훈련 중에 시험이 올 수도 있다. 그 시험을 훈련과정
중 발생할 수 있는 자연스러운 것으로 여겨야 한다. 혼자
해결하려고 하지 말고 훈련 담당 교역자와 반드시 상의해야 한다.
선보고 후조치를 기억하라.

· 과제물에 대한 부담: 어쩌면 평생에 가장 많은 과제물을 받을지
도 모른다. 따라서 자기관리가 필수적이다. 못했을 때는 그냥
오라.

· 가정의 문제: 제자훈련 중에 멀쩡하던 가족관계에서 문제가 발생할 수도 있다. 그런 어려움은 훈련을 포기해야 하는 이유가 아니라 믿음으로 극복해야 하는 과정임을 기억해야 한다. 또 소그룹과 함께 극복하면 그룹원 모두가 끈끈하게 사랑하고 아끼는 좋은 기회가 될 수도 있다.

· 훈련생과의 관계적 문제: 서로 다른 사람들이 함께 소그룹으로 모여 1년 동안 생활하다 보면 가치관, 기질, 경쟁의식 등에서 갈등과 미움이 생길 수도 있다. 다양성을 인정하고 서로의 짐을 지라. 하나님이 나를 다듬어 가는 과정이라고 생각하고 사랑을 배우는 시간으로 삼으라. 원수도 사랑하라고 하셨는데, 같이 훈련받는 사람을 사랑하지 못해서는 안 된다. 내 옆에 있는 사람은 평생 함께 기도하며 살아갈 기도의 후원자다.

· 교역자와의 문제: 제자훈련을 인도하는 교역자가 싫어질 수도 있다. 다른 제자반 교역자와 비교하면서 부정적인 생각을 가질 수도 있다. 그런 시험도 모두 예수님을 닮아가는 훈련의 과정으로 받아들이고, 함께 상의하면서 믿음으로 극복하면 더 놀라운 은혜를 경험하게 된다.

14) 첫 번째 제자반 과제물

· 교재: 1권 1과 예습
· 암송: 1권 1과 A. B 또는 네비게이토 60구절 A1, 2
· 성경읽기: 성경읽기표에 따라 (창세기 1~20장)
· 독후감:『길』(옥한흠, 국제제자훈련원)
· 간증문 작성: 다음의 순서로 작성

❶ 예수 믿기 전의 나의 상태

❷ 예수 믿게 된 동기와 신앙고백

❸ 예수 믿은 후 나의 변화된 모습과 비전

· 서약서, 기도 후원자 작성해 오기

· 기도 제목 작성해 오기 (본인, 가정)

15) 섬기는 사람들

섬김도 훈련의 연속이다. 되도록 훈련 기간 중에 섬김의 역할을 맡도록 하는 것이 좋다. 이를 통해 훈련생의 성향도 파악하고 리더로서의 자질도 점검할 수 있다. 섬기는 사람들은 다음과 같은 영역에서 세울 수 있으며, 제자반의 상황에 따라 역할을 분배하면 된다.

· 총무: 목회자와 가장 연락이 잘 되는 사람이다. 헌신적이고 충성되고 기도도 많이 하고, 연륜이 어느 정도 있는 사람이 맡는 것이 좋다. 시간적으로도 여유가 있어 훈련생들에게 개인적으로 전화도 한 번 더 해줄 수 있고 목회자가 놓칠 수 있는 부분을 세심하게 돌보고 섬길 수 있는 사람을 선발하는 것이 좋다.

· 회계: 나이가 젊고, 총무를 도울 수 있으며, 어떤 일도 지혜롭게 대처할 수 있는 분을 정하는 것이 좋다.

· 중보기도 도우미: 매달 기도 제목을 모아서 한 장으로 정리하고 프린트해서 나눠주는 역할을 하며, 기도 응답 여부를 확인하고 꾸준히 기록하는 역할을 한다.

· 온라인 도우미: 온라인으로 제자훈련 카페를 운영할 때, 도움을 줄 수 있는 사람으로 선정하는 것이 좋다.

· 생일 도우미: 생일을 맞은 사람이 있을 때 간식 및 이벤트를 담당하는 역할이다.
· 조장: 제자반을 다시 몇 개의 조로 나누어 과제를 하거나 중보기도를 할 때 리더로 섬기는 역할을 한다.

16) 기도 후원자

　개인당 2명을 선정해서 첫 모임 때 명단을 제출한다. 기도 후원자가 정해지면 목사님들이 처음에 기도 후원자들에게 편지를 보낼 필요가 있다. 기도 후원자들이 책임 있게 기도하도록, 훈련의 성패가 그들의 기도에 의해 결정될 수 있다는 책임감을 갖도록 동기부여하는 편지를 보내면 된다. 이렇게 하면 훈련생이 기도 후원자에게 연락을 안 해도, 기도 후원자가 먼저 연락할 수도 있고, 이로 인해 훈련생도 책임감 있게 기도 후원자에게 연락을 하게 된다. 기도가 뒷받침되지 않으면 제자훈련은 성공할 수가 없다. 제자훈련은 얼마만큼 기도하느냐에 따라서 성공과 실패가 결정된다. 따라서 목회자들은 반드시 기도 후원자가 훈련생과 어떤 관계에 놓여 있는지, 기도를 계속하고 있는지 정기적으로 점검해야 한다.

17) 기타 주의사항

· 결석, 지각은 금물이다. 목회자가 시간을 마음대로 변경하면, 훈련생들은 더더욱 그 시간에 잘 안 오려고 한다. 또한 목회자가 마음대로 시간을 변경하게 되면 훈련생들이 마음대로 시간을 조정하고 싶어 할 때에도 조정해 주어야 한다. 그러므로 모든 스케

줄을 훈련하는데 맞추어서 어떤 일이 일어나도 정한 시간에 제자훈련을 해야 한다. 그렇게 제자훈련에 몰입을 해야 그 열매를 맛볼 수 있다.

· 각 가정을 차례대로 훈련 장소로 삼는다. 가정에서 모일 때, 많은 유익이 있다. 어느 교회이든 마찬가지이다. 집의 구석구석의 모든 것을 공개할 수 있을 때 자기 마음을 오픈할 수가 있다. 그래서 제자훈련을 할 때에는 반드시 한 번은 순차적으로 가정에서 하고, 다시 돌아가기가 어려울 때에는 교회에서 하는 것이 바람직하다. 처음 제자훈련을 할 때 오픈이 잘 안 되는 이유는 가정 공개가 안 되기 때문이다. 가정이라는 분위기에는 보이지 않는 따스함이 있다. 이는 교회와는 또 다른 따스함이다. 그렇기 때문에 가정에서는 마음을 털어놓기가 쉽다.

· 가정 개방 시 유의할 점: 식사 문제로 인해 상처를 받는 경우가 더러 있다. 가정 경제가 힘들 경우는 더욱 그렇다. 음식을 무리하게 할 경우 나중에 가서 꼭 문제가 발생하게 된다. 제자반을 운영하다 보면 자꾸 반찬이 하나씩 늘어 간다. 그러므로 처음부터 식사에 대한 분명한 규정을 세우고 지켜야 한다. 반찬이 많을 경우 반찬을 빼야 한다. 손님 접대를 극진히 하고 나서 나중에 부담을 느껴 힘들어 하는 경우도 있다.

가정에서 모이면 전화도 오고, 애들도 시끄럽게 하는 등 여러 가지 문제들이 생길 수가 있다. 그래서 가정을 오픈할 때에는 문제가 될 수 있는 것들을 훈련생들에게 미리 주의시켜 주어야 한다. 전화코드도 빼놓도록 하고 대문 앞에도 손님이 찾아오지 않도

록 메모를 붙여 두게 해야 한다. 그리고 제자훈련하는 방에 들어
오면 들락날락하는 등의 행동으로 분위기를 깨지 않도록 주의를
주어야 한다. 생리적인 현상으로 화장실을 가야할 때는 분위기를
깨지 않는 상황에서 조용히 갔다와야 한다고 주지시킨다. 아이들
도 훈련에 방해가 되지 않도록 미리 조심을 시키는 것이 좋다. 장
소제공자 역시 음식을 준비한다고 들락날락하다가 중요한 것을
놓치는 마르다가 되지 않도록 해야 한다.

· 모범이 되는 훈련: 훈련생들은 서로가 서로에게 모범이 되어야
  한다. 교회 안에서도 모범이 되는 훈련을 하도록 해야 한다. 예
  배에도 모범이 되어야 하고, 교회 안에서 모이는 그룹에서도 반
  드시 모범이 되어야 한다. 그러나 제자훈련을 받고 있기 때문에
  독특하고 특별하게 보이려고 하지 말아야 한다.

· 우선 순위: 훈련 중에는 아프지도 말고, 죽지도 말자: 제자훈련의
  구호는 "훈련 중에는 아프지도 말고, 죽지도 말자"이다. 이는 그만
  큼 우선순위를 제자훈련에 두어야 한다는 것을 의미한다.

③ 맺는말

오리엔테이션이 끝난 다음에는 바로 헤어지기보다는 말씀으
로 무장시켜주는 것이 필요하다. 그래서 언제나 제자훈련을 하면
말씀과 기도로 늘 풍성한 것을 받는다는 의식이 들도록 해주는 것
이 필요하다. 이번 훈련생들은 이 말씀을 붙들고 1년 동안 훈련받
았으면 좋겠다는 말씀을 주고, 그 말씀을 같이 나누면서 은혜를
나눈 다음에 합심해서 기도하고, 두 명씩 짝을 지어서 기도하고,

조별로 만나서 서로 기도해 주도록 하고, 마지막으로 목회자가 마무리로 기도하고 마치면 된다.

(3) 마인드맵을 이용한 교재 준비

소그룹의 역동성은 지도자가 교재를 충실히 준비하는 것에서부터 시작된다. 그러나 소그룹을 준비할 때는 설교를 준비할 때와 다르게 조금 쉽게 생각하는 경향이 있다. 교재를 보면서 서로 이야기를 나누는 것으로 생각하기 때문이다. 나는 대학생 때부터 선교단체 10step에 익숙했고, 소그룹 경험도 많았다. 그러나 국제제자훈련원에 와서 제일 충격을 받았던 것은 소그룹의 철저한 준비였다. '이제까지 내가 공부하고 인도했던 소그룹은 정말 주먹구구식이었구나.' 하는 것을 절실히 깨닫게 되었다. 체계적으로 소그룹 교재를 준비하려면 산만하게 퍼져 있는 생각을 일목요연하게 정리해야 한다. 전도서 12장 11절에는 "회중의 스승들의 말씀들은 잘 박힌 못 같으니 다 한 목자가 주신 바이니라"라는 말씀이 있다. 좋은 스승의 가르침은 '잘 박힌 못'처럼 사람들의 생각에 명료하게 남아서 그들의 삶을 변화시킨다. 그런 체계적인 교재준비에 도움이 되는 과정이 바로 '마인드맵을 이용한 교재 준비법'이다.

① 마인드맵이란 무엇인가?

마인드맵은 지도를 그리듯이 생각 속의 줄거리를 이해하고 정리하는 방법이다. 사고가 핵심 단어들을 중심으로 마치 거미줄처럼 파생되고 확장되어 가는 과정을 확인하고, 동시에 자신이 알고 있는 것을 검토하고 고려할 수 있는 일종의 시각화된 브레인스토밍 방법으로 자신의 머리속에서 엉켜있던 사고를 보다 체계적으로 정리하기 위한 기법이다. 1970년대 초, 영국의 두뇌학자 부잔 (T. Buzan)은 두뇌 활동이 주로 핵심 개념들을 상호 관련시키거나 통합하는 방식으로 이루어진다는 연구 결과를 바탕으로 시각적 사고 기법인 마인드 매핑(mind mapping)을 개발했다.

마인드맵을 통해서 성경공부를 준비할 때 가장 큰 장점은 각 과 전체의 내용을 한 눈에 파악할 수 있다는 것이다. 문제를 통해 각각의 나무를 관찰하면서도 동시에 전체 내용의 숲을 보게 하는 장점이 있다.

② 마인드맵을 이용한 교재 실례

이제 제자훈련 1권 6과 교재를 놓고 마인드 맵핑을 해보자 (120쪽의 샘플을 참조하라).

1) 주제를 잡아라

제자훈련 1권 6과 전체에 답을 달고 나서 이 과의 핵심 키워드를 생각하라. 이 과에서 가장 중요한 핵심은 제목 그대로 [기도의 응답]일 것이다. 마인드맵 가장 중앙에 [기도의 응답]이라고 쓰고 기도의 응답에 어울리는 그림이나 색깔을 표시하면 된다.

2) 소주제 핵심을 잡아라

각 문제에 대한 소주제 핵심을 찾아야 마인드맵이 가능해진다.

ⅰ. 서론 요약

기도하는 것에 비해 응답을 잘 받지 못하는 그리스도인이 많다.

응답을 받지 못하는 원인은 하나님이 아니라 우리에게 있을 수 있다.

그렇다면 서론을 통해 무엇을 강조해야 하는가?

응답받지 못하는 원인을 살펴보고 기도 응답에 대한 소망을 가지도록 한다.

ⅱ. 각 단락을 묶어 소주제로 나누라

❶ 기도 응답의 확신 (1-5번)

1번 문제 : 도입 질문

(예수님이 말씀하시는 기도의 응답)

2번 문제 : 기도 응답의 확신에 대한 강조

3번 문제 : 선한 응답의 확신

4-5번 문제 : 개인 적용 (확신의 점검)

❷ 기도 응답의 방해물 (6번)

6번 문제 : 기도 응답의 방해물들

❸ 신속한 기도 응답의 비결 (7-10번)

7-8번 문제 : 모세의 기도와 하나님의 응답 (관찰)

9번 문제 : 약속과 기도 응답의 상관성

10번 문제 : 개인 적용과 나눔

(약속을 가지고 기도한 경험)

❹ 오랜 시간이 걸리는 기도 응답 (11번)

    11번 문제 : 나눔 - 오랜 시간이 걸리는 기도 응답의 예

❺ 결론 (12번)

    12번 문제 : 적용 - 당신의 기도 생활의 나눔과 앞으로

        기도의 방법에 대한 수정

3) 관찰, 해석, 느낌, 적용을 표시하라

소주제에 맞는 문제들을 면밀히 분석하면 관찰 문제, 해석 문제, 느낌 문제, 적용 문제를 구별할 수 있다. 그런 다음, 관찰, 해석, 느낌, 적용에 맞는 아이콘을 만들어 통일된 형태를 만든다.

4) 상황에 맞는 질문 및 적용점을 최대한 시각화하라

제자훈련은 지도자와 훈련생의 마음의 열기로부터 시작된다. 그러므로 문제를 하나하나 풀어가면서 적절한 질문을 던지고 적용점을 찾아 훈련생의 마음을 오픈하게 하는 것이 매우 중요하다. 질문 및 적용 질문을 최대한 시각화하여 효과적인 제자훈련을 이끌 수 있을 것이다.

5) 완성된 마인드맵을 가지고 시뮬레이션 작업을 하라

마인드맵이 완성되면 소그룹을 인도하는 것을 시뮬레이션해 보는 것이 좋다. 마인드맵을 보지 않고도 머리 속에서 1번부터 12번까지의 문제가 모두 떠올라야 하고 각 주제가 어떻게 연결되는지에 대한 그림이 머릿속에 그려져야 한다. 완전히 숙지할 때까지 계속 시뮬레이션을 해보는 것이 좋다.

6) 작성된 마인드맵에 매이지 말라

마틴 로이드 존스 목사님은 원고를 충실히 적어야 한다고 강조했지만, 설교단에는 작은 메모지만 가지고 오르셨다. 충실한 원고를 작성하는 것은 목회자의 기본이지만 그것을 완전히 숙지한 상태에서는 원고에 얽매이지 않아야 성령께서 친히 사용하시는 도구가 될 수 있다. 마인드맵을 작성하고 충분히 숙지한 후, 인도할 때는 그냥 들어가는 것이 좋다. 물론 마인드맵을 펼쳐서 보고 인도하는 경우도 있지만, 그보다는 머릿속으로 완전히 숙지한 상태로 들어가서 마인드맵에 얽매이지 않고 소그룹을 인도하여 성령께서 인도하시는 도구가 되는 것을 가장 추천하고 싶다.

지금까지 마인드맵으로 제자훈련교재를 준비하는 과정을 살펴보았다. 마인드맵을 손수 그려서 준비해도 좋고, 프로그램을 활용해도 좋다. 충실하게 교재를 준비해서, 우리가 인도하는 소그룹 안에 성령께서 친히 부어 주시는 은혜의 역동성이 일어나기를 기도드린다.

< 1권 6과 기도의 응답 마인드맵 샘플 >

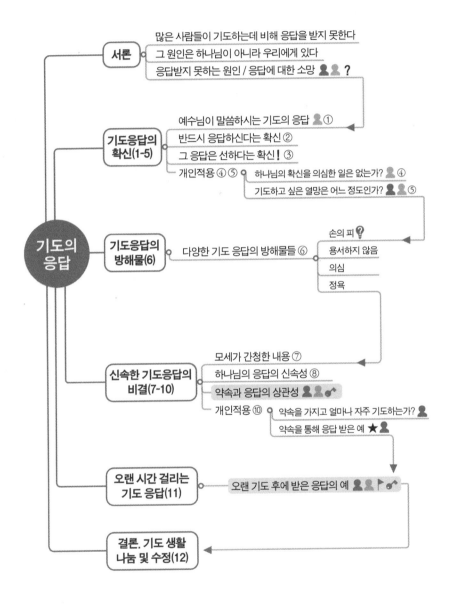

서론
- 많은 사람들이 기도하는데 비해 응답을 받지 못한다
- 그 원인은 하나님이 아니라 우리에게 있다
- 응답받지 못하는 원인 / 응답에 대한 소망 **?**

기도응답의 확신(1-5)
- 예수님이 말씀하시는 기도의 응답 ①
- 반드시 응답하신다는 확신 ②
- 그 응답은 선하다는 확신! ③
- 개인적용 ④⑤
  - 하나님의 확신을 의심한 일은 없는가? ④
  - 기도하고 싶은 열망은 어느 정도인가? ⑤

기도응답의 방해물(6)
- 다양한 기도 응답의 방해물들 ⑥
  - 손의 피
  - 용서하지 않음
  - 의심
  - 정욕

신속한 기도응답의 비결(7-10)
- 모세가 간청한 내용 ⑦
- 하나님의 응답의 신속성 ⑧
- 약속과 응답의 상관성
- 개인적용 ⑩
  - 약속을 가지고 얼마나 자주 기도하는가?
  - 약속을 통해 응답 받은 예 ★

오랜 시간 걸리는 기도 응답(11)
- 오랜 기도 후에 받은 응답의 예

결론. 기도 생활 나눔 및 수정(12)

기도의 응답

2. 개강 후

(1) 제자훈련 교재, 이렇게 다루라

① 훈련생의 입장에서 예습하라

제자훈련 교재를 예습할 때, 훈련생의 입장에서 문제를 풀어볼 필요가 있다. 가르치는 입장에서만 교재를 바라보면, 교재의 문제를 풀면서 훈련생들이 느끼는 궁금점이나 감정들을 놓치기 쉽다. 훈련을 하다 보면 "예습할 때 이 문제가 제일 힘들었는데, 어떻게 아시고 꼭 짚어서 질문하셨어요?"라고 말하는 경우가 있다. 그런데 해당 문제는 단순히 그 훈련생 뿐만 아니라 모두가 힘들어 하는 문제였을 가능성이 크다. 즉 교재를 예습하다 보면 훈련생의 입장에서 답하기 힘들거나 어려운 질문들이 존재할 수 있는데, 이런 문제들을 미리 파악해 두면 인도하는데 도움이 된다. 따라서 훈련생의 입장에서 교재를 예습하다 보면 어떤 점이 궁금한지, 어떤 점에서 어려움을 느끼게 되는지를 파악할 수 있다.

② 인도자 지침서를 활용하라

인도자 지침서는 꽤 자상하게 제자훈련 교재를 다루고 있다. 사실 이렇게 자상한(?) 지침서를 만들기까지는 고민이 많았다. 도움을 주는 지침서가 아니라 정답집이 되어 목회자들에게 하나의 고정된 틀을 제한하지 않을까하는 고민 때문이었다. 그래도 제자훈련을 실시하려는 많은 동역자들의 요청이 있었기에 조금은 자세한 안내서를 제공하게 되었다. 지침서를 꼼꼼히 읽어보면 과를 어떻게 인도할지에 대한 아이디어를 얻을 수 있을 것이다. 다만 지침서는 방향을 제시하는 안내서이지, 해답집은 아니다. 인도자 지침서에 나온 내용만을 전한다든지, 인도자 지침서에 나온 모든 내용을 다루고자 하는 것은 지혜롭지 못하다. 지침서는 철저히 참고용으로만 활용하라.

③ 삶의 정황과 연결하라

교재를 예습할 때 중요한 것은 상황화이다. 매년 교재를 다루지만 동일한 교재임에도 해마다 다루는 내용이 조금씩 차이가 난다. 왜일까? 대상자가 다르기 때문이다. 대상자가 달라지다 보면 같은 기도에 대해 다루더라도 강조점이 달라지고, 훈련생들이 느끼는 궁금증 역시 달라지게 된다. 훈련생들의 영적 필요와 무관한 내용만을 매년 반복한다면 훈련의 능력은 줄어들 수밖에 없다. 따라서 교재를 훈련생들의 삶의 정황과 연관지어 다룰 필요가 있다. 그럼 어떻게 해야 할까? 가장 중요하고 효과적인 방법은 기도다. 제자훈련의 진정한 교사는 성령 하나님이다. 따라서 인간 교사인 우리는 철저히 성령님의 손에 붙잡혀 있어야 한다. 충분히 기도하지 않는다면 아무리 많은 준비를 하더라도 사람의 영혼을 변화시키는 능력은 맛보지 못할 것이다. 이때 훈련생들의 기도제목을 가지고 기도하는 것이 필요하다. 교재가 다루는 내용은 단순히 지적인 것만이 아니다. 오히려 실제 삶과 생활 가운데 말씀대로 어떻게 살 것인지를 다루기 때문에 훈련생들의 삶의 정황을 충분히 이해하지 않는다면, 훈련생들이 나누는 내용들을 공감하고 영적으로 조언하고 격려하기 힘들 것이다. 훈련생들의 기도제목을 이해하고 기도하다 보면 교재의 내용에 훈련생들의 삶의 정황과 자연스럽게 연결되고, 죽은 지식이 아니라 살아 있는 능력의 말씀으로 바뀌는 것을 느끼게 될 것이다.

④ 마인드맵을 준비하라

인도자가 교재를 다룰 때 주의할 점은 욕심을 내려놓는 것이다. 너무 많은 내용을, 또 깊은 내용을 나누려고 하다 보면, 시간도 부족하고 오히려 원하는 주제에 대해 충분히 나누지 못하는 현상이 나타날 수도 있다. 따라서 교재의 내용은 충분히 깊이 있게 연구하되, 인도하기 전에는 꼭 다루어야 할 내용만을 간추릴 필요가 있다. 이때 도움이 되는 것이 마인드맵이며, 마인드맵으로 교재를 예습하는 방법은 이전 과를 참조하기 바란다. 또한 철저히 준비하되 실제 훈련을 인도할 때는 성령의 인도하심에 민감하게 반응을 보일 필요가 있다.

⑤ 지·정·의 균형을 유지하라

제자훈련 교재는 귀납적 성경연구 방법론에 기반하여 구성되어 있다. 귀납적 성경연구 방법론을 취하는 이유는 지·정·의가 균형 잡힌 영적 성장을 위해서다. 예를 들어 어떤 사람의 경우 성경 박사라고 할 만큼 성경에 대해 많은 지식을 갖고 있지만, 정작 삶은 세상 사람들과 별반 차이가 없는 경우가 있다. 지식은 삶의 변화의 중요한 토대가 되지만, 삶으로 나타나지 않는 지식만큼 무익한 것은 없다. 반대로 어떤 사람은 성경에 대해 제대로 된 지식을 갖추기 위해 노력하기 보다는 교회 내 모든 활동에 적극적으로 참여만 한다. 이런 경우 지적 토대가 부족하기에 인생의 어려움이 있거나 아주 쉬운 유혹에도 쉽게 넘어지게 된다. 따라서 제자훈련 교재를 다룰 때 지·정·의가 충분히 균형을 갖추도록 인도해야 한다. 너무 지적으로만 흐르지 않도록 조심해야 하며, 반대로 성경에 근거하지 않는 대화만 나누지 않도록 주의를 기울여야 한다. 다만 적용의 경우 다른 문제에 비해 시간이 많이 소요됨으로 적용 질문을 다룰 때는 충분한 시간을 확보해야 한다. 또한 적용문제는 교회의 상황과 훈련생들 개개인의 상황에 맞는 보조질문들을 만들어 던져보라.

⑥ 평가하라

훈련을 마쳤다면 스스로 평가하는 작업을 하는 습관을 갖는 것이 좋다. 예습할 때 다루고자 했던 내용은 충분히 다루어졌는 지, 다루어지지 못했다면 이유가 무엇이었는지 스스로 찾아보라. 그리고 인도 시 문제는 없었는지, 발생한 문제에 대해 어떻게 반응했는지, 그리고 이는 효과적이었는지에 대해 점검해 보라. 그런 다음 자신이 준비한 내용 중 추구하거나 수정할 내용이 있다면 기록해 놓으면 좋다. 이렇게 예습한 내용을 수정하다 보면 자신만의 지침서가 만들어지게 될 것이다.

(2) 제자훈련 과제물의 구성과 운영

제자훈련을 처음 인도하는 목회자들이 가장 궁금해하는 것 중 하나는 과제물에는 어떤 것이 있으며, 어떻게 다루느냐이다. 실제로 과제물은 어떻게 구성되어 있는지, 각각의 과제물이 추구하는 바가 무엇인지를 분명하게 인식하지 못할 경우, 그 효과는 반감될 수밖에 없다. 즉 과제물에 많은 투자를 했음에도 불구하고, 열매는 노력에 비해 부실한 경우가 많게 된다. 따라서 과제물의 구성에 대한 전체적인 밑그림을 갖고, 과제물을 다룰 필요가 있다.

제자훈련 과제물의 전체적인 구성을 이해하기 위해서는 아래의 수레바퀴 그림을 연상하면 도움이 될 것이다. 그림에서 보는 바와 같이, 과제물이라는 수레바퀴는 말씀과 기도, 관계, 생활 그리고 교재라는 다섯 가지 살로 구성되어 있다. 물론 모든 과제물이 이들 다섯 가지 영역 중 하나에 반드시 국한되는 것은 아니며, 때로는 인도자에 따라 이외에 필요한 과제물을 얼마든지 낼 수 있다. 다만 이러한 구분은 각 과제물이 추구하는 목적을 이해하고, 그 목적에 맞게 과제물을 운영하며, 과제물들의 균형을 유지하는 데 도움이 될 것이다.

〈수레바퀴 그림〉

① 말씀

말씀과 관련된 과제물은 제자훈련 기간 중 가장 기초적이고 중요한 과제물이다. 따라서 훈련 기간 중 가장 많은 투자가 이루어지며, 이때문에 자칫 제자훈련을 성경공부로 오해하기도 한다. 하지만, 말씀 관련 과제물이 강조되는 이유는 오히려 제자훈련의 목적이 성경공부가 아닌 삶의 변화에 있기 때문이다. 말씀이야말로 사람을 변화시키는 가장 강력한 도구이며, 그렇기 때문에 훈련 기간 중 말씀이 강조되는 것이다.

말씀과 관련된 과제물은 『말씀의 손 예화』(네비게이토, 2012)에 나오는 듣기, 읽기, 암송, 연구, 묵상이라는 다섯 가지 요소로 구분할 수 있다.

1) 설교 요약: 듣기

영적 지도자가 가르치는 말씀을 듣는 것은 매우 중요하고 기본적인 말씀 훈련이 된다. 따라서 훈련 기간 중 훈련생들은 주일 예배와 수요 예배에 반드시 참석하게 하며, 설교 내용을 요약하게 한다. 설교 요약은 익숙하지 않은 경우에는 매우 불편한 작업임에 틀림없다. 때로 훈련생 중에는 설교 요약 때문에 설교나 예배에 더 집중하지 못하겠다는 불평이 나오기도 한다. 하지만 시간이 지나 요약에 익숙해지면, 설교의 은혜를 더하고 예배를 사모하게 되었다는 고백을 종종 듣게 된다.

또한 설교 요약은 말의 핵심을 파악하고 정리하는 연습도 겸함으로, 다른 사람의 이야기를 듣고 반응을 보이거나 자신의 하고픈 말을 정리해서 말하는 습관을 익히는 데 도움을 준다. 필자의 경우, 초기에는 설교 내용을 요약만 하도록 하고, 어느 정도 수준에 이르면 느낀 점까지 적도록 한다. 이를 통해 전해진 말씀을

마음으로 반응하는 훈련에까지 나아가도록 한다. (예시는 143쪽 참고)

2) 성경 일독: 읽기

성경 일독은 하나님의 말씀에 대한 전체적인 시야를 갖게 하는 데 의의가 있다. 즉 성경 전체의 숲을 보게 함으로써 말씀을 해석하는 눈을 키우는 것이다. 특히 그동안 한국교회가 예배 중심의, 듣는 신앙을 강조해 온 점을 감안할 때, 성경 일독은 매우 중요한 과제물의 한 요소이다. 실제로 모태신앙임에도 불구하고 훈련 전까지 성경 일독을 제대로 해보지 못했다는 고백 아닌 고백을 종종 듣게 되며, 기독교 포털 갓피플의 조사에 의하면 기독교인 중 43%가 성경 일독 경험이 없다고 응답했다. 또한 2년의 훈련 기간 중 성경 일독을 최소 2번을 하게 되므로써 말씀을 다루게 될 평신도 지도자로서의 자신감을 심어주는 부수적인 효과도 있다.

제자훈련 / 사역훈련 교재에 수록된 성경읽기표는 훈련 기간인 32주 동안 성경 일독을 할 수 있도록 구성되어 있다. 또한 『날마다 주님과 함께』(브루스 윌킨슨, 디모데)를 활용하여 함께 읽으면, 성경을 이해하는 데 도움이 된다. 다만 성경 읽기는 인도자가 검사를 소홀히 하면 게을러지기 쉬운 과제이다. 따라서 가끔 훈련 시간에 해당 주간에 읽은 내용 중 받은 은혜를 나누게 하거나 체크된 성경읽기표를 제출하게 하는 것이 이를 예방하는 좋은 방법이다.

3) 요절 암송: 암송

암송은 말씀으로 우리의 마음을 채우는 가장 효과적인 방법 중 하나이다. 뿐만 아니라 암송은 자신의 영적 성장은 물론, 다른 사람을 돕는 일에도 매우 유용하다.

제자훈련 기간 중에는 매주 2구절씩, 배우게 될 과의 주제와 관련된 요절을 암송하게 한다. 이를 통해 과에 대한 이해를 넓히고 핵심적인 내용을 기억하고 삶에 적용하게 된다. 특히 2권을 통해서는 기독교 교리의 중심 내용을, 3권을 통해서는 신앙생활의 각 요소와 관련된 구절을 암송케 함으로, 교리적인 내용과 생활적인 내용을 균형 있게 암송할 수 있다. 사역훈련 기간 중에는 매주 1구절씩, 배우게 될 과의 주제와 관련된 구절을 외우게 된다. 다만 사역훈련 1권의 경우, 로마서 8장 전체를 과의 진도에 따라 6번에 나눠 암송하게 한다. 이는 훈련생들에게 큰 부담을 주는 것이 사실이지만, 동시에 암송 과제 중 가장 많은 은혜를 받는 것도 로마서 8장이다. 요절이 아니라 장 전체를 외우는 것은 암송훈련에 있어서 새로운 도전이 된다.

주의할 점은 암송 과제를 시험 중심으로만 다루어서는 안 된다는 점이다. 다시 말해 인도자는 훈련생의 암송 능력이 아니라, 말씀을 사모하고 외우려는 열정을 볼 줄 아는 눈이 필요하다. 그리고 암송을 통해 이러한 열정을 심어주기 위해 노력해야 한다. 쉽게 외운 한 구절보다는 어렵게 덜 외워진 한 구절이 우리 삶을 변화시키는데 더 효과적일 수 있다.

4) D형 큐티: 연구와 묵상

옥한흠 목사의 제자훈련이 갖는 독특한 과제물인 D형 큐티는 말씀을 체계적으로 연구하고 삶 속에 적용하게 만드는 데 매우 유용한 도구이다. 기존의 큐티가 간단한 관찰과 느낌 중심이었고, 이에 반해 개인성경연구는 지나칠 정도로 복잡하였다면, D형 큐티는 양자의 장점을 잘 조화시켜 연구와 묵상 작업이 충분히 이루어지면서도 동시에 개인적인 적용과 실천이 강조된 큐티 방법이라고 생각한다. (D형 큐티의 구체적인 방법은 다음 장에서 자세히 소개한다.)

이때문에 훈련생들이 까다로워하면서도 동시에 가장 많은 은혜와 변화를 맛보는 과제물이 바로 D형 큐티이다. 말씀의 의미를 스스로 찾고 깨달아, 이를 자신의 삶 속에 적용하려는 노력이 힘들지만 훈련생들에게는 무엇보다도 소중한 영적 경험이 되는 것이다. 또한 D형 큐티는 말씀 연구뿐만 아니라, 귀납적 소그룹 인도법을 익히는 데도 귀한 자산이 된다. 실제로 훈련을 마친 순장들 중에는 순장반에 참석하기 전에 매주 다루게 될 과의 본문을 미리 D형 큐티하는 경우도 많다. 이런 연유로 많은 이들이 D형 큐티를 제자훈련 과제물의 꽃이라고 부른다.

D형 큐티는 매주 하나씩, 배우게 될 과의 내용과 관련된 본문을 다루게 된다. 다만 D형 큐티는 훈련생의 영적 수준에 따라 가장 편차가 많은 과제물인 만큼, 인도자의 세밀한 관심과 개인화된 도움이 필요하다. 큐티에 전혀 익숙하지 않은 훈련생의 경우, 느낀 점만 기록하는 A형 큐티부터 시작해서 차근차근 수준을 높여가도록 이끌 필요가 있다. 처음에는 본문을 읽고 자신에

게 와 닿은 구절에 줄 치는 것부터 시작하여 단계를 밟아가도록 한다. 반대로 손쉽게 큐티를 하는 경우에는 지적 작업으로만 멈추는 경우가 많으므로, 구체적인 적용이 이루어지도록 지도해 나가야 한다.

② 기도

1) 개인기도

기도의 중요성은 새삼 강조할 필요가 없다. 우리의 문제는 기도의 중요성을 모르는 것이 아니라, 기도하지 않는 데 있다. 현대인의 생활이 복잡해지고 바빠질수록, 이러한 현상은 심화될 것이다. 따라서 훈련생으로 하여금 규칙적으로 정해진 시간에 기도하는 습관을 갖게 하는 것은 매우 중요하다. 훈련 기간 중에는 매일 30분씩 기도하는 것이 기본적인 과제물로 제시된다. 기도에 익숙한 사람들에게는 30분이 길게 느껴지지 않겠지만, 기도훈련이 덜된 사람들에게는 결코 적지않은 시간이다. 실제로 30분이라는 시간에 대해 부담을 느끼는 훈련생들이 많다.

기도 역시 인도자가 관심을 갖지 않으면 소홀해지기 매우 쉬운 과제물이다. 따라서 인도자의 꾸준한 관심이 필요하다. 먼저 훈련생들로 하여금 언제부터 언제까지 어디서 기도할지를 결단하게 한 후, 자신이 결단한 시간에 맞춰 기도하고 있는지에 대해 꾸준한 점검이 필요하다. 필자의 경우, 과제물 점검표인 "하나님 앞에서"에 실시여부를 O, X로 표시하기도 하지만, 동시에 매일 언제부터 언제까지 어디서 기도했는지를 별도로 적어서 제출하도록 한다. 이를 통해 기도생활을 어떻게 갖고 있는지를 점검하며, 필요한 경우 도움을 주어야 한다. 훈련 초기에는 주로 기도 훈련이 덜 되었기 때문에 기도과제를 어려워한다. 그런데 시간이 지난 후에는 생활이나 영적 상태에 문제가 생긴 경우에 기도과제가 게을러지는 경우가 많다. 따라서 기도과제는 훈련생의 전반적인 영적 상태를 파악하는 시금석으로 활용될 수 있다.

2) 중보기도

개인 기도와 더불어 서로와 교회를 위해 기도하는 것도 중요한 훈련의 요소이다. 우선 첫 모임 때 각자의 기도 제목을 적어오도록 과제를 낸 후, 기도 제목을 함께 나눈다. 이렇게 서로의 기도 제목을 나누다 보면, 자신의 기도 내용이 어떤 면에서 부족했는지를 점검해 볼 수 있다. 따라서 처음에는 인도자가 먼저 자신의 기도 제목을 사전에 적어서 훈련생들에게 나눠주어 샘플을 제시하는 것도 좋은 방법이다.

그후 정기적으로(한 달에 한 번, 혹은 두 달에 한 번) 기도제목을 새로 적어오도록 한다. 필자의 경우, 훈련생 중 한 명을 중보기도 도우미로 세워 일 년 동안 기도 제목을 정리하고 나누는 일을 돕도록 한다. 종강 모임 때는 일 년 동안 응답받은 기도 제목을 함께 나누는 시간을 갖는데, 기도의 능력을 실제로 느끼게 하는 시간이 된다. 또한 수험생 자녀가 있는 경우, 시험 전주에는 릴레이 한 끼 금식기도와 같은 과제를 내줌으로써 강도 높은 기도 훈련을 하기도 한다.

③ 생활

1) 생활 숙제 (예시: 145쪽 + 숙제 목록: 148쪽)

D형 큐티와 더불어 생활 숙제는 옥한흠 목사의 제자훈련이 갖는 독특성으로, 삶의 변화를 일으키는데 매우 탁월한 도구이다. 생활 숙제는 해당 주간에 배운 내용을 실제 삶의 현장에서 실천하게 하는 것이다. 예를 들어 "섬김"에 대해 배웠다면, "세족식"이라는 생활 숙제를 통해 실제 생활 속에서 섬김을 실천해 보는 것이다. 아무리 큰 지적·정서적 변화도 의지적인 결단과 적용이 뒤따르지 않는다면 결코 궁극적인 삶의 변화는 기대하기 힘들다. 말씀과 삶 사이의 가교를 놓고, 말씀을 삶으로 체화하게 만들기 위해 고안된 과제물이 바로 생활 숙제다. 따라서 제자훈련의 목적이 삶의 변화에 있음을 감안할 때, 생활 숙제는 결코 소홀히 다루어서는 안 된다.

이러한 특성 때문에 생활 숙제는 실천 여부가 중요시된다. 따라서 결단이나 계획에서만 그치지 않고, 작은 실천을 구체적으로 행동에 옮겨보도록 인도하는 것이 중요하다. 다만 인도자는 실천 여부에만 관심을 가져서는 안 된다. 실천을 통해 스스로 배우는 시간을 갖도록 해야 한다. 이를 위해서 모든 생활 숙제에는 실천 내용과 더불어, 이를 통해 깨달은 점이나 느낀 점을 반드시 적게 한다. 또한 인도자의 개인적인 점검과 더불어, 훈련 시간에 과제물 나눔을 통해 서로에게 배우게 한다. 특히 필자의 경우, 하반기에는 주로 생활 숙제를 중심으로 과제물 나눔을 한다. 훈련 초기에는 말씀과 기도를 중심으로 한 지적·정서적 변화에, 하반기에는 이런 변화를 바탕으로 실천하는 데 중점을 두는 것이다. 처음에는 단회성 실천 과제를, 익숙해질수록 반복적 실천 과제를 부여하면 도움이 된다.

이때 주의할 점은 인도자가 훈련생의 삶에 대해 진심으로 관심을 갖고 도와주려는 마음과 자세를 갖는 것이다. 결코 지침만 던져주고 삶의 현장으로 훈련생들을 내몰아서는 안 된다. 인도자가 훈련생들과 함께 고민하고 씨름하며 실천하고자 노력할 때 비로소 변화가 일어난다. 결국 사람을 변화시키는 것은 인도자의 마음과 자세이기 때문이다.

2) 주간 생활 계획서

주간 생활 계획서는 두 가지 측면에서 중요성을 갖는다. 첫째는 우선순위를 갖고 자신의 삶을 관리하게 한다는 점이다. 매일, 매주 중요도에 따라 일의 우선순위를 정하고, 이에 따라 계획을 세워 실천하도록 하는 것이다. 자신의 삶 속에서 중요한 것이 무엇인지 늘 돌아보게 하며, 이를 실천하도록 자극하게 된다. 둘째는 자신의 생활을 스스로 점검하게 한다는 점이다. 계획을 세워 실천하다 보면, 자신의 삶 속에서 낭비되거나 낮은 우선순위의 일에 투자된 시간이 얼마나 많은지 깨닫게 된다.

주간 생활 계획서는 제자훈련 1권 2과 "하나님과 매일 만나는 생활"을 배운 후, 경건의 시간에 최우선순위를 두고 생활해 갈 수 있도록 돕기 위한 과제물로 제시된다. 주간생활계획서는 경건의 시간의 실천 여부는 물론, 훈련생의 삶 전체를 이해할 수 있다는 점에서 훈련 초기에는 반드시 과제물로 작성해서 내도록 할 필요가 있다. 훈련생의 삶을 이해해야지만, 훈련생이 갖고있는 실질적인 문제를 구체적으로 도와줄 수 있기 때문이다. 훈련 기간 동안 매주 작성하여 제출하게 할 수도 있고, 익숙해질 때까지만 단기적으로 제출하게 해도 된다.

3) 영적일기

영적 일기는 하루나 주간 단위로 일상생활 가운데 느끼고 깨달은 점에 대해 자유롭게 적는 것이다. 일반적인 일기와는 달리 일상생활을 영적인 관점을 가지고 글을 쓰는 것이라고 할 수 있다. 자칫하면 신앙과 삶이 분리되기 쉬운데, 영적일기를 통해 일상의 삶을 영적인 관점에서 바라보고 하나님과 동행하며 생활할 수 있도록 도울 수 있다.

④ 관계

1) 전화 교제

전화 교제는 가장 기초적인 관계 훈련이다. 매주 2명 이상씩 훈련생들 간에 전화 교제를 하게 하며, 이를 통해 관계를 맺고 서로 격려하며 세워가는 동역자로 자라가도록 한다. 일주일에 2명에게 전화하는 일이 무슨 과제라고 할 수 있느냐고 반문할 수 있다. 물론 용건이 있거나 친분이 가까운 사이에서는 전화 교제가 쉬울 수도 있다. 하지만 같은 훈련생이라는 이유만으로, 전화 교제를 나누고 서로의 삶을 나누는 일은 결코 쉽지 않다. 게다가 그 중에는 자신이 싫어하는 스타일의 사람도 있을 수 있다.

사교적인 경우에는 상관없지만, 그렇지 않은 경우에는 전화 교제를 어떻게 나누어야 하는지 모르는 경우가 종종 있다. 그럴 경우, 서로의 기도 제목을 나누게 하는 등 전화 교제 때 나누어야 할 내용을 인도자가 안내해 주면 도움이 된다. 다만 늘 같은 사람과 전화 교제를 나누는 경우도 존재하므로, 필자의 경우 훈련 초기에는 누구와 전화 교제를 나누었는지 이름까지 적어서 제출하도록 하여 교제권이 폭넓게 형성되도록 이끈다.

관계와 관련해서는 전화교제 외 다른 정기적인 과제물이 없는 만큼 필요에 따라 특별과제를 종종 내기도 한다. 조별로 모임을 갖고 교제를 나누게 한다든지, 둘씩 짝을 지어 한 주간 서로를 위해 중보하고 격려하게 하는 것도 좋은 방법이다. 필자의 경우, 종강 모임 때 선물 나누기를 실시하는데, 자신이 선물해야 할 사람의 명단을 제비 뽑은 후, 정해진 금액 내에서 그 사람에게 꼭 필요한 선물을 사주라고 과제를 내어준다. 이를 통해 서로에 대해 관심을 갖고, 적은 금액으로도 서로를 격려하는 법을 배우게 한다.

2) 다락방(소그룹) 참석

다락방(소그룹)은 개인의 영적 성장의 가장 기본적인 토대이자, 관계훈련을 위한 가장 기초적인 단위의 공동체이다. 따라서 다락방 참석은 필수적이다. 또한 훈련생 중에는 상당수가 앞으로 다락방을 인도할 사람임을 감안할 때, 다락방은 훈련생들에게는 제자로서의 삶을 실천하고 사역을 준비하는 장이 된다.

따라서 인도자는 훈련생의 다락방 참석은 물론, 다락방 내에서의 생활에 대해 주의 깊게 살펴 볼 필요가 있다. 훈련 현장에서는 잘 준비되어 가는 것처럼 보이지만, 다락방에서의 생활을 보면 훈련생으로서의 모범을 보이지 않는 경우가 종종 있다. 때로는 훈련생이 다락방 내 문제의 원인이 되기도 한다. 따라서 인도자는 한 학기에 한 번 정도는 다락방 순장에게 전화하여, 훈련생의 다락방 생활과 변화에 대해 물어보는 지혜도 필요하다.

⑤ 교재

1) 예습

과제물의 또 다른 요소는 훈련 시간에 다루게 될 교재와 관련된 부분이다. 옥한흠 목사의 교재는 그동안 사랑의교회는 물론, 수많은 교회에서 그 효과가 검증된 교재이다. 무엇보다도 개인의 영적 성장과 삶의 변화를 이끌어내는 데 탁월하다. 다만 인도자가 교재의 내용이나 귀납적인 환경을 충분히 이해하지 못한 채 다루면, 그 효과가 반감될 수밖에 없다. 따라서 무엇보다도 인도자가 먼저 교재에 익숙해져야 한다.

옥한흠 목사의 교재의 경우, 귀납적인 방법을 사용하고 있기 때문에 귀납법에 익숙하지 않은 훈련생의 경우 초기에 힘들어할 수 있다. 따라서 오리엔테이션 때 교재에서 사용하는 질문의 유형과 답을 준비해 오는 방법에 대해 자세히 가르쳐 줄 필요가 있다. 또한 교재가 단순히 성경 공부 형식이 아니라 삶의 문제와 적용을 다루고 있기 때문에, 충분한 예습 기간을 확보하는 것이 중요하다. 필자의 경우, 교재 예습은 모든 과제물 중에 제일 먼저 할 것을 당부한다. 즉 훈련을 마치고 돌아간 날 예습을 하고, 한 주간 고민하다가 그 전날 다시 한 번 예습을 하고 오도록 종용한다.

하지만 무엇보다 중요한 것은 인도자의 모범이다. 인도자가 먼저 이렇게 예습을 해야 한다. 이때 단순히 가르치기 위해 예습하지 말고, 훈련생의 입장에서 교재가 요구하는 느낌 질문이나 적용 질문에 대해 스스로에게도 질문해 보아야 한다. 인도자가 이렇게 준비를 할 때 교재의 특성을 충분히 살린 귀납적인 삶의 나눔이 가능해진다. 인도자가 교재의 준비를 철저히 하는 만큼 훈련생들도 준비하게 된다는 점을 잊지 말아야 한다.

2) 독서 과제물

특별한 경우를 제외하고는, 대부분의 독서는 누구에게나 유익하다. 하지만 훈련 기간 중 읽게 되는 독서 과제물은 교재에서 배우는 내용에 대해 보충하고 깊이를 더하기 위한 것이라고 보는 것이 좋다. 즉, 독서 과제물은 교재의 과별이나 권별로 해당 과나 권을 이해하고 적용하는 데 도움이 될만한 책을 읽히는 것이다. 물론 인도자의 입장에서 훈련생에게 꼭 읽히고 싶은 도서가 있을 수 있다. 그럴 경우 방학 때를 활용하여 읽히고, 학기 중에는 진도에 맞춰 도움이 될만한 책을 읽히면 좋다.

독서 과제물은 자칫하면 훈련생들에게 과도한 짐을 지우는 원인이 되기 때문에 인도자는 주의를 기울여야 한다. 분량은 한 달에 소책자 1권, 일반도서 1권 정도가 바람직하다. 제출방식은 책의 성격에 따라 요약하기도 하고, 느낀 점만 적기도 한다. 비교적

딱딱한 교리 관련 도서들은 요약을, 설교집과 같이 편안히 읽을 수 있는 책들은 느낀 점을 주로 적게 한다.

3) 과제물의 목적

i . 하나님과 매일 만나는 삶

그렇다면 이들 과제물의 궁극적인 목적은 무엇일까? 과제물의 목적은 훈련생들의 능력을 키우는 데 있지 않다. 다시 말해 큐티를 잘 하고, 독후감을 잘 쓰고, 기도를 유창하게 하는 사람을 만드는 것이 목적이 아니다. 과제물을 통해 훈련생이 하나님과 매일 만나는 삶을 살도록 만드는 데 그 목적이 있다. 옥한흠 목사의 제자훈련 교재 중 1권 2과에서 "하나님과 매일 만나는 생활"을 다룬 이후, D형 큐티 등 본격적인 과제물에 대해 배우는 이유도 여기에 있다.

결국 매일의 삶 속에서 하나님을 어떻게 만나야 하는지, 남은 평생을 어떻게 하나님과 동행하는 삶을 살 수 있는지를 배우는 것이 과제물의 목적이라고 할 수 있다.

과제물은 지적·정서적 능력의 함양이 아니라, 하나님과 매일 만나는 삶의 방식을 배우는 과정이다. 요한복음 15장에서 포도나무와 가지의 비유를 통해 예수님께서 말씀하신 것처럼, 하나님과 매일 만나게 된다면,

삶의 열매를 자연스럽게 맺어질 수밖에 없다. 그렇기 때문에 제자훈련 과제물이 학력이나 나이, 그리고 환경에 상관없이 누구에게나 동일한 유익을 주는 것이다. 따라서 과제물이라는 수레바

퀴의 중심에는 하나님과 매일 만나는 생활이 자리 잡게 된다.

ⅱ. 실천하는 작은 예수

과제물이 추구하는 또 하나의 목적이 있다면, 그것은 삶 속에서 실천하는 그리스도의 제자를 만드는 것이다. 이는 옥한흠 목사가 말하는 교회론에서 비롯된다. 즉 "하나님과 매일 만나는 삶"이 옥한흠 목사가 말하는 교회의 두 가지 본질 중 "세상에서 부름받은 하나님의 백성"이 갖는 정체성에 해당된다면, "실천하는 작은 예수"는 "세상으로 보냄받은 그리스도의 제자"로서의 소명에 해당된다고 할 수 있다. 이 둘은 마치 수레바퀴와 축과 테처럼, 과제물의 중심이자 목표인 것이다.

따라서 과제물은 배움과 삶의 가교가 되어야 한다. 마치 수레바퀴의 살이 길어짐에 따라 바퀴의 테가 커지는 것처럼, 말씀, 기도, 관계, 생활, 교재라는 다섯 가지 요소의 과제물이 쌓여져 갈수록 삶의 변화라는 열매가 풍성해져야 하는 것이다. 이를 위해 인도자는 과제물을 통해 훈련생의 삶의 문제가 성령님의 능력 앞에 드러나고 다루어지도록 도와야 한다. 결국 사람을 변화시키는 것은 인간의 노력이 아니라 하나님의 역사에 의해서다. 다만 과제물은 훈련생으로 하여금 이러한 하나님의 능력의 장중에 나가도록 돕는 것이다.

이렇게 과제물을 통해 자신의 정체성과 소명을 발견하게 될때, 과제물은 훈련기간 중 지켜야 할 의무가 아니라 평생 행해야 할 권리로, 한 번의 실천이 아니라 평생의 습관으로, 짐이 아니라 즐거움으로 변해가게 될 것이다.

〈과제물 예시1〉

훈련생의 노트에서

영적 일기

이번 주에는 특히 컨디션이 많이 좋지 않았다. 속이 조금이라도 비면 속이 울렁울렁 거리고 피곤해서 자주 누워있었다. 여러 가지로 힘들었던 논문을 끝마치고 이제 좀 편하게 쉬면서 시간을 보내고 싶었는데 몸이 좋지 않으니 뭘 해도 흥이 나지 않고 마음에 불평이 올라왔다.

에버랜드에 가서 동물도 보고 놀이기구도 타고 싶었는데 작은 것도 내 마음대로 하지 못하고 무엇보다 직장을 다니지 못한다고 생각하니까 마음이 슬퍼졌다. 이런 마음이 드는 게 하나님께 죄송하고 아기한테 미안해져서 금방 회개를 했지만 온전히 떨쳐내는 것이 힘이 들었다. 그리고 이번 해 말에는 남편이 사우디에 갈 확률이 높기 때문에 혼자서 아이를 낳고 돌볼 생각을 하니까 두려운 마음도 많이 든다. 부정적인 생각이 꼬리에 꼬리를 물다보면 더 불안해진다.

이 부분에 대하여 기도를 드렸다. 하나님께서 나를 엄마로 부르시고 나에게 생명을 허락하신 것은 우연이 아니라 완전한 하나님의 계획이라는 생각을 하니 그래도 위로가 되었다. 아직 하고 싶은 것도 많고 이루고 싶은 것도 많지만 그것은 영원한 것이 아니고 나의 영혼을 만족시키는 일들도 아니다. 그것들을 다 하는 것이 내가 결코 행복해지는 것도 아니며 맛있는 음식을 먹었을 때와 같이 만족은 아주 잠깐인 것이다. 지금 내가 집중해야 할 것은 하나님 앞에 더욱더 나아가는 것이다. 하나님 앞에 나의 정체성을 더욱 올바르게 찾고 그 은혜를 온전히 누릴 때 나의 영혼과 몸은 안전할 것이다. 그리고 좋은 엄마로서, 아내로서 준비되고 성장할 것이다.

의무감이 아니라 사모함으로 하나님 앞에 더 가까이 나아가게 되길 기도 드려야겠다. 요즘 또 몸이 불편하다는 핑계로 말씀 통독을 게을리 했는데 하나님의 은혜가 더욱 필요한 시간인 것 같다. 아직, 누군가의 엄마가 되기에는 많이 부족하고 부족한 나에게 하나님께서 생명을 주신 그 뜻을 신뢰하며 조금 더 담대하게 이 사실을 받아들이고 기대해야겠다.

교역자의 Comment

자매님, 제자훈련 중에 하나님께서 귀한 생명을 허락해 주셔서 참 감사합니다. 그러나 임신중에 훈련을 한다는 것은 육체적으로 힘들기도 합니다. 영적으로, 정서적으로 또 육체적으로 충분한 은혜가 넘치기를 기도합니다.

남편이 사우디로 발령을 받는 것 때문에 여러 가지로 불안한 상황이지만 그것을 하나님께 맡기고 기도하시는 모습은 너무 귀합니다. 자매님 고백대로 진정한 만족은 하나님으로부터 오는 것이고 하나님이 우리 인생에 허락하시는 모든 것은 다 선한 것임을 고백합시다. 의무감이 아니라 사모함으로 하나님께 나아간다는 말은 저에게도 많은 도전이 됩니다. 우리의 형편에 상관없이 하나님을 향한 사모함으로 나아가는 모습에 박수를 보내고 응원합니다. 저도 위해서 기도하겠습니다. 은혜 충만하시고 또 건강하세요.

〈과제물 예시2〉

훈련생의 노트에서

설교요약: 그리스도의 십자가, 우리에게 주는 의미

1. 내용 요약
1) 십자가는 승리의 시작이다
십자가는 우리가 죄로부터 승리할 수 있도록 한다.
이는 거룩과 순결을 통하여 내 안에 있는 죄로부터의 승리
이다.

2) 승리에 대한 잘못된 오해를 버려라
우리는 이미와 아직의 사이에 있어 이미 승리는 시작되었
지만 아직, 하나님의 나라는 완전히 완성되지 않은 시대에
살아가고 있다. 이미(already) 혹은 아직(not yet)에 대
한 비균형적인 지나친 강조를 했을 때 우리는 십자가에 대
한 의미 뿐 아니라 삶에 대한 방향이 편파적이 될 수 있다.
예를 들어, 우리가 '이미'에 대한 지나친 강조를 했을 때는
승리와 완전주의로 향해갈 수 있다. 이는 열심을 가지고 신
앙생활을 하지만 결국 더욱 큰 죄절로 이어질 수밖에 없다.
이와 반대로 '아직'에 대한 지나친 강조를 하면 우리는 패배
와 허무주의에 빠질 수밖에 없다. 이럴 경우 신앙생활을 하
는 것이 다 소용없다고 여기게 될 수 있다. 그러나 이러한
태도는 옳지 않다. 우리는 사탄이 아직, 파멸된 것은 아니지
만 이미 무력해진 것을 인식하고 이미와 아직, 사이에서 너
무 크게 죄절할 필요도, 너무 크게 자신만만할 필요도 없는
것이다.

3) 육신, 세상, 죽음의 지배로부터 승리하라

우리는 우리가 아직, 육신의 지배에 있는 것을 생각해야 한다. 그러나 예수님은 죄에 종노릇하는 우리를 구원해주시기 위하여 이 땅에 오셨다. 우리는 비록 아직도 죄의 영향력과 죽음의 지배 가운데 있지만, 이미 십자가에서 승리하신 예수님을 기억하며 그분을 의지할 때 하나님 안에서 열매 맺는 삶을 살 수 있다.

2. 느낀 점과 적용

신앙생활을 할 때 승리주의보다는 허무주의에 빠질 때가 많았던 것 같다. 아무리 신앙생활을 하고 있어도 매일 반복되는 죄만 짓는 내 모습을 보면 신앙생활 자체도 허무하다고 느낀적이 많았다. 그러나 아직, 사탄이 나에게 영향을 미칠 수 있더라도 이미 그리스도의 십자가를 통하여 무력해진 존재라는 것을 잊지 말아야겠다. 그리고 좀 더 담대하게 세상을 살아가고 하나님을 신뢰하며 '이미'와 '아직' 사이에서 지혜롭게 신앙생활을 하고 싶다. 그래서 하나님 안에서 열심히 신앙생활을 하고 세상과 사람들을 섬겨야 하겠지만, 기대하고 노력한 만큼의 열매가 삶에서 나타나지 않는다고 하더라도 크게 실망하고 좌절하지 않으며 허무주의로 가지 않도록 해야하는 것이다. 예수님께서 십자가에서의 승리를 통하여 우리에게 주신 죄·세상·사망에 대한 승리를 기억하고 더욱 담대하게 살아가야겠다.

〈과제물 예시3〉

훈련생의 노트에서

(3권 8과) 신앙 인격과 연단 생활 숙제

〈내 인생의 고난을 돌아보고 교훈을 적어보기〉

지금까지 짧다면 짧고 길다면 긴 인생동안 기쁜일도 많았지만 슬프고 힘들었던 시간들도 많았던 것 같다. 먼저 기억에 남는 일은 유치원 같은 반 친구들에게 심한 놀림과 따돌림을 당했던 일, 5학년 때 같은 반 남자친구에게 맞았던 일, 그리고 6학년 때 같은 반 단짝 친구에게 정신적인 괴롭힘을 당했던 일이다. 세 가지 일 모두 상황은 달랐지만 친구들에게 일방적으로 괴롭힘을 당했다는 점에 있어서 어린 마음에 큰 상처와 충격을 받았었다. 그러나 이 시간을 통해서 하나님께서 나의 어린 마음을 조금은 더 단단하게 만들어주셨고 하나님이라는 절대자의 존재에 대하여 생각하게 하시고 의지하게 하셨다. 왜냐하면 특히 초등학교 고학년 때 매일 매일 정신적으로 어려운 부분을 하나님께 기도하였고 하나님을 생각하려고 애썼기 때문이다. 물론 지금 생각해보면 내가 드렸던 기도가 비록 주문과 같은 기도였을지라도 내 힘으로 할 수 없는 상황에 대하여 하나님께 기도드리고 어린 마음에도 그분을 의지했던 것 같다. 그리고 감사하게도 어린시절의 아픈 경험이 잘 생각나지 않고 지금까지 내 삶에 좋지 않을 영향을 미치지 않을만큼 이후 학창시절에 좋은 친구들, 선생님들을 많이 만날 수 있는 기회를 주셨다. 또한 이러한 어린시절의 아픈 경험은 현재 내가 어린 내담자를 만나고 그들을 이해하는데 있어 많은 도움이 된다. 나아가 어리다고 해서 그들이 힘든 현실을 잘 느끼지 못하고 인식하지 못하는 것이 아니라 오히려 어른들의 많은 위로와 돌봄과 이해가 필요하다는 것을 과거의 나의 경험을 통해 깊이 알 수 있어 감사하다.

성인이 되고 나서는 낯선 환경에서 만났던 낯선 경험들이 때로는 곤혹스러운 경험과 고난으로 다가왔던 것 같다. 캐나다에 어학연수를 갔을 때 만났던 홈메이트 멕시코 여자아이가 영어를 못하는 나를 괴롭히고 떠돌렸던 일, 대학에서 옛 남자친구가 일방적으로 연락을 끊고 잠수를 탔던 일이 생각난다. 낯선 환경에서 아무 것도 의지할 수 없을 때, 예상하지 못했던 일들이 생길 때마다 정신적으로 정서적으로 더욱 더 힘들었던 것 같다. 하지만 지금 생각해보면 그 시간은 내가 하나님 안에서 어떤 존재인지를 깊이 있게 고민하고 생각하는 시간이었다. 아무도 나를 사랑하지 않는 것 같을 때, 누군가에게 깊은 거절을 당했을 때, 그럼에도 불구하고 나는 세상에서 가장 큰 분에게 용납 받은 자이며 이런 나를 위해 십자가에 죽으셨다는 하나님의 사랑을 온전히 느낄 수 있는 시간이었던 것 같다. 그래서 하나님께서 나를 사랑하시는 것이 얼마나 큰 의미인지 처음으로 깨달았던 시간이었고, 그 사랑으로 인하여 어려움을 넉넉히 이길 수 있는 시간이기도 했다.

또 학위논문을 쓰며 겪었던 어려움이 생각났다. 논문을 쓰는 과정은 많이 힘들고 하나님을 생각하지 못했던 적도 많았지만 논문을 쓰고 난 뒤 내가 하나님 앞에서 얼마나 연약한 존재인지 철저히 느끼는 시간이었다. 왜냐하면 교수님께 많은 꾸지람을 받아 정서적으로 위축된 것도 있지만 내게 주어진 상황과 환경이 힘들면 하나님을 쉽게 원망하고 눈에 보이는 사람을 더욱 의지했던 나의 모습을 직면하는 시간이었기 때문이다. 그래서 논문을 다 쓰고 하나님 앞에 내 자신이 얼마나 부족한 자인지 알게 되었고 동시에 그럼에도 불구하고 나

를 기다려주시고 용납해주시는 하나님 앞에 겸손함으로 나아
가는 시간이 되었다.

교역자의 Comment

하나님은 우리 인생을 낭비하지 않는다는 말이 있습니다. 우
리의 과거의 슬픔과 아픔 그리고 좌절과 실패까지도 하나님
은 아름답게 만들어가시는 분이십니다. 과거의 일을 바꿀 수
는 없지만 신앙이란 과거를 믿음으로 재해석하게 해줍니다.
집사님의 삶을 돌아보면 하나님께서 과거의 상처를 오늘 아
름다운 별이 되게 하신 것 같습니다. 또 과거를 돌아보며 자신
을 직면하게 된 것도 귀한 통찰입니다. 우리를 기다려주시고
늘 용납해주시는 그 하나님의 은혜가 늘 함께 하시기를 저도
기도하겠습니다. 한 주 동안 수고 많으셨습니다.

<제자훈련 생활 숙제 목록 예시>

제자훈련 생활 숙제 목록

제자훈련을 하면서 삶이 변화되는 중요한 터닝포인트가 있다면 '생활 숙제'라고 말할 수 있다. 가족들을 섬기고 또 배운 은혜를 지식이 아니라 삶으로 연결시키는 생활 숙제를 통해서 하나님의 은혜를 크게 체험할 수 있기 때문이다. 아래 제시된 생활 숙제는 하나의 예이다. 이것을 토대로 각자 교회에 맞는 창의적이고 효과적인 생활 숙제를 만들어가면 좋을 것이다.

1권
1. 나의 신앙고백과 간증 - 가족, 친지에게 간증문 나누기
2. 하나님과 매일 만나는 생활 - 시간계획표 만들기
3. 경건의 시간 - D형 큐티 그룹 나눔
4. 살아있고 운동력있는 말씀 - 한 주간 말씀 묵상을 통해 얻은 유익
5. 무엇이 바른 기도인가? - 기도문 작성하기
6. 기도의 응답 - 주중 기도 데이트

2권
1. 성경의 권위 - 내 삶에서 순종하기 힘든 영역들
2. 하나님은 누구신가? - 하나님께 편지쓰기
3. 예수 그리스도는 누구신가? - 기독교 이단 조사하기
4. 삼위일체 하나님 - 관계 회복을 위한 실천
5. 인간의 타락과 그 결과 - 죄의 성찰과 회개를 기록하고 기도하고 태우기
6. 예수 그리스도의 죽음 - 나의 유서 작성하기
7. 예수 그리스도의 부활 - 자신이 경험한 부활의 능력

8. 약속대로 오신 성령 - 다른 사람 모르게 도와주고 깨달은 점

9. 거듭난 사람 - 거듭난 사람으로 살아야 할 결단

10. 믿음이란 무엇인가? - 한 주 동안 세상을 이기는 믿음을 실천하고 승리 혹은 실패한 경험 적어오기

11. 의롭다 함을 받은 은혜 - 구원받은 은혜에 대한 감사편지

12. 우리 안에 계시는 성령 - 1,000원으로 선한 이웃되기

13. 그리스도인의 성화 - 제자훈련 후 나의 변화에 대해 가족들의 feedback 적어오기

14. 예수 그리스도의 재림 - 예수님의 재림에 대한 생각적어오기

3권

1. 순종의 생활 - 한 주간 말씀에 순종하고 감상적기

2. 봉사의 의무 - 제자반 봉사활동

3. 그리스도를 증거하는 생활 - 전도하기

4. 말의 덕을 세우는 사람 - 내가 상처를 준 말, 상처를 받은 말

5. 영적 성장과 성숙 - 제자훈련을 통해 변화된 모습 돌아보기

6. 순결한 생활 - 순결한 삶을 위한 구체적인 적용 적기

7. 그리스도인의 가정 생활 - 가정 사명 선언서 작성 및 세족식

8. 신앙 인격의 연단 - 내가 겪은 고난을 돌아보고 교훈 적기

9. 그리스도인의 주재권 - 하나님께 주권을 이양하는 각서 쓰기

10. 청지기직 - 십일조, 구제, 선교에 대한 구체적 물질 사용 계획표 작성

11. 영적 전투 - 중보 금식 기도

12. 새 계명: 사랑하라 - 제자반을 마치며 또는 마니또 선물 주기

(3) D형 큐티 방법

① 제자훈련과 큐티

큐티를 하면 매일 하나님의 말씀과 기도를 통해 훈련의 생활화가 되고, 하나님의 말씀을 이해하는 폭이 넓어지며, 말씀을 생활에 적용하는 훈련을 통해 삶의 변화를 일으킨다. 제자훈련 중에 큐티를 나누게 함으로 다양한 적용과 해석을 배우게 되고 함께 은혜를 나누면서 교제가 더 깊어지도록 한다.

② D형 큐티의 지도

1) 큐티의 종류

	내용 관찰	연구와 묵상	느낀 점	결단과 적용
A형			O	
B형	O		O	
C형	O		O	O
D형	O	O	O	O

2) 큐티의 방법

D형 큐티 방법을 배운 후에는 일주일에 하나씩 제출해야 한다. D형 큐티는 시간이 많이 소요되는 과정이기에 일주일에 한 번, 나머지 날에는 C형 큐티를 하게 된다. 다음에서 내용 관찰부터 결단과 적용까지, 큐티의 각 단계에 대한 사항을 간단히 살표보자.

ⅰ. 내용 관찰

내용 관찰은 '본문의 개요'에 해당하는 것이다. 내용 관찰을 기록한다는 것은 '본문이 말하는 요지는 이런 것이다'라고 정리하는 것이다. 관찰을 위해서는 여러 번 소리 내어 읽는 것이 좋다. 관찰은 '숲을 관찰하기'와 '나무를 관찰하기'로 나눌 수 있다. 먼저 '숲을 관찰하기'는 본문을 읽고 전체 내용을 한 문장으로 요약해 보는 것이다. '나무를 관찰하기'는 육하원칙을 통해 구체적인 상황을 관찰해보는 것이다. 관찰을 할 때는 동사와 접속사에 유의하고 인과관계를 살피며, 이해되지 않는 단어와 문장에 표시하라.

ⅱ. 연구와 묵상

해석 단계이다. 일반 큐티와 D형 큐티의 가장 큰 차이점은 바로 '연구와 묵상'에 있다. 사실 묵상이 없는 큐티는 없기 때문에, '연구'라는 부분이 추가된 것이 D형 큐티의 장점이다. 그럼 왜 다른 큐티에는 없는 '연구'라는 부분이 추가되었는가? 그것은 D형이 아닌 큐티가 가지는 가장 치명적인 단점인 '성경의 자의적 해석' 때문이다. 대부분의 큐티 세미나에서는 성경을 읽고 마음에 떠오르는 느낌을 중요시한다. 그래서 전문적인 말씀 해석의 훈련을 받지 않은 평신도들의 큐티 중에는 '자의적 해석'이 많다. 그 오류를 수정하고자 '연구'라는 부분이 추가된 것이다.

'연구'는 외적인 노력이라 정의할 수 있고, '묵상'은 연구한 부분을 내적으로 생각하는 것이라 할 수 있을 것이다. 즉 '연구'란 성경 본문을 읽으면서 떠오르는 질문에 대해 답변을 찾아가는 과정이다. 2차 자료를 통해 자신의 해석이 맞는 것인지 검증하고, 질문에 답을 찾아가면서 바른 말씀 해석을 배워가는 과정이다. 도움이 되는 2차 자료로는 먼저 다양한 번역본, 그리고 스터디 바이블을 추천한다. (ESV 스터디 바이블, NIV 스터디 바이블, 영어스터디 바이블로는 KJV Heritage Reformation Study Bible을 추천한다.) 또 성경에서 모르는 단어를 찾아가는 성경사전, 성경 지도 등이 있으면 도움이 된다.

제자훈련 1년, 사역훈련 1년이라는 2년의 과정 동안 D형 큐티를 거치면서 평신도 지도자가 하나님의 말씀을 인도할 수 있는 말씀의 사람으로 세워지는 것이다. 평신도들이 D형 큐티를 할 때, 관찰, 연구와 묵상 그리고 느낌을 정확하게 구분해서 기록하는 것을 어려워한다. 그럴 때 연구와 묵상은 질문과 대답의 형식으로 기록하도록 권유하는 것도 도움이 된다.

iii. 느낌

느낌은 성령께서 가장 크게 역사하는 시간이다. 연구와 묵상을 통해 배운 신앙의 원리들을 기도를 통해 내 삶 깊숙한 곳까지 가지고 오는 시간이기 때문이다. 이때 도움이 되는 것은 '본문을 통해 발견되는 하나님의 마음은 어떠한가?' 또는 '저자의 마음은 어떠한가?' 등의 질문을 던져서, 지적 원리가 정서적인 은혜로 흘러 내려오도록 하는 것이다. 조나단 에드워즈가 말하듯이 단순한 감정(emotion)이 아니라 애정(affection)이 생기는 시간이다.

iv. 결단과 적용

개구리 4마리가 나무 위에 앉아 있었다. 그중 한 마리가 말했다. "우리 다 같이 연못으로 뛰어내리자." 그럼 이제 몇 마리가 남았는가? 정답은 4마리다. 왜냐하면 말만 했기 때문이다. 말만 해서는 행동이 변하지 않는다. 반드시 삶으로 실천해야 한다. 적용은 구체적이어야 하고 평가가 가능한 것이 좋다. 다음의 4P를 기억하라.

- Personal(개인적) : "I need to…" (내가 필요한 것은~)
- Practical(구체적) : "I need to lose some weight."
  (나는 체중을 줄여야겠다.)
- Possible(가능한 것) : "I need to lose 10 pounds."
  (나는 체중 5kg 정도 줄이겠다.)
- Provable(평가 가능한 것) : "I need to lose 10 pounds before the end of the month."
  (나는 이번 달 말까지 체중을 5kg 줄이겠다.)

v. 소그룹 나눔

D형 큐티를 서로 나눌 때 은혜는 배가 되고 성경의 해석에 대한 이해도 깊어지게 된다. 자의적 해석을 하게 되더라도 서로의 해석을 통해 자연스럽게 교정이 되기도 한다. 그래서 제자훈련 인도자는 처음에 D형 큐티를 할 때, 제자훈련 소그룹 안에 다시 작은 그룹을 만들어서 훈련 시작 전에 서로 나누게 하는 것도 도움이 된다.

③ 제자훈련 인도자의 D형 큐티 강의의 예

D형 큐티는 '내용 관찰 - 연구와 묵상 - 느낌 - 결단과 적용'이라는 큰 틀로 나누어져 있지만, 어떻게 해야 한다는 원칙이 구체적으로 정해져 있지는 않다. 여기서 소개하는 강의는 개인적인 하나의 예에 불과하다. 반드시 동일하게 해야 하는 것도 아니다. 목회자들의 참고자료로 소개한다.

본문 : 마가복음 1장 32-39절

1) 내용 관찰

• **숲을 관찰하기: 한 문장으로 요약**
　"예수님은 바쁘신 와중에도 하나님과 기도하는 시간을 기뻐하셨고 하루 중 우선순위에 두셨다."

• **나무를 관찰하기: 육하원칙**
　- 언제: 새벽 오히려 밝기 전
　- 누가: 예수께서
　- 어디서: 한적한 곳에서
　- 무엇을: 기도를
　- 어떻게 : (어떻게는 나오지 않는다.)- 왜 : (왜 하셨는지도 본문에서는 나오지 않는다. 그러나 묵상으로 유추할 수는 있다. 따라서 이 질문은 관찰이 아니라 해석 단계에서 다루게 된다.)

예수님은 하루종일 바쁘게 사셨다. 설교를 하시고, 귀신을 내쫓으시고, 베드로의 장모의 병을 고쳐 주시고 그날 저녁부터

온 동네 사람들의 병도 고쳐 주셨다. 예수님의 병 고치시는 스타일로 보아서 한 사람 한 사람을 고쳐 주셨을 것이다. 그러면 예수님은 몇 시에 잠드셨을까? 아마도 일찍 주무시지는 못하셨을 것이고, 때문에 피곤하셨을 것이다.

2) 연구와 묵상

연구와 묵상에서는 먼저 질문을 던지고 답변을 찾도록 유도하는 것도 도움이 된다.

- 질문 1 : 예수님은 왜 그렇게 피곤하신데도 불구하고 새벽 미명에 일어나서서 기도하셨을까?

  답변 : 다양한 대답이 나올 것이다. 그러나 예수님의 삶을 묵상해 보면 답은 간단하다. 하나님과 교제하는 그 시간은 예수님에게 최고로 기쁜 시간이었기 때문일 것이다. 예수님이 이 땅에서 그렇게 힘있게 일하실 수 있었던 모든 힘도 바로 그 기도를 통해 공급되었을 것이다. 예수님이 그렇게 기도하셨다면 나는 어떻게 해야 하는가?

- 질문 2 : 왜 사람들은 병자들을 '데려왔을까?' (막 1:32)

  답변 : 우선 '데려오다'라는 표현은 어떤 의미인지를 살펴야 한다. That evening at sundown they brought to him all who were sick or oppressed by demons. (Mk. 1:32 ESV)

  즉 스스로 걸어온 것이 아니라 누군가로부터 '데리고 옴'을 당한 것이다. 왜 스스로 예수님께 나오지 못하고 데리고 옴을 당한 것일까? 먼저 병자가 데리고 옴을 당했다면 그 병자의 상태는 어떤 상태였을까? 스스로 걸어서 오지 못할 만큼 상당히 중한 병에 걸린 상태였을 것이다. 또 귀신 들린 자는 왜 데리고 왔을까? 당연하지 않겠는가? 귀신 들린 자가 예수님께 고쳐 달라고 스스로 오겠는가? 오기 싫어하는 그를 어쩌면 온 가족이 붙들고, 그를 사랑하는 친구들이 붙들고 예수님께로 왔을 수도 있을 것이다.

- 질문 3 : (읽다가 모르거나 궁금했던 것) 왜 귀신들에게 말하지 말라고 하셨을까?

  답변 : (2차 자료를 참고하면 이렇게 나온다)그리스도께서 귀신들이 말하는 것을 "허락하지 아니하신" 이유는 두 가지인 것 같다. 일반적인 이유는 그리스도께서 자신을 온전히 나타내실 때가 아직 오지 않았다는 것이고, 특별한 이유는 우리가 앞서 잠깐 애기한대로, 그리스도께서는 귀신들로부터의 찬사는 그의 위엄과 권위를 손상시키는 효과만을 가져올 뿐임을 아셨기 때문에, 그의 신성을 알리는 전령이나 증인으로 귀신들을 사용하기를 거절하셨던 것이다.

(연구와 묵상을 하고 나서 하나의 원리로 명제화하는 것이 적용에 도움이 된다.)

명제 1 : 예수님은 피곤하심에도 불구하고 하나님과의 교제가 최고의 기쁨이셨기 때문에 새벽에 기도하셨다.

명제 2 : 각종 중한 병든 자들과 귀신 들린 자들은 그 친구들과 가족들의 도움으로 예수님 앞으로 나아갈 수 있었다.

명제 3 : 예수님이 귀신들에게 말하지 않도록 하신 이유는 예수님의 신성이 그들의 입술을 통해 퍼지는 것을 원하지 않으셨기 때문이다.

3) 느낌

느낌은 관찰과 연구와 묵상을 통해 얻은 신앙의 원리를 오늘

의 내 삶으로 연결시키는 다리를 놓는 작업이다. 눈을 감고 본
문을 좀 더 묵상하면서 기도하는 시간을 가지면 좋다. 말씀이
내 영혼을 적시는 시간이다.

- 피곤하심에도 불구하고 새벽에 기도하러 가시는 예수님의
  마음은 어떠할까? 그 예수님을 바라보시는 하나님의 마음
  은 어떠한가? 바쁘다는 핑계로 기도하지 못하고, 또 기도할
  때도 의무감으로 잠시 기도하는 내 모습이 너무 부끄러워
  진다. 나도 그 기쁨을 찾고 싶다. 기도의 무릎을 꿇고 새벽
  에 눈을 뜨자마자 하나님께 나아가는 이전의 뜨거웠던 기
  도의 은혜를 회복하고 싶다.
- 각종 중병환자들과 귀신 들린 자들이 예수님 앞에 모였다.
  그날 그곳은 어떠했을까? 예수님의 설교를 듣고 싶어하는
  청중들이 쥐 죽은 듯이 조용히 경청하는 분위기였을까? 아
  니면 중한 병자들이 아프다고 소리치며, 귀신 들린 자들은
  소리를 지르는 아수라장 같은 분위기였을까? 아마도 그날
  그곳은 시끄러웠을 것이다. 그 현장에서 그처럼 고통받는
  세상의 소리를 들으시던 예수님의 마음은 어떠했을까? 아
  마도 예수님은 가슴이 찢어지셨을 것이다. 하나님이 창조
  하셔서 영원을 누려야 하는 인간이 타락으로 인해, 죄로 인
  해 귀신 들리고 병들어 고통받는 소리를 듣고 계시기 때문
  이다. 수련회를 하면서 부모님과 인간관계에서 받은 상처
  를 용서하자고 기도할 때, 나는 그 처절한 통곡 소리를 들
  은 적이 있다. 그때 눈물을 흘리면서 기도했던 기억이 있
  다. "아버지, 이 땅에 고통받는 사람들이 많습니다. 저들의
  고통을 치유해 주시고 위로해 주십시오." 나같이 부족한 인
  간도 사람들의 고통 앞에 이렇게 마음이 힘들었는데 예수
  님은 그날 그 고통의 현장에서 어떤 마음이셨을까? 이 땅에
  고통받는 사람들을 위해 기도하고, 거룩한 하나님의 나라

가 이 땅 가운데 이루어지게 해달라고 간절히 기도하고 싶다. 또 주위 사람들을 한 사람이라도 더 예수님께로 인도하려는 사랑이 필요함을 강하게 느낀다. 이 땅을 향한 예수님의 마음이 느껴지는가?

• 예수님은 귀신을 통해 신성을 드러내고 싶어하지 않으셨다. 그렇다면 예수님은 누구를 통해 그것을 드러내시기를 원하시는가? 예수님은 부족한 우리를 통해 영광을 받으시기를 원하시는 분이시다. 베드로가 예수님을 주로 고백했을 때 예수님은 기뻐하시고 칭찬하셨다. 나같이 부족한 인간의 입술의 찬양을 기뻐하시는 예수님의 그 긍휼과 사랑이 감격스럽다.

4) 결단과 적용

• 내일 아침 5시 30분에 일어나서 큐티를 하고 기도를 하겠다. 하루의 첫 시간을 예수님께 드리기로 결단한다.
• 사랑하는 친구 OOO에게 연락해서 만남을 가지고 정기적으로 예수님을 소개하고 교회로 인도해야겠다.
• 기도 시간에 어려움을 겪고 있는 G.B.S(Group Bible Study) 사람들을 위해서 기도하는 시간을 가지겠다.

〈D형 큐티의 실제 사례〉

훈련생의 노트에서

사도행전 4:23-37
"사랑은 물질과 시간과 정성을 나누는 것이다"

1) 내용 관찰
1. 한 문장으로 요약하기 : 사도들이 놓인 후 이 과정을 들은 신자들은 하나님께서 행하신 놀라운 일들을 찬양하며 성령 충만을 받아 한 마음과 한 뜻이 되어 복음을 전하고 서로 재산을 통용하였다.
2. 구체적으로 관찰하기 (육하원칙)
• 언제 : 사도들이 놓인 후 신자들이 모여 함께 찬양하며 성령 충만을 받아 복음을 전하며 서로의 재산을 통용함
• 어디서 : 구체적인 지명은 없지만 초대교인들이 함께 예배를 드렸던 장소에서 일어난 일이 아닐까 추측합니다.
• 누가 : 베드로, 요한, 초대교인들, 바나바
• 무엇을 : 하나님을 함께 찬양하며 복음을 전하고 재산을 통용함
• 어떻게 : 한마음과 한뜻이 되어 / 자신의 밭과 집을 팔아 그 판 것의 값을 가져다가 사도들의 발 앞에 둠
• 왜 : 하나님의 은혜로 말미암아, 성령 충만을 받고
3. 구체적으로 관찰하기 (기타)
• 그 동료에게 가서 : 사도들의 동료라고 하여서 다른 사도들을 지칭하는 뜻인 줄 알았는데 NIV 성경을 보니 'their own people', 즉 그들이 섬기는 성도라는 사실을 짐작할 수 있었다. 그런데 왜 한국어로 동료들이라고 복수형을 쓰지 않았는지는 의문이 든다.
• 또한 주의 종 우리 조상 다윗의 입을 통하여 성령으로 말씀하시기를~ 거룩한 종 예수를 거슬러 : 시편 2장 2절 말씀은 "세상의 군왕들이 나서며 관원들이 서로 꾀하여 여호와와 그의 기름 부음 받은 자를 대적하며" 였다. 이 시편을 적용하여 세상의 군왕은 헤롯으로, 관리들은 빌라도로 적용시켜 이야기한다.
• 모인 곳이 진동하더니 : 초대교회 성도들이 처음으로 성령

충만을 받았을 때처럼 나타났던 현상, '즉 하늘로부터 급하고 강한 바람 같은 소리가 온 집에 가득하며 불의 혀처럼 갈라지는 것들이 임하는' 일을 묘사한 것이 아닐까 추측하여 본다.

• 바나바 : 바나바는 새로 회심한 바울이 다른 모든 사람에게 의심받을 때 바울을 사도들에게 소개한 사람이고, 안디옥에 바울을 데려가 이방인 전도에 참여하게 하는 등 위로의 아들이라는 별명에 걸맞게 사람들에게 따뜻하고 복음에 열정이 있는 사람이었던 것 같다.

2) 연구와 묵상 (질문과 답변의 형식으로)

1. 핍박을 받고 돌아온 사도들이 핍박받지 않게 해달라는 기도 대신 오히려 더욱 복음을 담대하게 전할 수 있도록, 그리고 더욱 큰 표적과 기사가 나타날 수 있게 해달라는 기도를 드릴 수 있었던 것은 어떤 이유였을까?

- 이러한 기도는 예수님께서 드렸던 기도와 비슷한 내용인 것 같다. 즉, 환경의 압력과 영향에도 불구하고 환경을 변화시켜달라는 기도가 아닌 하나님의 사명을 이루기 위함이 기도의 목표인 것이다. 그만큼 사도들의 머리와 마음 속에는 하나님의 나라를 이루기 위한 열정이 가득 찼었다는 것을 알 수 있다.

2. 초대교회에서 나타났던 성령님과 현대 시대의 성령님과의 차이가 있는가? 마치 초대교회의 성령님은 왔다 갔다 이동하셨던 특성을 보여주는 것 같기 때문이다.

- 예수님께서 하늘로 올라가시고 각 사람에게 주신 성령님의 역사는 초대교회라는 특수한 맥락에서 더욱 부각되었던 것 같다. 성령님이 바람 같이 임한 것이나, 성도들이 방언을 하는 등 복음의 전파를 위해 초대교회에 성령님은 더욱 눈에 보이는 현상으로 임하셨다. 이러한 성령님의 사역은

현대사회에서 나타나는 성령님의 임재·역사와 차이가 있는 듯 보이지만 결국 같은 성령님께서 역사하시는 것이기 때문에 그때처럼 눈에 띄고 역동적인 방식이 아닐지라도 우리 마음속에서 임하시고 역사하시는 내용은 같을 것이다.

3. 초대교회 성도들은 성령 충만을 받은 뒤 복음을 전하고 서로의 재산을 통용한다. 이 모습은 오순절에 성령 충만을 받은 후의 행동과 비슷하다. 성령 충만을 받은 후 그들은 어떠한 이유로 재산을 통용하였을까?

- 성령 충만을 받는 것의 의미는 하나님께서 나에게 주신 은혜를 바로 알고 느끼는 것이라고 설명할 수 있을 것 같다. 자신이 받은 은혜가 너무나도 많기 때문에 그 모든 것을 선물로 주신 하나님의 은혜와 사랑을 서로에게 나누려는 마음이 많이 들었을 것이다. 특히 자신이 가진 재산은 은혜의 반응으로 행할 수 있는 비교적 쉽고 간편한 일이기에 그러한 행동을 하지 않았을까? 하는 생각이 든다.

3) 느낌과 적용

핍박을 받고 돌아온 사도들이 복음 전파와 성령 충만을 위해 기도하는 모습을 보며 나의 모습을 함께 생각해보게 되었다. 나는 환경이 어렵고 괴로울 때, 이 환경을 잘 지나갈 수 있도록 하나님의 도우심을 구하는 기도를 주로 많이 했던 것 같다. 그러고 보면 환경이 정말 힘들 때 내가 인생을 살고 있는 목표와 사명이 더욱 명확해지고 그것들을 점검해보는 계기가 될 것이라는 생각이 들었다. 나의 인생에 사명은 무엇인지, 어려운 환경 속에서도 내가 놓지 말고 기도드려야 할 것들은 무엇인지 살펴보는 것이 중요할 것이다.

이전에도 묵상했지만, 성령 충만을 받은 자의 모습에 대하여 다시 생각해보게 되었다. 물론 현실적인 제약 때문에 초대교회처럼 사유재산을 통용하거나 균등하게 나눌 수는 없지만,

나의 주변에 있는 지체를 내 몸과 같이 사랑하는 마음으로 그 들을 위하여 기꺼이 내가 가진 것을 나누는 일에 더욱 힘써야 하는 것은 중요한 일일 것이다. 재산뿐만 아니라 나의 시간과 마음을 나누고 기도로 함께 하는 것도 동시에 해야할 일일 테 지만 말이다.

교회에서 하는 선교헌금과 구제헌금을 매달 5만원씩 하겠다. 후원하고 있는 기아대책의 친구를 위해 돈뿐 아니라 매일 중 보기도를 하겠다.

④ D형 큐티의 주의사항

1) 개별적으로 지도하라

큐티만큼 많이 강조되고 있는 사역은 없을 것이다. 실제로 많은 교회에서 각종 큐티 세미나를 개최하고 다양한 큐티책을 통해 훈련을 지속해서 전개하고 있다. 그런데 이렇게 투자되는 것에 비해 그 열매는 아직 미비한 것도 사실이다. 왜일까? 그동안 한국교회는 예배와 설교 중심의 사역을 전개해 왔다. 따라서 예배와 설교에 익숙한 성도들이 갑자기 혼자 말씀을 연구하고 묵상하여 삶에 적용하는 것은 결코 쉬운 일이 아니다. 이는 단순히 큐티 세미나를 한번 들었다고 가능해지는 것이 아니다.

그렇다면 어떻게 해야 할까? 개인화된 지속적 지도가 필요하다. 사실 개인의 영적인 수준은 천차만별이다. 어떤 사람은 큐티 세미나를 듣는 것만으로 개인적으로 큐티를 잘 할 수 있을 것이다. 반면 어떤 사람에게는 큐티 세미나를 들었지만 어떻게 큐티를 해야 할지 막막하게 다가올 수도 있다. 따라서 각각의 영적 수준에 맞게 큐티를 지속할 수 있도록 도와주어야 한다. 이는 훈련생들도 마찬가지이다. 훈련 시간에 D형 큐티를 배웠다고 처음부터 D형 큐티를 형식에 맞게 네 가지 요소를 충실히 해 오기는 쉽지 않다. 따라서 때로는 A형 큐티를 먼저 하게 하고, A형 큐티가 익숙해지면 B형을, 그 다음에는 C형을 단계적으로 익힐 수 있도록 지도해야 한다. 이때도 충분한 시간을 두고 천천히 다음 단계로 올라갈 수 있도록 안내해야 한다. 큐티는 하면 100점이고 안 하면 0점이다. 어떤 형식의 큐티든지 매일 꾸준히 행하고 있다면 그는 큐티를 잘 하고 있는 것이다.

2) 죄책감을 극복하라

많은 경우 의욕을 갖고 큐티를 시작하지만 얼마 못 가서 그만두는 경우가 많다. 왜일까? 무엇보다도 큐티 방법론에 대한 이해가 부족할 수 있다. 큐티 세미나를 듣고 큐티에 대해 충분히 이해했다고 생각하지만, 막상 혼자 큐티를 하려고 하니 못 하는 경우가 많다. 따라서 큐티 방법론에 대해 충분한 이해가 필요하다. 이를 위해서는 큐티 원리에 대한 숙지 뿐만 아니라 충분한 연습과 실습이 필요하다.

다음으로 분주함 때문이다. 큐티를 하겠다고 결심을 한다고 큐티를 하게 되는 것은 아니다. 큐티 방법론을 배웠다면, 구체적으로 시간과 장소를 결단해야 한다. 특히 시간과 장소는 꾸준한 조정이 필요하다. 예를 들어, 예수님께서 새벽 일찍 일어나 기도하셨다는 말씀을 보고 큐티를 아침에 하고자 계획할 수 있다. 그런데 삶의 형편상 아침에는 시간을 내기가 어렵다면(의지의 문제가 아니라 환경의 문제로 인해서) 시간을 조정해야 한다. 불가능한 시간에 계속 큐티를 하겠다고 시도하는 것은 현명한 방법이 아니다. 자신이 충분히 말씀에 집중할 수 있는 시간이라면, 꼭 아침이 아니라고 상관없다.

큐티를 방해하는 다른 요소는 죄책감이다. 큐티는 단순히 말씀을 읽고 깨닫는 것에서 멈추지 않는다. 삶으로의 적용까지 이어질 때 큐티가 주는 영적 유익을 맛볼 수 있다. 그런데 큐티를 하다 보면 결단은 하는데 정작 실천하지 못하는 경우가 많다. 이런 현상이 반복이 되면, 말씀을 보는 것이 부담이 된다. 말씀을 보고 말씀 대로 살려고 하다 실패하고 회개하고 이런 과정을 반복하다 보면 죄책감이 쌓여 결국 큐티로부터 멀어지게 된다.

그럼 어떻게 해야 할까? 무엇보다도 실천 가능한 적용을 해야 한다. 실천 불가능한 적용을 계획하는 것은 실패를 계획하는 것이고 패배감과 죄책감만 남게 된다. 예를 들어 하루에 10분도 기도하지 않던 사람이 30분 기도하겠다고 결단하면 어떻게 될까? 이것은 실천하기 쉽지 않다. 따라서 적용을 할 때는 실천 가능한 것으로, 그동안 10분 기도해왔고 기도 시간을 늘리고 싶다면, 15분 기도하는 것으로 결단해야 한다. 이때 부정적인 적용은 피해야 한다. 예를 들어 "자녀에게 화내지 않기"와 같은 적용은 실천하기도 어렵고 실천 여부를 판단하기조차 어렵다. 이것보다는 "자녀에게 칭찬 한 번 하기"와 같은 긍정적인 적용은 실천하기도 쉽고 실천 여부를 분명히 판단할 수 있다. 이렇게 실천 가능한 적용을 할 때 성취감도 느낄 수 있고 큐티의 즐거움도 누릴 수 있다.

3) 책임 관계를 활용하라

큐티는 개인적인 영적 훈련이지만 공동체 가운데 함께 할 때 유익이 크다. 예를 들어 큐티에 익숙하지 않은 훈련생이 있다면, 큐티에 익숙한 훈련생의 도움을 받도록 하면 좋다. 큐티를 짝을 지어 함께 하도록 하면, 큐티에 익숙하지 않는 사람도 좀더 손쉽게 큐티 과제를 할 수 있다. 또한 묵상한 내용을 단체 대화방에 올리도록 함으로 서로를 통해 배우고 도전받도록 할 수도 있다. 단체 대화방에 올리기 위해서라도 큐티를 꾸준히 할 수밖에 없으며, 이를 통해 공동체 전체가 말씀 가운데 거하는 은혜를 누리게 된다. 새벽예배 시간을 큐티 시간으로 활용하는 경우도 있는데, 처음에는 어색해하지만 익숙해지면 누리는 유익이 크다고 한다.

(4) 입학식과 수료식

① 왜 입학식과 수료식을 해야 하나?

우선 훈련생들을 격려하기 위함이다. 훈련은 힘들고 긴 여정이다. 많은 시간과 노력을 투자해야 할 뿐만 아니라, 영적으로 고단한 작업이다. 따라서 충분히 격려 받고 축하 받을 자격이 있다. 입학식은 훈련생들에게 훈련에 대한 각오를 새롭게 하고, 수료식은 그동안의 수고를 격려하고 앞으로도 지속적으로 영적 성장을 이루어 갈 동기부여를 받는 시간이 될 것이다.

입학식과 수료식은 훈련생들을 격려함과 동시에 제자훈련의 필요성과 중요성을 전교인에게 알릴 수 있는 좋은 기회가 된다.

뿐만 아니라 목회자가 갖고있는 목회철학이 무엇인지 보여주고, 교회가 어디로 나가야 할지에 대한 비전을 공유할 수 있는 시간이 된다. 특히 설교를 통해 목회철학과 비전을 나누게 하라.

또한 입학식과 수료식은 전도의 장이 되기도 한다. 입학식과 수료식에 가족들을 초청하라. 제자훈련은 가족의 동의가 없으면, 참여하기 힘든 훈련이다. 따라서 입학식과 수료식을 통해 가족들에게 훈련의 필요성과 유익도 설명하고 격려도 하면 좋다. 뿐만 아니라 가족 중에는 믿지 않는 남편이나 아내가 있을 수 있는데, 공식적으로 그들을 교회로 오게 할 수 있는 중요한 기회가 된다. 따뜻하게 환영하고 가족적인 분위기를 느끼게 함으로써 교회에 대한 이미지를 개선하는 데 도움을 줄 수 있고, 복음을 접하는 기회로 삼을 수도 있다.

② 어떻게 입학식과 수료식을 진행할 것인가?

1) 시간과 장소를 정하라

주일 저녁 예배 시간이나 수요 예배 시간에 진행할 수 있으며, 주일 낮 예배 시간 중 순서를 추가해도 된다. 가능한 많은 사람들의 축하를 받을 수 있도록 시간을 정하는 것이 중요하다.

2) 순서를 정하라

입학식에는 훈련과정과 훈련생을 소개하는 순서가 필요하다. 훈련이 무엇이며 어떤 과정을 거쳐서 진행이 되고, 해당연도 훈련에 참여하는 사람들은 누구인지 교회 전체와 공유함으로 제자훈련과 훈련생을 위해 응원하고 격려하는 분위기를 형성해야 한다.

또한 훈련에 대한 각오를 새롭게 하는 시간을 가져야 한다. 예를 들어, 선서의 형식으로 훈련에 임하는 마음과 자세를 표현하도록 하는 것도 좋다. 그리고 훈련생들을 격려하는 시간도 포함되도록 한다. 예를 들어, 이전 기수들의 선물 전달 순서도 좋다. 실제로 입학식 때 바로 직전에 훈련을 받은 기수가 손수건을 선물하는 것이 전통인 교회도 있다. 훈련을 받으며 기도의 눈물을 많이 흘리라는 의미로 손수건을 선물하는 것이다. 이외 다양한 방법으로 각오를 새롭게 하고 축하하는 순서를 지역교회 상황에 맞게 만들어 보라.

수료식에는 간증이나 인터뷰 시간을 가지면 좋다. 훈련을 마칠 때 모든 훈련생에게 간증문을 제출하도록 한다. 이중 대표적인 것 한둘을 뽑아 수료식 때 간증하도록 한다. 이를 통해 자신이 받은 훈련에 대해 스스로 돌아보고 훈련을 통해 받은 영적 유익을 정리하도록 한다. 또한 간증을 나눔으로 훈련의 필요성과 열매를 전교회와 공유할 수 있다. 실제로 간증문을 나눌 때면 훈련생과 그들을 위해 기도했던 성도들 모두가 함께 눈물 흘리며 하나님이 주시는 은혜에 빠져드는 것을 자주 접하게 된다.

또한 간증문을 받아 읽다 보면 훈련이 제대로 이루어지고 있는지 판단해 볼 수 있는 기회가 되기도 한다. 실제로 옥한흠 목사는 수료식 때 수료생을 대상으로 무작위 인터뷰를 했는데, 어느 해에는 수료생들의 답변을 듣고 훈련 전체에 문제가 있음을 인지하고 새롭게 훈련을 점검하는 계기로 삼기도 했다.

이외에도 여러 순서를 기획할 수도 있다. 사역 훈련생 전체가

"로마서 8장"을 한 목소리로 암송하는 경우도 있고, 훈련생들이 특송으로 섬기는 경우도 있다. 수료패와 선물 등 행정적인 준비도 꼼꼼히 하는 것이 좋다.

3) 종강 모임

수료식 외에 종강 모임을 갖는 것도 필요하다. 수료식이 전교인들과 함께 갖는 시간이라면, 종강 모임은 훈련생들끼리만 갖는 시간이다. 종강 모임 때는 모든 훈련생이 간증문을 함께 읽고 나누며, 선물 교환을 하면서 서로를 축하는 시간을 갖는다.

선물 교환은 다음과 같이 진행하면 좋다.

① 종강 모임 전 마지막 모임 때에 서로의 이름이 적힌 쪽지를 나눠 가지게 하고 쪽지에 적힌 사람을 위한 선물을 종강 모임까지 준비하도록 한다. 선물에 대해 서로가 부담을 가지지 않도록 지도자는 적절한 선물 금액을 정해준다.

② 선물과 함께 선물을 받을 사람에게 전해 줄 작은 편지를 써 오도록 한다.
③ 선물 교환 시간을 가진다. 이때 서로가 적어온 편지를 읽게 하고 선물을 공개한다.

(5) 방학을 알차게 보내려면

① 방학의 필요성

교회마다 일정은 다르겠지만, 아마도 대부분의 교회들은 7-8월에 잠시 공식적인 모임을 접고 방학에 들어가게 될 것이다. 많은 지도자들은 훈련기간 중 두 달 가까운 방학을 두는 것을 부담스럽게 생각할 수 있다. 아마도 '그동안 다져온 훈련의 리듬이 끊어짐으로 영적인 침체가 오지 않을까?'하는 염려 때문일 수 있다. 실제로 방학기간 중 나태해지는 자신을 발견하게 될 가능성이 높은 것이 사실이다.

하지만 방학은 훈련생에게 또 다른 의미에서 좋은 훈련의 장이 되기도 한다. 누군가의 통제를 받거나 공식적인 모임이 없이 자신을 관리하는 훈련의 시간이 되는 것이다. 사실 영성 관리를 스스로 하지 못한다면 아무리 훈련을 받는다고 해도 훈련 이후에는 다시 제자리로 돌아올 확률이 높기 때문이다. 물론 실제로 방학기간 중 영적으로 나태해지는 경우도 있겠지만, 이를 통해서도 얻는 교훈이 있을 것이다.

② 방학 계획

사실 7-8월은 아이들이 방학도 하고 휴가도 있기 때문에 훈련에 집중하기가 어렵고 일정 조정도 쉽지 않다. 이런 점에서 방학은 부득이한 면이 있다. 따라서 중요한 것은 방학을 어떻게 활용할 것인가라는 점이다. 무엇보다도 방학은 우리에게 쉼과 재충전의 시간을 제공한다. 다만 아무 계획 없이 방학을 맞이하면 방학을 통한 영적 유익이 적을 수밖에 없다. 그럼 어떻게 해야 지혜롭게 방학 기간을 지낼 수 있을까?

1) 부족했던 영적 성장의 기회로 삼아라

훈련을 받다 보면 부족한 요소를 발견하게 된다. 예를 들어 기도가 부족하거나 봉사를 하지 못한다고 느낄 수 있다. 이럴 경우 방학은 기도 훈련을 하거나 그동안 관심은 있지만 실천하지 못한 봉사에 참여할 수 있는 좋은 기회를 제공한다. 각자 자신의 부족한 영역이 무엇인지 점검하고 이를 계발할 수 있는 기회로 삼으면 좋다. 주일학교 수련회에 교사로 봉사를 하거나 전도 여행을 계획해 보는 것도 좋다.

2) 조별 모임을 활용하라

방학 기간 중에는 훈련생을 조별로 나누어 모임을 갖도록 하는 것도 좋다. 조별로 모여 함께 과제물을 하며 서로를 위해 기도도 하고 자유롭게 교제를 나눌 수 있는 시간을 갖도록 하라. 사실 훈련을 받다 보면 과제물을 하느라 훈련생끼리 교제를 나누는 시간이 부족할 수 있다. 조별 모임을 통해 관계가 깊어지는 계기가 될 수 있다. 조별로 선교유적지 방문 등의 시간을 가져도 좋다.

3) 교회의 공식적인 모임을 이용하라

아무래도 혼자서 자신의 영적인 컨디션을 관리한다는 것은 쉬운 일이 아니다. 휴가 기간과 같을 경우에는 어쩔 수 없겠지만, 나머지 시간의 경우는 새벽기도나 금요 철야기도와 같은 공적인 모임을 활용하면 좋다. 마음이 맞는 믿음의 동역자와 함께 참여한다면 교제하는 기쁨도 누릴 수 있다. 필요한 경우 교회의 공식적인 모임을 활용하도록 훈련생들에게 권면하라.

4) 가족과의 시간을 계획하라

훈련을 받다 보면 가족들과 보내는 시간이 줄어들 수 있다. 따라서 방학은 가족들과 충분한 시간을 갖고 함께 즐기는 시간을 보내는 것이 필요하다. 또한 한 학기 동안 배운 하나님의 진리들을 가정에서 실천할 수 있는 좋은 기회가 될 수도 있다. 자신의 가정에 하나님께서 영적으로 성장하길 원하는 것이 무엇인지 함께 고민하고 실천하는 시간을 갖도록 하자. 예를 들어 가정예배를 꾸준히 드리거나, 성경책 중 한 권을 정해 함께 읽고 녹음하는 것도 좋다.

5) 공식적인 과제물을 이용하라

방학 중 과제물을 공식적으로 내어줄 필요가 있다. 이를 통해 한 학기 동안 배운 내용을 정리해 보고, 영적인 습관을 꾸준히 가질 수 있도록 도우라. 이때 방학 과제물을 미루지 않도록 주의해야 한다. 개학을 앞두고 한꺼번에 하게 되면 과제물의 의미도 줄어들 뿐 아니라 짐으로 전락할 가능성이 높다. 과제물을 전체적으로 검토한 후에 어떤 식으로 해 나갈지를 미리 결심해 두어야 한다. 기도와 말씀, 그리고 독서물과 같이 공식적으로 주어진 과제물만 성실하게 감당해 나가더라도 방학 중에도 전인격적으로 관리할 수 있을 것이다.

〈제자훈련 방학 과제물 목록 샘플〉

I. 방학기간 7/5 - 8/28

II. 개학일 8/29(주일)

III. 방학 중 수련회

IV. 조별 모임
- 조별로 가능한 시간을 정해 방학 중 한두 번 모여서 기도하세요.
- 조별로 모여서 양화진 선교사 묘지를 방문하고 서로의 느낌을 나눈 후 가장 마음에 남는 이야기들을 기록해 오세요.

V. 과제물
- 기도 : 매일 30분 이상 기도 시간을 확보하시고 서로를 위해 기도해 주세요.
- 성경 읽기 : 매일 성경 읽기표에 따라 날마다 말씀 앞에 머무르세요.
- 암송 : 지금까지 외웠던 구절들을 복습하세요(첫 모임에 점검이 있습니다).
- 큐티 : 매일 정한 시간에 주님 앞에 앉아서 풍성한 은혜를 누리세요.
- 설교노트 정리 : 수요일, 주일, 참석하는 모든 집회의 설교를

정리해 둡니다.

- 전화 연락 : 서로 돌아보아 어려움이 없는지 살피고 위로하며 기도해 주세요.

- 필독서 : 『다시 쓰는 평신도를 깨운다』(옥한흠, 국제제자훈련원), 『목적이 이끄는 삶』(릭 워렌, 디모데) 중에서 택 일

- 추천도서 : 『아, 내 안에 하나님이 없다』(필립 얀시, 좋은씨앗), 『특종 믿음 사건』(리 스트로벨, 두란노), 『하프 타임』(밥 버포드, 국제제자훈련원)

- 열두 광주리 문제 중 10개의 문제를 선택하여 작성, 제출합니다.

- 생활 숙제 : 가족들과 함께 휴가를 보내면서 훈련받는 자로서 섬기는 자세로 가족들을 섬기면서 느낀 점을 기록해 오세요.

※ 이 내용을 참고로 교회의 상황과 훈련생들의 수준에 맞는 방학 과제물 목록을 만들어 활용하시기 바랍니다.

3. 중간 점검을 위한 체크 리스트

연말이면 대부분의 제자훈련 교회에서 수료식을 가진다. 1년 동안 말씀 앞에서 함께 하던 형제자매들과 헤어지는 악수를 할 때가 되면 목회자들의 머리 속에는 많은 생각이 스쳐 지나간다. 하지만 비록 아쉬움이 많이 남고 후회되는 실수들이 많았다 하더라도 여기서 한숨만 쉬어서는 안 된다. 이제 곧 또 다른 영적 순례가 시작되기 때문이다. 그럼 사역의 한 장을 넘기고 새로운 사역을 준비하는 사역자로서 이 기간을 어떻게 의미 있게 보낼 수 있을까? 한 경기를 마치고 새로운 경기를 기다리는 운동선수들과 감독은 충분한 휴식을 취하면서도 이전의 경기를 평가하고, 자신의 약점을 보완하기 위한 훈련에 임한다. 또한 새로운 정보와 전략을 습득하고, 다가오는 경기를 위한 전략을 수립하게 된다. 사람을 세우는 사역자들 역시 이와 같은 과정을 거쳐야 한다.

(1) 평가

한 해의 사역을 마칠 즈음에는 왜 좀더 빨리 사역을 평가하고 진단하지 않았던가 하는 후회를 할 수 있다. 중간에라도 제자훈련에 대해 평가하고 진단하게 되면 더 많은 실수를 줄일 수 있을 것이다. 사역자로서 일단 제자훈련이 시작되면 훈련이 알아서 굴러가도록 내버려두는 것은 쉽다. 하지만 제자훈련의 현 상태가 어떠한지 진맥을 하고 상황을 파악하는 것은 쉽지 않다. 그러나 이러한 진단과정은 매우 중요하다. 좋은 지도자는 제자훈련이 진행되고 있는 동안 정기적인 훈련 상황 평가에 훈련생들을 동참시키고 필요한 조치를 취한다. 제자훈련 지도자가 취할 수 있는 평가로는 다음의 몇 가지 방법이 있다.

① 자기 점검(Self Evaluation)

사역자는 제자훈련을 실시하고 나올 때마다 그날 자신의 훈련이 어떠했는지 스스로 평가해 보아야 한다. "제자훈련 인도자 지침서"를 보면 매과 뒷부분에 자기 스스로 점검해볼 수 있는 체크리스트가 나온다. 훈련을 마치고 나올 때마다 이 평가지를 가지고 자신의 훈련을 점검해보라.

② 비형식적 평가(Informal Evaluation)

비형식적 평가란 격식을 차리지 않고 훈련생과 만나 훈련에 대해서 물어보는 것이다. 제자훈련이 마음에 드는지, 어떤 면에서 어렵다고 느끼는지, 보다 효과적인 제자훈련을 위한 아이디어를 물어보는 것이다. 훈련생들이 전해주는 코멘트를 관심을 갖고 들어주고 그들이 제시하는 문제점에 대해서 너무 방어적인 태도를 취하지 않는다면 그들은 자신들이 필요하다고 느끼는 것들에 대해 주저하지 않고 말해줄 것이다.

③ 중간 평가(Short Written Evaluation)

제자훈련이 시작된 지 얼마 안 됐을 때는 두세 개의 짧은 질문으로 간단한 평가를 받아 볼 수 있다. '우리 제자반에서 당신이 가장 좋아하는 두 가지 요소는?', '우리 제자반에서 개선되기 원하는 일이 있다면?' 훈련생들에게서 이러한 피드백을 받는 것 자체가 "당신의 의견은 우리 제자훈련에 매우 중요합니다."라는 메시지를 전달하는 것이다. 여름방학을 앞두었거나 훈련이 3분의 2 정도 진행되었을 때에도 이런 형태의 평가를 가져볼 것을 권한다.

④ 종합 평가(Comprehensive Evaluation)

제자훈련을 마칠 때에는 종합평가가 필요하다. 이때에는 제자훈련 모임의 시간이나 장소, 훈련 진행과 커리큘럼, 숙제의 강도나 성경 공부의 수준, 제자훈련반의 조직에 대해서 구체적인 평가를 받을 수 있다. 훈련생 사이의 관계와 상호 돌봄 또한 각각의 훈련생에게 어떤 변화가 일어났고 리더십이 어떻게 계발되고 발휘

되었는지를 평가할 수 있다. 뿐만 아니라 지도자의 가르침과 리더십 전체에 대해서 훈련생의 입장에서 내려진 평가를 얻을 수 있다. 이러한 평가는 단순히 문제만 지적해서는 안 된다. 부정적인 문제점 뿐만 아니라 긍정적인 부분의 발견을 통해 격려와 축하가 동시에 이루어지는 평가가 되어야 한다.

(2) 평가 영역

① 영적 변화 영역

제자훈련 사역을 평가할 때는 무엇보다도 **영적 변화의 영역**을 다뤄야 할 것이다. 제자훈련의 목적은 예수 그리스도를 닮아가는 인격적 변화에 있다. 반면에 사역훈련은 평신도 지도자의 교회관의 정립과 리더십 계발에 초점을 두고 있다고 할 수 있다. 훈련 과정의 분명한 목적이 세워졌고 그 목적이 얼마나 성취되었는지 평가해 보라. 좁혀서 살펴 보면 각 과의 목적이 훈련 시간 동안 달성되었는지, 훈련의 현장에서 영적 성장이 일어나고 있는지, 발견한 영적 진리가 그들의 삶에 구체적인 변화를 일으켰는지 평가해야 한다. 이러한 목적 성취를 위해서 훈련생 각자가 자신의 내면의 문제를 드러내고 치유받으며, 서로의 인생에 대해서 책임감을 느끼는 공동체 의식이 있는지 또한 평가되어야 한다.

② 리더십 영역

평가의 또 다른 영역은 리더십이다. 제자훈련은 평신도를 깨워 목회의 동역자로 세워가는 리더십 계발의 과정이다. 그러므로 제자훈련 지도자는 리더십의 좋은 모범을 훈련생들에게 보여주어야 한다. 훈련생에게 왜 제자훈련을 해야 하는지에 대한 비전과 꿈을 나누는가? 훈련생들에게 자신의 사역을 기꺼이 위임하고 있는가? 훈련생들이 가지고 있는 고통과 문제에 대해서 긍휼히 여기는 마음이 있는가?

이 외에도 훈련을 계획하기, 경청하기, 자기 오픈하기, 과업을 완수하도록 돕기 등 다양한 항목에 대해서 점검할 필요가 있다.

제자훈련 사역을 평가하면서 놓치지 말아야 할 질문이 있다. 종종 훈련생들로부터 "목사님은 너무 바빠서 연락하기가 힘들어요."라는 말을 듣는 경우가 있다. 물론 목회자가 제자훈련생에게만 시간과 관심을 쏟을 수는 없다. 목회자의 돌봄을 기대하는 수많은 다른 사람들이 있기 때문이다. 하지만 목회자가 훈련생들에게 충분한 시간을 투자해야 한다. 훈련 시간 외에도 필요한 경우 훈련생들이 인도자에게 영적인 교제와 돌봄을 받을 수 있는 기회가 제공되어야 한다. 그럼에도 불구하고 제자훈련 시간에만 만나는 훈련은 훈련의 묘미를 잃어버리기 쉽다.

제자훈련 사역의 핵심 코드는 변화(transformation)이다. 변화가 일어나지 않는 제자훈련은 한낱 성경공부나 공식화된 과정을 마치는 것 이상의 의미가 없다. 제자훈련을 통해 훈련생들의 인격과 삶에 변화가 일어나고 있는지 점검해보라

(3) 평가 방법

제자훈련의 수준을 측정하는 방법은 크게 두 가지로 나눌 수 있다. 질문지를 만들어서 의견을 물을 수 있고, 개인적으로 혹은 그룹별로 만나서 토론을 벌일 수도 있다.

질문지를 만들 경우에는 문장의 뒷부분을 이어가도록 만드는 질문이 있다. 예를 들면, '제자훈련 모임 가운데 내가 가장 좋아하는 시간은?' 이런 식의 질문 뒤에 훈련생이 문장을 이어가도록 만드는 것이다. 아예 열린 질문을 던져 자신의 생각을 자유롭게 표현할 수 있도록 만드는 것도 괜찮다. 질문을 두세 개로 압축하고 자신의 느낌이나 생각을 자유롭게 표현하도록 돕는 질문이야말로 가장 좋은 평가 방법이라고 생각된다. 제자훈련 도중에 정기적으로 평가를 할 때에는 이런 질문의 형식을 따르는 것이 좋다.

때로는 지도자가 점검하고 싶은 항목들에 점수를 매기도록 하는 스케일 평가를 함으로 훈련생들의 상황을 파악할 수도 있다. 이는 익명성을 보장하면서 짧은 시간 내에 원하는 평가를 할 수 있다는 장점이 있다. 제자훈련을 마치면서 종합 평가를 할 때에는 열린 질문과 스케일 평가를 함께 실시하는 것이 좋을 것이다.

그룹이 함께 토론을 할 경우에는 한 사람이 발언할 수 있는 시간을 제한하는 것이 필요하다. 평가를 위한 토론 중에는 다른 사람에 대한 이야기보다는 자신에 관한 이야기만 하도록 하는 것이 좋다. 또한 한 번에 한 주제만 다루는 지혜가 필요하다. 주제를 이끌 때에는 부정적인 이슈와 긍정적인 이슈 간의 균형을 유지해야 한다.

(4) 결론

　　제자훈련 지도자에게 있어서 평가는 정직과 용기를 필요로 하는 지속적인 과정이다. 종종 평가를 통해 나타날 결과에 대해 두려워하여 아예 평가를 회피하는 경우도 많지만, 평가가 꼭 고통스러운 것만은 아니다. 물론 부담이 많은 것을 부인할 수는 없지만 올바른 진단이 있을 때 적절한 처방이 이루어지는 것처럼 제자훈련의 현 상태를 진맥을 통해 파악하고 시의에 적합하게 대처하는 것은 아무리 강조해도 지나치지 않다. 평가를 통해 미리미리 문제에 대처할 수만 있다면 훈련을 다 끝낸 뒤에 아쉬워하며 허전한 마음을 달래는 일은 없을 것이다.

〈변화를 측정하는 몇 가지 질문〉

(1) 영적 성숙도
　　훈련생들이 하나님과의 친밀한 관계에 발전을 보이고 있는가? QT나 기도 생활을 통해 하나님의 음성을 듣고 교회와 사회 속 여러 사역에 자신의 은사와 재물을 가지고 참여하고 있는가?

(2) 관계 성장도
　　훈련생들이 모임의 안팎에서 친밀한 관계를 형성하기 위해 적극적으로 애쓰고 있는가?

(3) 신뢰도
　　훈련생 모두가 자발적으로 자신의 생각과 삶의 여러 가지 문제들을 나누고 있으며 감정의 표현이 직접적이고 투명한가?

(4) 은혜의 수준

제자훈련 모임이 살아있고 은혜가 넘치는가? 지체들이 제자훈련에 참여하는 것을 기다리고 있고 훈련생들이 일주일 중에 가장 좋은 때가 훈련받는 때라고 고백하는가?

(5) 재생산

모든 훈련생이 자신이 증인으로 부름받았다는 사실을 인식하고 있는가? 생활 속에서 복음을 함께 나누고 말씀을 듣고 다른 사람들을 돕는 리더로 부름받았다는 사실을 소명으로 받아들이는가?

4. 제자훈련 Q&A

(1) 어떻게 실천하는 제자를 만들 것인가?

훈련을 통해 세상을 변화시키는 성도를 만들기 위해서는, 무엇보다도 세상으로 보냄 받은 제자로서의 정체성과 소명을 발견하고 이를 삶의 현장에 적용할 수 있도록 이끌 수 있어야 한다. 이 글에서는 인도자가 어떻게 하면 훈련생의 삶 속에서 소명을 발견하고 실천하도록 도울 수 있는지에 대해 살펴보고자 한다.

① 보냄받은 제자로서의 정체성과 소명을 발견하게 하라

세상에 영향력을 미치는 제자를 세우는 출발점은 자신이 누구인가에 대한 정체성의 확립에서 시작된다. 하나님께서 맡긴 소명을 실천하는 장으로 자신이 속한 삶의 현장을 바라보게 될 때, 삶의 자세와 태도는 근본적으로 변하게 된다. 따라서 지도자는 훈련생으로 하여금 세상으로부터 부름받은 백성이라는 특권과 더불어, 세상 속에 보냄받은 제자로서의 사명이 있음을 깨닫게 도와야 한다.

예를 들어 "직장과 가정에서의 사명선언서 작성" 등의 과제물을 통해 하나님께서 자신을 현재의 삶의 현장에 보내신 목적에 대해 찾을 수 있도록 할 수 있다. 이때 지도자가 먼저 자신이나 이전 훈련생의 사명선언서를 샘플로 보여주면 더 좋다. 사명을 발견했다면 "사명을 이루기 위해 특정 기간 동안 자신이 추구해야 할 목표"를 작성하게 함으로, 직장이나 가정 내에서 자신이 행해야 할 일을 구체화할 수 있다.

② 사소한 실천부터, 근원적인 문제로 접근해 가라

이렇게 발견한 소명을 어떻게 삶 속에서 실천하도록 이끌 수 있을까? 세상 속에서 보냄받은 제자로서 소명을 감당하라고 하면, 무언가 거창한 실천을 생각하기 쉽다. 하지만 사람이 감동을 받는 것은 멀리 있는 사람의 대단한 선행이 아니라, 가까이 눈높이에 있는 사람의 작은 실천과 변화에 있다. 또한 사람은 한 번의 대단한 결단과 실천이 아니라, 작고 사소한 실천들을 통해 조금씩 변하고 성숙하게 된다. 따라서 인도자는 훈련생이 실천 가능한 사소한 적용부터 시작하도록 이끌어야 한다.

예를 들어 '선한 사마리아인의 비유'를 묵상하고 적용하게 하면, 불우 이웃이나 북한 어린이와 같은 사회적 약자를 먼저 떠올리게 된다. 물론 이것이 잘못된 것은 아니지만, 일회성으로 끝나기 쉽고 실제 훈련생이 삶 속에서 부딪히는 고민과는 무관한 것이기 때문에 삶의 변화를 이끌어내지는 못한다. 따라서 '부하 직원에게 커피 한 잔을 대접'하거나, '입원한 동료에게 격려의 문자를 보내기' 등과 같이 자신의 삶의 현장에서 적용이 이루어지는 것이 더 바람직하다. 왜냐하면 이후의 지속적인 실천이나 더 나은 실천으로 발전할 가능성이 크기 때문이다. 또한 직장 동료와의 인간관계에서 부딪히는 문제들과 연관되어 있으므로, 이를 통해 삶의 변화를 맛볼 수 있기 때문이다.

훈련과정 중 빠지지 않는 과제물 중 하나는 '세족식'이다. 배우자와 자녀들에게 세족식을 하라고 하면, 대부분의 훈련생의 경우 저마다 다양한 방법으로 실천하고, 이를 통해 가족 간의 사랑을 새롭게 하는 계기로 삼는다. 그런데 어떤 훈련생의 경우, 배우자에게는 실천을 못 하는 경우가 있는데, 이 경우 배우자와의 관계가 이 훈련생의 삶에서는 근원적인 문제일 확률이 크다. 즉 비록 작은 실천처럼 보이지만 삶의 근원적인 문제와 연관이 있을 경우, 실천이 어려워지며 삶의 문제가 부딪혀 드러나게 된다. 이런 경우 적용은 피상적으로 끝나지 않고 본질적인 부분을 다루게 됨으로써 삶의 변화를 이끌어내게 된다. 따라서 지도자는 작고 사소한 실천을 통해 근원적인 삶의 문제로 접근할 수 있도록 도와야 한다.

③ 자신의 상황에 맞는 실천을 찾게 하라

이때 인도자가 판에 박힌 듯한 적용이나 과제물을 제시해서는 안 된다. 이럴 경우, 어떤 훈련생에게는 너무 쉽고 여유로운 반면, 다른 훈련생에게는 심한 부담으로 다가올 수도 있다. 따라서 지도 자는 각자의 삶의 정황 속에서 실천할 수 있는 적용거리를 스스로 찾도록 이끌 수 있어야 한다. 왜냐하면 훈련생들이 처한 삶의 배경과 상황은 각각 다르기 때문이다. 훈련생마다 영적, 인격적 수준은 물론, 삶의 현장에서 느끼는 고민 자체가 다를 수 있다.

예를 들어, '아내와 산책하며 대화 나누기'라는 과제물의 경우, 어떤 훈련생에게는 실천하기 힘든 과제물이지만, 다른 훈련생에게는 일상에서 흔히 일어나는 일일 수 있다. 따라서 이렇게 규정된 과제물보다는 '평소에는 하지 못했던 아내를 위한 작은 이벤트 실천하기' 등이 더 바람직할 수 있다. 또한 과제물의 목적이 단순한 실천이 아니라, 실천을 통해 삶을 변화시키는 방법을 체득하는 데 있음을 감안할 때, 적용거리를 스스로 찾도록 인도하는 것이 더 유익한 경우가 많다.

④ 구체적으로 실천하고, 이를 통해 배우게 하라

또한 삶의 적용은 구체적이어야 한다. 특히 실천 여부가 즉각적으로 확인 가능한 적용일수록 좋다. 실천 여부를 확인할 수 없다면, 아무래도 결단으로만 끝나고 실천으로 이어지질 않는다. 또한 막연하고 추상적인 적용만이 계속될 경우, 훈련을 통해 영적으로 성장하고 성숙해져서 좋지만, 실질적인 삶의 변화는 많이 느끼지 못할 가능성이 크다. 따라서 지도자는 구체적인 적용과 실천이 이루어질 수 있도록 인도해야 한다.

예를 들어, '직장이나 가정에서 쉽게 화내는 습관을 고쳐야겠다'라고 느꼈다면, 여기서 멈추지 않고 언제, 어디서, 어떻게 고칠 수 있을지에 대한 분명한 자기계획과 실천이 따르도록 도와야 한다. 그럼 어떻게 도울 수 있을까? 일주일치의 점검표를 만들어 잘 보이는 곳(책상이나 냉장고)에 붙인 후 화를 낼 때마다 체크를 하도록 하는 것도 좋은 방법 중 하나일 것이다. 이를 통해 실천 여부를 확인할 수 있기 때문이며, 체크를 할 때마다 각오와 결단을 새롭게 할 수 있기 때문이다. 이때 가족이나 직장 동료에게 자신의 계획을 알리고, 함께 점검하도록 하면 그 효과가 더욱 커지게 된다.

구체적인 실천이 갖는 또 다른 장점은 실천을 통해 스스로 배울 수 있다는 점이다. 위의 예처럼, 일주일 분량의 표를 만들어 점검하게 하면, 자신이 실제로 얼마나 실천하고 있는지를 분명하게 볼 수 있게 된다. 따라서 객관적으로 자신의 모습을 점검할 수 있을 뿐만 아니라, 실천에 대한 자극도 받고, 실천을 통해 변하고 있는 자신의 모습도 발견하고, 적극적이고 긍정적인 태도를 갖게 하는 효과도 얻을 수 있다. 실천 못지않게 중요한 것이 바로 실천을 통한 배움임을 잊지 말아야 한다.

⑤ 점검과 나눔을 통해 서로에게 배우게 하라

마음속으로 결심할 때보다는 누군가에게 말로 표현할 때, 혼자 결심할 때보다는 여러 사람에게 알릴 때 실천할 가능성은 커진다. 그만큼 우리 모두는 연약한 존재이며, 영적 성장을 위해 서로의 존재가 필요한 것이다. 따라서 지도자와 동료 훈련생들이 함께 점검하며 나눔을 통해 서로에게 배우는 관계가 되어야 한다. 이를 위해서 인도자의 개인적인 점검과 더불어, 제자훈련 모임 때 어떻게 실천했는지를 나누는 작업이 필요하다.

물론 모든 과제물을 다 나눌 필요도 없고 나눈다고 모두가 유익한 것은 아니다. 그럼 어떤 과제물이 나눔에 도움이 되는가? 개인적으로는 '쉽지만 어려운 과제', 즉 무엇을 해야 할지는 분명하지만 실천하기는 어려운 과제가 좋은 것 같다. 예를 들어, '믿는 자로서 이웃에게 본이 될 한 가지 행동을 정하고, 실천한 후 느낌을 적어 보자'라는 과제물의 경우, 무엇을 해야 할지 모르는 훈련생은 없다. 즉 지적·영적 수준의 차이에 상관없이 누구나 다 실천할 수 있는 과제이다. 하지만 실제로 실천에 옮기기 위해서는 많은 의지적 결단과 노력이 필요하다.

따라서 이런 '쉽지만 어려운 과제'는 특정 훈련생이 소외됨 없이 실천할 수 있다. 동시에 실천에 옮기기가 어렵다는 점에서 모두가 얻는 유익이 크다. 또한 '쉽지만 어려운 과제'는 앞서가는 사람에게만 집중하지 않게 한다는 장점도 있다. 실제로 나눔을 하다 보면, 각자의 상황에 맞게 저마다 다양한 방법으로 실천하는 모습을 보게 된다. 또한 서로에게 도전을 받아 다시 결단하고 실천하는 경우도 있다.

⑥ 지속적인 실천을 통해 삶으로 체화되게 하라

결국 삶의 변화는 일회성 실천이 아니라 지속적인 실천을 통해 삶으로 체화될 때 나타나며, 이렇게 변화가 체화될 때 비로소 세상에 영향력을 미치게 된다. 그렇다고 일회성 실천이 필요 없다는 이야기가 아니다. 오히려 훈련 초기에는 일회성 실천으로 삶의 실천과 열매에 대해 배우도록 이끌어야 한다. 하지만 일회성 실천이 어느 정도 익숙해지면, 일정 기간 실천해야 할 과제물을 통해 지속적으로 실천하는 법을 익히도록 해야 한다.

예를 들어, 단골 생활 숙제 중 하나인 '시편 23편이나 121편을 이용하여 가족 축복하기'의 경우, 주중에 한 번 실천하는 것은 쉽게 느끼지만, 일주일 동안 매일 아침 축복해 주라고 바꾸면 결코 쉬운 과제가 아니다. 즉 아무리 쉬운 과제라도 일주일 동안 계속 실천하는 것은 결코 쉬운 일이 아니다. 하지만 이렇게 사소한 과제라도 지속적으로 실천하면 일회성 숙제와는 또 다른 변화와 은혜를 맛보게 된다는 것이 훈련생들의 공통된 고백이다.

따라서 아주 단순한 과제를 반복적으로 실천할 수 있도록 인도함으로써 지속적인 실천을 몸에 배이게 하고 이를 통해 얻는 유익도 누리게 하며, 더 높은 수준의 적용에 대한 도전도 하게 된다.

이상에서 우리는 어떻게 하면 훈련을 통해 세상으로 보냄받은 제자로서의 소명을 만들 수 있을지에 대해 살펴보았다. 하지만 무엇보다도 중요한 것은 지도자가 훈련생의 삶에 대해 진심으로 관심을 갖고 도와주려고 노력하는 것이다. 결코 지침만 던져주고 삶의 현장으로 훈련생들을 내몰아서는 안 된다. 인도자가 훈련생들과 함께 고민하고 함께 씨름하고 함께 실천하고자 몸부림칠 때 비로소 변화가 일어난다. 결국 사람을 변하게 하는 가장 큰 도구는

지도자의 마음과 자세이기 때문이다.

(2) 제자훈련에서 대화식 교육은 왜 중요한가?

제자훈련은 기본적으로 대화식 교육에 기반해서 이루어진다고 할 수 있다. 강의식 교육과 달리 대화식 교육은 일방적으로 듣고 배우는 것이 아니라 함께 참여함으로 또 다른 교육 효과를 누릴 수 있다. 이 장에서는 실제로 제자훈련에 참여했던 훈련생들이 대화식 교육에 대해 어떻게 인식하고 있는지, 그리고 대화식 교육이 영적 성장에 어떤 역할을 했다고 평가하는지를 함께 살펴보고자 한다. 이를 통해 대화식 교육의 중요성에 대해 다시 한 번 확인할 수 있을 것이다.

① 대화식 교육의 성인학습 원리와 영적 성장의 역할 측정을 위한 질문들

첫째, 훈련생들은 가르침과 배움에 있어서 대화식 교육과 전통적 교육 사이에 유사성과 차이점을 어떻게 인식하고 있는가?
둘째, 훈련생들은 대화식 교육이 그들의 영적 성장에 어떤 영향력을 끼치고 있는지에 대해 어떻게 인식하고 있는가?
셋째, 훈련생들은 대화식 교육이 한국 문화와 어떤 면에서 충돌하거나 어떤 면에서 일치하고 있다고 이해하고 있는가?
넷째, 훈련생들의 다양한 연령, 성별, 신앙경력 등의 변수가 전통적 교육과 비교해서 대화식 교육에 어떤 면에서 어느 정도까지 영향을 미치는 것으로 인식하고 있는가?

다섯째, 한국적 상황에 비추어볼 때 적합하게 수정되어야 할 대화식 교육 방법이 있다면 무엇이 있는가?

② 대화식 교육에 대한 이론적 배경 소개

교육학적 관점에서 살펴볼 때 제자훈련에서 활용되고 있는 교육 방법은 성인학습과 밀접한 연관성을 가지고 있다. 성인학습 이론과 대화식 교육에 대해 간단히 요약하면 다음과 같다. 미리암(Merriam)과 브로켓(Brockett)의 정의에 따르면, 성인학습이란 "나이나 사회적 역할, 자아 인식에 비추어 볼 때 성인이라고 분류되는 사람들을 대상으로 학습이 이루어지도록 의도적으로 계획된 교육활동"을 의미한다. 콜브(Kolb)는 성인학습을 "경험의 변화를 통해 지식이 창출되는 과정"이라고 보았다. 제자훈련을 통해 이루어지는 교육과 학습 활동은 단순한 지식의 전달이 아니라 태도와 가치, 감동을 함께 나눔으로 삶의 변화를 추구한다는 관점에서 성인학습의 전형적인 교육활동이라고 할 수 있다.

성인학습의 아버지라고 불리는 맬컴 노울즈(Malcolm Knowles) 는 '성인학습'의 중요한 요소로 다음의 몇 가지를 지적했다. 성인들은 자아인식을 통해 의존적인 성향에서 스스로 배우는 존재로 변화되고 있으며, 축적된 경험이 학습에 풍부한 자원으로 활용된다. 또한 사회적인 역할을 수행하기 위해 배우려는 준비가 되어 있으며, 지금 당장 적용할 수 있는 실용적인 주제에 대해서 관심이 많다. 특별히 성인학습에 있어서 학생들이 가지고 있는 과거의 경험은 학습의 적극적인 역할을 하게 된다는 사실을 강조했다.

브라질의 교육학자로서 해방이론을 주창한 파울로 프레리(Paulo Freire) 역시 성인학습에 큰 공헌을 했다. 프레리는 교사와 학생 간의 대화를 강조하는데, 교사는 이러한 대화를 통해 학생들에게 깊은 성찰을 촉진시키며 비판적 사고를 계발시킬 수 있다고 주장한다. 이러한 대화는 교사가 학생들의 잠재력에 대한 믿음을 가지고 있을 때에만 의미가 있고 능력이 나타난다.

성인학습에서 대화의 중요성을 부각시킨 제인 벨라(Jane Vella)는 대화식 교육이 서로에게 변화를 일으키는 교환(exchange)이라고 본다. 이러한 교환과정을 통해 교사와 학생이 함께 가르치고, 함께 배우게 되며, 이에 따라서 나눔과 지원이 있고, 서로가 배우도록 도전하는 진정한 학습 공동체로 발전하게 된다. 이러한 정의에 따르면, 교사의 역할은 학생들과 함께 질문하며 서로 경청하는 대화의 과정을 통해 학생들을 깊은 이해의 자리로 이끄는 중재자라고 할 수 있다.

아이작스(Isaacs)는 대화를 '함께 생각하고 함께 반추하는 방법으로 질문을 함께 나누는 것'이라고 정의한다. 그런 의미에서 대화는 내가 누구에게 해주는 것이 아니라 더불어 함께하는 것이다. 이러한 대화는 함께 협력함으로 관찰하고 생각하도록 고무하여 각자가 가지고 있는 개인적인 한계를 초월하도록 돕는다. 이런 측면에서 대화는 성인학습의 매우 중요한 도구이다.

③ 자료를 분석한 결과 발견하게 된 대화식 교육의 순기능들

　제자훈련에서 1년 동안 훈련을 받은 훈련생들은 제자훈련이 일반적인 교육 형태와 구별되는 점으로 대화 형태의 커뮤니케이션을 꼽았다. 다음은 쌍방통행식의 대화에 대한 훈련생들의 반응이다.

> "생각이 좀 더 넓어지고 깊어지게 만들었다."
> "지금까지 의식하지 못했던 것들이 드러나는 경험을 했다."
> "자신이 존중받는 느낌을 준다."
> "결심을 하고 실행에 옮기게 된다."
> "자신의 삶을 모니터링 해주고 코칭 해주는 것이 과거의 어떤 교육보다 더 큰 영향을 끼쳤다."

　한 훈련생은 이러한 제자훈련의 대화식 교육을 "자신이 주체가 되도록 돕는 교육"이라고 표현했다. 전통적인 교육에서는 자신이 방관자로 있어도 상관이 없지만, 대화식 교육에서는 자신이 직접 참여하지 않으면 진행이 되지 않는 특징이 있다는 것이다. 그래서 제자훈련의 교육 방식을 "내가 직접 대화에 참여해서 내 속에 있는 것을 끄집어내어 그것을 만들어가는 과정"이라고 규정했다. '제자훈련이 자신의 영적 성장에 어떤 역할을 했느냐'라는 질문에 훈련생의 가장 많은 대답은 자기 정체성이 확립되었다는 것이었다. "제 자신을 알 수 있었고, 주제 파악을 할 수 있는 기회가 되었어요." 또한 자신의 삶을 향한 비전과 사명을 분명하게 정리할 수 있었다고 대답한다. "저는 제가 예수님의 제자가 된다는 것이 구체적으로 무슨 의미인지 몰랐어요. 그런데 제자훈련을 통해서 제가 어떻게 말씀으로 영혼들을 양육해야 하는지 알게 되고, 그것이 너무나 값지고 귀한 일이라는 것을 인지하게 되었어요."

대화식 교육의 중요한 역할 중 하나는 각자 자신에 맞는 적용점을 찾아 실천하도록 돕기 때문에 많은 경우 분명한 삶의 변화를 경험하게 된다는 것이었다. 그리고 가장 많은 변화의 현장은 '가정'이었다.

> "아들에 대한 기대치가 크다 보니까 본성적으로 학교성적 때문에 화를 많이 냈었어요. 아들을 못마땅하게 생각하여 화를 많이 냈었거든요. 그런데 제자훈련을 통해서 그 부분이 치유가 되면서도 아이를 위해 기도하게 되었어요."
> "제자훈련을 받으면서 저하고 제일 가까운 아내나 아이들이 참 소중하다는 것과 좋은 것을 주셔서 감사하다는 것을 많이 느꼈어요. 그리고 가정이 편하니까 가족에게 함부로 대하는 경우가 많았거든요. 그런 면이 조금씩 달라졌어요. 가까운 사람에게 함부로 대하지 않고 먼저 생각을 한 후 대하고, 아이들한테도 부드럽게 대하려고 노력하게 됐어요."

제자훈련 과정에서 경험하게 되는 이러한 '삶의 변화를 일으키는 요소는 무엇이라고 생각하는가'라는 질문에 대한 훈련생의 대답은 다음 세 가지 특성으로 집중되어 나타났다. 다음은 변화를 일으키는 대화식 교육의 세 가지 특성을 정리한 것이다.

1) 강력한 공동체 의식을 형성한다.

제자훈련에서 삶의 변화를 경험하게 만드는 요인으로 소그룹이라는 환경 속에서 마음을 터놓고 함께 대화를 할 수 있는 영적 동지를 얻었다는 공동체 의식이 가장 많이 언급되었다. 훈련생들은 한결같이 제자훈련을 하면서 가장 좋았던 점을, 나를 위해 자기 일처럼 기도해 줄 든든한 중보기도 후원자들을 얻은 것과 평생 어디서나 함께 사역할 수 있는 동역자를 만났다는 것으로 들고 있다. 서로의 삶의 이야기를 나누면서 서로 격려하며 각자 삶의 어려운 문제들을 내놓고 함께 기도함으로써 영적 가족됨을 경험할 때 영적 변화를 경험했다고 고백한다.

'학습 공동체' 요소 중에 가장 많이 언급된 것은 상호책임관계(accountability)였다. 제자훈련을 통해서 삶의 변화를 일으키는 것은, 대화하는 가운데 서로를 이해하게 되고 공감하면서 서로의 삶을 세워주고 책임감 있게 도와주는 관계로부터였다.

> "동료 집사님들이 함께 도와주면서 공부하는 것이 훨씬 좋다고 생각해요."
> "다른 사람의 모습을 통해서 저를 보게 되는 것 같아요."
> "제자훈련을 시작하면서 집사님들과 목사님들이 저를 위해 정말 힘 있게 기도해 주시는 것들이 얼마나 큰 힘이 되었는지 몰라요."

이러한 고백은 제자훈련이 단순한 성경공부 과정이 아니라, 인생의 여정을 함께 걸어가면서 서로의 삶을 붙들어주는 공동체라는 사실을 보여준다. 서로의 삶의 문제를 끌어안고 함께 기도해 주는 중보기도는 제자훈련 참여자들의 관계 속에서 하나님의 임재를 경험하며, 새로운 영적 경험을 통해 성장하도록 돕는 역할을 한다.

학습 공동체 의식을 확보하는 또 다른 요소는 솔직한 자기고백으로 나타났다. 훈련생들은 자신이 가지고 있는 삶의 어려운 문제를 솔직히 드러내어 나눔으로 친밀함을 확보할 수 있었다고 고백했다. 우리는 종종 자신을 오픈하기 전에 다른 사람을 알고 난 안전한 환경 속에서 자신을 오픈하고 싶은 생각이 든다. 반면에 사람들은 혹시나 자신의 진정한 모습을 드러내 보이면, 다른 사람들이 나를 받아주지 않을 것이라는 두려움을 가지고 있다. 참된 공동체성을 확보하기 위해서는 우리가 진정한 자신을 보여주지 않으면, 다른 사람들이 우리의 있는 모습 그대로를 결코 받아들일 수 없다는 사실을 직면해야 한다. 제자훈련에 있어서 솔직한 자기오픈은 진정한 학습공동체를 세워가는 중요한 요소가 되었다.

2) 훈련자의 비판적 사고를 계발한다.

제자훈련에 있어서 가장 의미있다고 여겨지는 대화식 교육방법의 요소는 비판적 사고계발이었다. 제자훈련은 평신도 지도자를 계발하는 목적을 가지고 있기 때문에 단편적인 정보를 전달하는 것보다는 지도자로서 필요한 자질을 계발하는 것이 중요하다.

참여자들은 제자훈련 과정에서 이루어지는 토론이 자신의 사고를 계발하는 역할을 했다는 대답을 많이 했다. 제자훈련에서 지도자의 역할은 훈련생으로 하여금 스스로 진리를 발견하며 판단할 수 있도록 질문을 던지는 것이다. 토론은 훈련생들의 생각을 더 심화시키고 자신의 느낌과 생각을 표현할 수 있게 함으로써 내용을 더 오래 기억하고 결과적으로 행동으로 실천할 수 있는 가능성을 높여준다.

"서로 대화를 하다 보면 내가 생각을 해서 말을 해야 되잖아요. 그러니까 질문을 깊이 생각하게 되고, 모르면 모른다고 이야기 하면 다른 집사님들이 대답해 주고 그 대답이 마음에 와 닿는 것이 많고 더 오래 기억되는 것 같아요." "겉핥기식이 아니라 그 문제 속에 깊이 들어가면서 그 문제에 대해서 나 자신이 어떤 생각을 가지고 있으며, 나 자신이 어떻게 반응을 하는지를 드러내는 교육이었어요."

대화식 교육방법이 영적 변화를 일으키는 원인 중에 하나는 주입식으로 전달되는 정보가 아니라, 훈련생 스스로 비판적인 생각을 할 수 있도록 계발시키기 때문이다. 제자훈련은 일방적으로 가르치는 주입식보다는 쌍방통행식의 토론과 대화를 중심으로 교육이 이루어진다. 대화를 통해 함께 진리를 발견해가는 방식은 주입식보다 더 오래 내용을 기억하도록 돕고 더 많은 삶의 변화를 일으킨다. 이런 결과를 이끌어내는 요인은 대화를 통해 진리를 함께 발견해 나가는 과정 때문이다.

제자훈련 인도자들이 던지는 질문은 사실을 규명하는 데 그치지 않고, 제자훈련 훈련생들의 생각과 느낌, 그리고 결단까지를 요구한다.

"제자훈련 할 때 목사님께서 한사람, 한사람에게 질문하고 그 사람의 생각을 마음 밑바닥까지 끄집어내 자신의 잘못된 생각을 확실히 깨닫게 해요."

이러한 질문을 통해 훈련생들은 스스로 진리를 대면하게 되고, 자신의 삶을 비추어보면서 자신의 삶의 문제들에 대한 해답을 찾아가게 된다.

3) 개인의 삶에 구체적으로 적용하고, 실천한 경험을 나누게 한다.

참석자들의 삶에 변화를 일으키는 또 하나의 중요한 요인으로 나타나는 것은 참석자들이 깨달은 지식을 각자의 삶의 현장에 실천할 수 있도록 구체적인 적용을 이끌어내며, 실제로 삶 속에 실천해보고 그 결과를 함께 나누는 프락시스(praxis)에 있다. 제자훈련은 삶의 변화를 강조한다. 구체적인 삶의 변화가 일어나지 않는 지식은 죽은 지식이라고 믿는다. 그래서 제자훈련의 모든 과정은 삶으로의 적용을 강조하고 있다. 대화식 교육방법은 지도자가 가지고 있는 문제해결 방안을 일방적으로 전달하지 않고, 참여자 개개인의 상황에 맞게 각자가 적용할 수 있도록 돕는다. 너무 애매모호한 추상적인 적용보다는 각자의 삶의 정황에 들어맞는 구체적인 적용을 강조한다.

> "구체적으로 적용하는 훈련을 받은 것이 저한테는 참 큰 도움
> 이 되었어요. 말씀이 구체적으로 우리 삶 속에 적용되고 제 삶
> 의 표준이 되어 저한테는 너무 감사한 일이에요."

이러한 적용은 평소에 쑥스러워서 구체적인 행동으로 옮기지 못했던 행동들을 실행에 옮길 수 있도록 돕는다.

> "적용 문제에 있어서 평소에 쑥스러워서 잘못했던 것을 생활
> 숙제로 적용해서 많이 실천해 보았어요. 그러자 처음에 실천

이 안 되었던 것들이 결국 나중에는 되더라고요."

훈련생들의 이러한 변화는 교회생활의 울타리를 뛰어넘어 직장생활이나 가정에서도 계속 연결되어간다. 훈련생들은 대화식 교육은 지식의 습득에 만족하지 않고, 이러한 지식이 실제로 느껴지고 실제의 삶 속에서 구현될 수 있도록 돕는다는 차원에서 일반적인 교육과는 차이가 있다고 진술한다. 삶의 변화를 이끌어내는 또 다른 중요한 요소는 자신의 경험을 함께 나누는 것이다. 이러한 나눔을 통해 자신의 부족함을 보완할 수 있고, 다른 사람들의 모범을 통해서 도전을 받기도 한다.

"생활숙제 나눔을 통하여 제가 하지 못하는 것을 다른 집사님이 하셨다는 이야기를 들으면서 '나도 저렇게 해 봐야지' 하는 생각이 생기면서 도전을 받았어요. 그러면서 저도 많이 배우게 되었던 것 같아요."

④ **결론과 제안**

1) 교육의 개념 변화

영적 변화를 촉진하기 위해 교회 지도자들은 교육의 개념을 재고할 필요가 있다. 영적 변화를 추구하는 교육은 일방적으로 정보를 전하고, 그 정보가 암기되고, 암기된 그대로 소화되는 틀에서 벗어나야 한다. 교회에서도 교육은 교리를 선포하고 주입하는 형태에서 벗어나야 하며, 같이 진리를 탐구하고 참여자들의 문제의 의미를 발견함으로, 그들이 삶에서 직면하는 문제들을 올바르

제자훈련목회 이렇게 하라!

게 이해할 수 있도록 만들어 주는 형태로 전환해야 한다. 특히 포스트모던 시대에 살고있는 기독교인들은 일방적 교수법에서 벗어나 상호 존중과 용납의 태도를 갖고 진리에 관해 대화를 할 수 있는 교육/학습 문화를 계발해야 한다.

2) 비판적 사고(Critical Thinking)의 계발

교회 지도자들은 제자훈련에 있어 필수적인 지도자 능력의 하나인 비판적 사고의 계발에 더 많은 관심을 기울여야 한다. 이런 능력은 정보가 홍수를 이루는 정보화 시대에 살고있는 현대 기독교인들에게 특히 필요하다. 그렇지 못하면, 세상을 개혁하기는커녕 세속적 가치에 휩쓸려 버릴 가능성이 높다. 귀납적 커뮤니케이션의 개발은 이러한 비판적 사고를 계발하는 데 도움이 될 것이다. 동시에 자신의 생각과 느낀 점을 표현하고, 다른 사람들의 의견을 주의 깊게 경청하는 등 다양한 시간을 갖는 것도 비판적 사고를 계발하는 중요한 방법이 될 것이다.

3) 학습 공동체 계발

훈련생들은 공동체에 소속되어 그 안에서 상호책임을 지고 서로 돕게 되면, 그 공동체는 건설적인 학습 환경을 마련해 준다고 진술하였다. 학습 공동체는 훈련생들에게 삶에 대한 새로운 비전을 확인하고 정체성을 확립할 수 있도록 돕는다. 삶의 변화를 이끌어내는 학습 공동체를 만들려면, 서로의 삶에 대해 책임을 지는 관계가 강화될 필요가 있다. 한국교회는 그동안 기본적으로 강의와 설교를 통해 평신도들을 가르쳐왔다. 이런 의사소통 형태는 영적인 가족관계를 형성하고 삶의 변화를 일으키는 데는 충분하지 않다. 그러므로 이제는 교회 공동체가 한국의 전통적이고 계층적인 문화를 극복하고 솔직한 대화가 가능하고 서로의 삶에 대해 책임감을 느낄 수 있는 환경으로 발전되어야 한다.

4) 프락시스(Praxis : 성찰과 행동) 촉진

대화식 방법의 특징은 모호하고 추상적인 표현을 하는 것보다는 개인의 삶의 문제에 대한 적절한 적용을 활성화시키는 것이다. 삶의 변화를 이루어 내는 교육이 되려면, 교육 담당자들은 학습자들에게 그들이 하나님의 말씀을 통해 배운 원리들을 삶 속에 구체적으로 실천하도록 요구하고 실행에 옮기면서 겪었던 경험과 결과를 함께 나누도록 이끌어야 한다.

이상은 제자훈련을 통해서 이루어지는 대화체 교육의 중요한 실천적 요소들을 간단하게 정리하고 제시했다. 사실 이러한 교육학적인 요소들은 2천 년 전에 이미 예수 그리스도의 가르침 속에서 구현되었던 것이다. 우리의 사역의 현장 속에서 이러한 요소들을 다시 발견하여 적극적으로 활용함과 동시에 오늘도 우리의 사역과 삶 속에 역사하고 계시는 성령님의 역사가 일어난다면 놀라운 삶의 변화와 강력한 영향력을 경험하게 될 것이다.

(3) 훈련생의 갈등, 어떻게 접근할 것인가?

훈련생 간의 관계는 훈련을 통한 영적 성장과 성숙을 위해 매우 중요한 요소임에 틀림없다. 하지만 관계 자체가 반드시 긍정적인 영향을 미치는 것만은 아니다. 때로는 서로 간의 관계로 인해 문제와 갈등을 겪기도 하고, 이로 인해 훈련 전체에게 악영향을 미쳐 훈련이 갖는 역동성이 떨어지는 경우도 종종 있다.

솔직히 훈련생 간의 갈등이 없기를 바라는 것은 모든 인도자들의 공통된 심정일 것이다. 하지만 안타깝게도 현실은 우리의 바람과는 다르다. 따라서 인도자는 갈등이 없도록 늘 기도해야 하지만, 훈련에 있어서 갈등은 피할 수 없음을, 오히려 갈등을 성숙의 기회로 삼을 수 있어야 할 것이다.

① 갈등은 정상이다

1년 동안 훈련을 받으면서 함께 생활하다 보면, 서로의 기분을 상하게 하거나 거슬리게 하기도 하고, 서로 동의할 수 없는 문제로 인해 부딪치는 경우가 있다. 오히려 이런 부딪힘이 없다면, 훈련생들의 관계가 형식적인 관계로만 흐르고 있다는 증거라고도 할 수 있다. 그렇다면 이러한 갈등은 불가피한 것일까?

우리는 각각 다른, 특별한 존재로 지음받았다. 이렇게 서로 다른 성격, 취향, 삶의 배경, 생활 스타일과 필요를 가진 사람들이 훈련을 통해 만나게 된 것이다. 즉 각자가 좋아하거나 비슷한 성향의 사람들을 선택해서 만난 공동체가 아니다. 따라서 이러한 차이는 부딪힘을 가져올 수밖에 없다. 또한 우리 모두에게는 인격적 약점과 결함이 존재한다. 물론 정도의 차이가 있기는 하지만, 인도자를 비롯하여 모든 훈련생에게는 부족함이 있고, 부족한 존재들의 만남은 결국 갈등을 낳을 수밖에 없다. 사실 이렇게 부족한 존재들이기 때문에, 영적으로나 인격적으로 성장하고 성숙해지기 위해 훈련 과정에 들어온 것이다.

따라서 무엇보다도 훈련생들 간의 갈등을 정상적으로 받아들이는 것이 필요하다. 갈등 그 자체가 파괴적이지는 않다. 오히려 그 갈등을 다루는 방법이 갈등의 파괴성을 결정한다고 볼 수 있다. 따라서 인도자는 갈등을 훈련 과정의 일부로 받아들일 필요가 있다. 갈등이 존재한다고 당신이 제자반을 잘못 인도하는 것이 아니다. 이런 관점으로 갈등을 바라볼 때 갈등 처리도 원활해질 뿐 아니라, 갈등을 통해 이전보다 성숙한 관계로 자라갈 수 있게 된다.

② 결과가 아니라 과정이 중요하다

갈등이란 반드시 겪게 되는 불가피한 것이지만, 갈등 자체가 긍정적이라고 볼 수는 없다. 따라서 갈등을 인정하지 않는 것도 문제이지만, 갈등을 덮어두는 것 역시 잘못된 반응임에 틀림없다. 훈련생 간의 갈등이 길어지거나 확대된다면, 훈련 과정 전체에 악영향을 미칠 것이고, 결국 훈련을 통한 열매를 기대하기 힘들어진다. 사실 갈등의 해결을 위해서는 엄청난 끈기와 노력, 눈물 어린 기도가 요구된다. 또한 아무리 사소한 갈등이라도 해결되기까지는 적지않은 시간이 요구된다. 갈등으로 인해 서로의 감정에 상처까지 준 상황이라면, 회복을 위해서는 더 긴 노력과 시간이 필요할 것이다. 뿐만 아니라 우리 안에는 갈등이 부각 되었을 때 가져오게 될 결과와, 갈등이 해결되지 못할 것에 대한 두려움이 존재한다. 따라서 인도자는 갈등 해결에 나서기보다는 갈등을 덮어두려는 유혹에 흔들리게 된다. 이때 기억해야 할 것은 갈등 해결은 그 결과가 아니라 과정이 중요하다는 사실이다. 훈련 기간을 통해 갈등이 완전히 해소되지 않을 수 있다. 하지만 갈등의 해소과정이 성숙의 기회가 되었다면, 그 갈등은 긍정적으로 작용했다고 볼 수 있다. 우리 안에 두려움이 생기는 이유는 결과 중심적으로 갈등을 바라보기 때문이다.

③ 사전에 예방하라

모든 문제가 그렇듯이 갈등 해결 역시 예방이 중요하다. 다른 훈련생과의 갈등에 직면하기 전, 서로의 관계 속에서 갈등이 존재할 수 있으며, 이러한 갈등에 어떻게 대처하는 것이 성숙한 자세인지에 대해 충분히 이해하고 있는 것이 무엇보다 필요하다. 따라서 인도자는 면담 때부터, 훈련 과정 중 관계상의 문제가 발생할 수 있음을, 그리고 이럴 경우 무엇보다 필요한 것은 서로를 용납하고 사랑할 수 있는 의지임을 훈련생들에게 숙지시켜야 한다. 그리고 이런 의지가 없다면, 훈련과정에 들어올 수 없음을 분명히 해야 한다. 물론 제자훈련 초기에는 훈련에 대한 기대감이 그므로 이런 부분을 다루기가 쉽지 않은 것이 사실이다.

예를 들어 제자반 오리엔테이션 때 다음과 같은 방법으로 이 부분에 대해 다룰 수 있다. 첫만남이므로 서로를 소개한 후, 두 명씩 짝을 지어 서로의 얼굴을 보라고 한다. 그런 다음 얼굴에서 아름다운 부분이 어디인지를 찾도록 하고, 서로 나누게 한다. 이에 대한 반응은 다양하게 나타나는데, 이 중 그날 처음 들은 칭찬이 있다면 전체에게 나누도록 권한다. 그런 후, 서로의 얼굴에서 아름다운 점을 발견하려고 노력했듯이, 일년 동안 서로의 장점만을 보려고 노력해야 함을, 그리고 그렇게 노력했을 때 서로에게 자신도 모르는 장점들이 발견되고 서로가 성숙해 갈 수 있다고 설명하며, 훈련 중 있을 수 있는 갈등에 대해 다룬다.

또한 훈련생 간의 관계가 편중되지 않고, 폭넓게 교제권을 형성하도록 세심하게 지도하는 것은 갈등 예방에 있어 중요하다. 이때 전화 교제나 모임 시 자리 배치 등을 활용하는 것이 좋다. 전화 교제는 매주 다른 사람과 교제를 나누도록, 모임 시에도 고정석이 생기지 않고 같은 사람 옆에 앉지 않도록 이끌어야 한다. 때로는 야유회 등을 통해 자유로운 분위기 속에서 교제의 폭을 넓히게 하는 것도 좋다.

끝으로 갈등 예방의 핵심은 기도에 있다고 해도 과언이 아니다. 갈등은 결국 영적인 문제다. 따라서 서로를 위해 기도의 끈을 놓지 않는다면, 그만큼 갈등이 발생할 여지는 줄 것이다. 동시에 진심으로 서로를 위해 기도할 때 갈등은 점점 사라지게 될 것이다. 따라서 서로를 위해 꾸준히 기도할 수 있도록(특히 한두 사람에게 편중되지 않고 모든 훈련생을 위해 구체적으로 기도하도록) 인도하는 것이 중요하다.

④ 갈등의 성격을 파악하라

갈등의 성격을 파악하기 위해서는 거품의 내면을 바라볼 수 있는 눈이 필요하다. 물 위로 올라오는 거품은 보이지 않는 무엇인가가 그 속에 있다는 것을 보여 준다. 관계 역시 무엇인가 문제가 발생했을 때, 의식적이든 무의식적이든 이런 거품이 발생하게 된다. 따라서 표면적으로 드러난 말이나 행동을 통해 그 너머에 있는 갈등의 성격을 파악할 수 있어야 한다.

이때 필요하다면 다른 건강한 훈련생들이 관찰한 것이나 의견을 들어보는 것도 좋다. 왜냐하면 훈련생 간의 갈등이 있을 경우, 대부분은 인도자보다는 다른 훈련생들에게 먼저 거품을 드러내기 때문이다. 대신 이 훈련생이 건강하다는 전제가 중요함을 주의해야 한다. 자칫하면 주변의 이야기로 인해 오해만 깊어질 수도 있다. 갈등의 성격을 파악함에 있어 우선 갈등의 의도성에 대해 살펴 볼 필요가 있다. 사실 우리가 겪는 대부분의 갈등은 자신의 의도와 달리 대인관계 기술의 미숙함과 무능함에서 오는 경우가 많다. 이럴 경우 의외로 그 해결이 쉬울 수 있다. 왜냐하면 미숙함과 무능함으로 발생한 갈등은 자기 반성과 노력의 가능성이 그만큼 크고, 주변에서 도와주기도 그만큼 쉽기 때문이다.

다음으로 갈등의 심각성에 대해 파악할 필요가 있다. 그런데 갈등의 심각성은 갈등을 가져온 원인이 아니라, 갈등이 가져온 감정적 상처의 크기에 따라 달라지게 된다. 왜냐하면 갈등이 증폭되는 원인은 감정적 상처이기 때문이다. 갈등이 서로에게 어떠한 감정적 상처를 주었는지를 파악하고, 이러한 상처를 인정하고 위로

할 수 있어야 한다. 끝으로 갈등에 대한 태도를 파악할 필요가 있다. 갈등 해결에 있어서 중요한 요소는 다른 사람에 대한 관심과 해결하고자 하는 의지이다. 다른 훈련생들에게 얼마나 관심을 갖고 있으며 그들과의 관계를 중요시 여기고 있는지, 그리고 현재 직면한 갈등을 해결하고자 하는 의지가 얼마나 있는지를 살펴볼 필요가 있다.

⑤ 인도자의 태도를 점검하라

인도자가 훈련생들의 갈등에 어떻게 접근할 것인가는 무엇보다도 중요하다. 왜냐하면 인도자가 갈등에 개입할 때 갖게 되는 위험 요소들이 존재하기 때문이다. 우선 인도자가 실제로 한쪽으로 기울 수도 있고, 한쪽 편을 든다고 오해를 살 수도 있다. 나아가 양편 모두에게서 오해를 사거나 공격을 받을 수도 있다. 뿐만 아니라 인도자가 불가능한 해결 방안을 강요할 수도 있다. 이럴 경우 인도자 앞에서는 동의한다고 할지라도 훈련생들은 그 해결책을 따르지 않을 것이다. 이런 요 소들이 위험한 것은 인도자에 대한 신뢰 자체가 떨어질 수 있다는 점이며, 이는 결국 훈련 전체에 긍정적인 영향을 주지 못하게 될 것이다.

개인적으로는, 인도자의 문제 인식은 빨라야 하지만 개입은 늦을수록 좋다고 생각하는 편이다. 사실 전혀 몰랐던 사람들이, 혹은 피상적으로만 알고 있던 사람들이 훈련 과정을 통해 진술한 모습으로 관계를 맺다 보면, 자연스럽게 부딪침이 생기고 이로 인해 힘든 시기를 보내게 되는 경우가 있다. 그런데 부딪침이 생길 때마다 인도자가 개입하게 된다면, 이러한 부딪침은 증폭될 위험이 크다. 오히려 인도자가 현재의 문제에 대해 충분히 이해하고 있고 언제든지 개입할 수 있다는 여지를 둔 채, 시간을 가짐으로 서로에 대한 감정을 치유할 시간을 주는 것이 더 나을 수도 있다.

만약 인도자가 개입하기로 했다면 다음의 요소들을 주의해야 할 것이다. 우선, 단번에 문제를 해결하고자 하는 조급함을 버려야 한다. 갈등 해결을 위해서는 충분한 시간이 필요하다. 둘째로, 옳고 그름에 대한 판단보다는 이성적, 감성적 차원에서 각각을 이해하고자 노력해야 한다. 누가 잘못을 했느냐 보다는 갈등으로 서로가 잃고 있는 것이 무엇인지를 이해하는 것이 더 중요하다. 셋째로, 인도자는 해결의 주체가 아니라 조력자임을 잊지 말아야 한다. 인도자가 해답을 제시하기보다는, 훈련생으로 하여금 해결점을 찾아가도록 도와야 하며, 이러한 과정을 통해 훈련생들은 성숙함을 배우게 된다.

⑥ 성장과 성숙으로 갈등을 해결하라

모든 갈등에는 원인이 있다. 하지만 이 원인은 다양하고 동시에 일어나기 때문에 하나의 원인만으로 갈등을 설명하기는 힘들다. 또한, 한 가지 원인이 해결된다고 갈등이 해소되는 것은 아니다. 오히려 모든 갈등의 원인은 넓은 의미에서 영적, 인격적 미성숙에 기인한다고 볼 수 있다. 왜냐하면 갈등의 원인은 부딪침 자체에 있는 것이 아니라, 부딪침에 대한 미성숙한 반응에 있기 때문이다.

갈등 해결을 위해 갈등 자체를 다루는 것도 필요하지만, 훈련생들의 영적 성장과 성숙을 통해 하나님이나 다른 사람과의 관계에 대한 회복을 이루는 것이 훨씬 중요하다. 훈련을 인도하다 보면, 특정 문제에 있어서 다른 훈련생들과 늘 마찰을 일으키던 훈련생이 훈련을 통해 은혜를 받게 됨에 따라 이런 마찰이 사라지는 것을 종종 보게 된다.

이는 변화와 갈등 해결의 가장 중요하고 고결한 동기는 사랑이기 때문이다. 자신을 향하신 하나님의 사랑과 은혜에 대한 감격이 삶 속에 있다면, 이러한 감격은 다른 사람에 대한 자신의 사랑과 섬김으로 이어질 것이고, 다른 사람과의 갈등의 여지도 줄어들게 될 것이다. 즉, 우리가 다른 사람을 용납할 수 있는 근거와 동력은 하나님이 우리를 용납하셨다는 사실에 있다. 이런 점에서 갈등의 원인은 은혜의 부재에서 발생하며, 은혜의 깊은 바다에 빠질 때 갈등으로부터 빠져나올 수 있게 된다.

(4) 제자훈련 중 시험의 문제를 어떻게 극복할 것인가?

제자훈련을 시작할 때 변화에 대한 기대감을 가지고 시작하지만, 훈련이 지속되면서 영적 추진력을 잃어버리고 침체에 빠지는 때가 있다. 제자훈련 인도자가 이런 시기를 대부분의 사람에게 한 번씩 찾아오는 정상적인 과정으로 인식하지 못하면, "더 기도하고 말씀을 보라"는 식으로 강하게 도전을 하게 되는 경우가 있다. 그런 도전이 좋은 결과를 가져오기도 하지만, 대부분 훈련생에게 상처를 주게 되고, 소그룹 전체의 분위기를 경직되게 만들 수 있다. "왜 훈련 중에 이런 영적 권태기에 접어드는 것일까?" 인도자는 여기에 대한 정확한 진단과 해답을 가지고 있어야 한다.

① 과제물에 대한 과중한 부담감

요즘처럼 직장생활이나 가정생활을 바쁘게 하면서 제자훈련 과제물을 모두 해오는 것은 참 어려운 일이다. 제자훈련 숙제를 다하지 못했을 때에 인도자는 훈련생의 상황으로 돌아가 그 마음을 십분 이해해 주어야 한다. 성인이 된 사람들에게 아이들처럼 강압적인 훈계를 하는 것은 적절치 못하다. 성인들의 삶이 변화되는 가장 중요한 핵심 요인은 '스스로 깨달았을 때'임을 감안하면, 스스로 문제를 깨닫고 해결할 수 있도록 적절히 도와주어야 한다. 대화를 통해 과제물을 왜 다하지 못하게 되었는지를 질문하고, 훈련생의 상황에 맞도록 적절하게 조절해 줄 필요가 있다. 과제물 중에서 가장 중요한 순서부터 우선순위를 정해주고 다 하지 못해도 몇 가지만이라도 충실하게 할 수 있도록 격려해야 한다. 특히 직장이나 가정에서 완벽주의적 경향이 있는 사람들은 완벽하게 숙제를 하지 못할 때 죄책감을 느끼는 경우도 있다. "집사님, 제자 훈련 숙제를 다 해오는 것이 중요한 것이 아니라, 숙제를 하는 과정에서 하나님을 인격적으로 만나는 것이 더 중요합니다. 과제는 다 해야하는 업무가 아니라 변화의 과정임을 생각하면서 기쁘게 감당하시면 좋겠습니다."라고 말하는 것이 좋다. 그러나 상습적으로 숙제를 전혀 하지 않는 상황이라면 개인적으로 도전할 수 있어야 한다.

② 소그룹 안에서 관계의 문제

소그룹을 하다보면 서로 간에 관계의 갈등을 일으킬 때가 있다. 인도자는 이런 문제도 소그룹 안에서 자연스럽게 일어날 수 있는 일임을 알아야 한다. 소그룹은 유기체이며 일정 기간 동안 탄생과 성장 그리고 성숙기를 거치게 된다. 탄생과 성장의 과정을 '소그룹 허니문 기간'이라 부른다. 서로가 주는 친밀함과 공동체성을 조금씩 느껴가는 긍정적 시기이다. 그러나 성장에서 성숙으로 가는 길에는 반드시 '갈등'을 경험하게 된다. 이때 조심해야 할 것은 세상의 방식으로 문제를 해결하는 것이다. 관계에 문제가 있는 두 사람을 불러 놓고 인도자가 잘잘못을 따지는 식의 과정은 바람직하지 못하다. 이런 갈등이 결국 사람을 사랑하는 과정임을 인식시켜 주어야 한다. 또한 자신 안에 사랑이 없음을 절감하며 기도로 나아가는 과정으로 삼아야 한다. "집사님, 용기는 두려움을 극복하면서 한 발 내디딜 때 생기고, 인내는 참을 수 없는 환경에서 오래 참을 때 생기고, 사랑은 사랑하고 싶지 않은 사람을 사랑하면서 자라는 것입니다. 예수님이 원수된 우리를 사랑하셨던 그 사랑을 기억하면서 사람을 사랑하도록 은혜를 간구하면 좋겠습니다."라고 권면하는 것이 좋다. 결국 그 관계의 갈등이 우리를 더 성화시키는 과정이 될 것이다.

③ 가정과 직장의 문제

제자훈련을 하는 중에 가정 안에서 심각한 문제가 발생할 때가 있다. 부모님이 돌아가시거나, 자녀가 시험에서 낙방한다거나, 직장에서 갑자기 퇴직을 한다거나 하는 문제들이다. 사람들은 급격한 변화를 맞으면 앞으로 나아가기보다 그냥 주저앉고 싶고 피하고 싶을 때가 있다.

> "목사님, 저의 가정이 이렇게 본이 되지 못하는데 제가 어떻게 앞으로 소그룹 인도자가 될 수 있을까요?"
> "경제적으로 너무 힘든 상황인데 어떻게 계속 훈련을 할 수 있을까요?"

이렇게 다양한 이유들로 힘든 상황들을 설명하기도 한다. 어려움을 경험한 당사자는 공동체 전체에게 피해를 준다는 생각을 할지 모르지만, 이런 어려움은 사실 공동체를 하나되게 하는 좋은 기회가 되기도 한다. 함께 어려운 문제를 나누고 기도하고, 또 다른 사람들의 도움을 통해서 훈련의 과정을 무사히 마치게 되면 더없이 끈끈한 공동체가 되기 때문이다. 제자훈련 중 갑자기 실직을 한 경우가 있었다. 당장 먹고 살 것이 없었기 때문에 훈련을 포기하고 밤에 일을 하셔야 하는 상황이 닥쳤는데, 함께 있던 제자반 집사님들이 생활비를 함께 나누면서 끝까지 훈련을 한 일도 있다. 제자훈련 마지막 시간에 나눔을 하면서 도움을 받은 사람보다 오히려 도움을 준 사람들의 은혜의 간증들이 이어졌다.

"저는 이제까지 돈을 사용하는 방법을 잘 몰랐습니다. 저를 위해 또 가족만을 위해 참 이기적으로 돈을 사용했고, 참 낭비가 심한 사람이라는 것을 이번 기회를 통해 알게 되었습니다."

④ 성장의 더딤에 대한 조급함

처음 훈련을 할 때 기대하던 자신의 변화된 모습이 있을 것이다. 그러나 제자훈련을 하고 시간이 지나면서도 여전히 변화되지 않는 자신의 모습을 보면서 조바심이 날 때가 있다. 그런 과정을 몇 번 거치면서 지치게 되고 자기 자신에 대해 낙심하게 될 때가 있다. "훈련을 해도 나는 안되는구나."라는 자괴감에 빠지기도 하고, 성장의 속도가 빠른 다른 사람과의 비교를 통해서 낙심하기도 한다. 이때 인도자의 반응과 격려가 중요하다. 릭 워렌은 이렇게 말했다. "우리가 지금 원하는 곳에 있지는 않지만 돌아보면 처음 있었던 곳도 아니다." 정말 변화가 없고 아무것도 바뀐 것이 없는 것 같은 이유는 내가 원하는 곳까지 가지 않았기 때문이다. 그러나 돌아보면 처음 출발했던 곳은 아니라는 것은 결국 조금 성장했다는 것이다. 신앙이 성숙되는 과정에서 중요한 것은 '인내'이다. 인도자는 이런 훈련생들에게 포기하지 말고 지금 가고 있는 그 방향이 정확한 방향임을 인식시켜 주고 힘을 주어야 한다.

결국, 모든 영적 권태기는 소그룹을 더욱 하나로 만드는 과정이 된다. 훈련생들이 경험하는 영적 권태기의 이유들은 또한 영적인 성장의 기회가 된다는 것을 알아야 한다. 유능한 제자훈련 인도자는 아버지의 모습과 어머니의 모습이 모두 균형있게 나타나는 사람이다. 훈련 중에는 아버지처럼 훈련시키지만, 영적인 어려움과 권태기에 있는 사람들에게는 어머니의 품으로 다가가 안아주고 위로해 주는 영적 격려가 필요하다. 인도자가 힘든 사람들에게 지속적인 격려를 공급하면 온 소그룹이 서로를 격려하는 공동체로 변하게 된다. 그래서 한 사람의 권태기가 회복되면 더욱 서로가 하나가 되는 좋은 계기가 되는 것이다. 사탄이 예수님을 십자가에 못 박았지만, 그 사탄의 행위는 결국 하나님의 주권을 드러내는 그리스도의 부활을 위한 촉매제가 되었다. 마찬가지로 사탄은 제자훈련생 한 사람 한 사람의 삶을 영적인 권태기에 접어들게 유혹하지만, 그 영적 권태기는 소그룹 모두를 더욱 하나가 되게 하는 하나님의 더 크신 지혜를 발견하는 과정이 되는 것이다.

(5) 훈련 이후 파송은 어떻게 해야 할까?

① 평가

훈련이 마무리 단계에 접어들게 되면 훈련생들에 대한 평가가 이루어져야 한다. 훈련을 통해 얼마나 영적으로 성숙해졌는지, 인격적 장단점은 무엇인지, 앞으로 지도자로서 섬길 준비와 역량이 얼마나 갖추어져 있는지 등 종합적 평가가 이루어져야 한다. 지도자를 세울 때는 충분히 신중해야 한다. 준비되지 않은 지도자 한명으로 인해 공동체가 얼마나 힘들어질 수 있는지는 주변에서 흔히 목격할 수 있다. 훈련생을 평가할 때 훈련생이 참석하는 소그룹 지도자의 의견도 참조할 필요가 있다. 훈련과정에서 보이는 모습과 다른 공동체에서 보이는 모습이 다를 수도 있기 때문이다. 실제로 소그룹 내에서 훈련생으로서 모범을 보이고 있는지, 영적으로 얼마나 성숙된 모습을 보여주고 있는지 등을 확인해 보라.

② 지도자 파송

수료생 중 영적인 준비가 충분하고 주변 여건도 허락한다면 지도자로 파송이 이루어진다, 이때 주로 섬기게 될 장은 교회 내 소그룹일 것이다. 다만 교회 내 소그룹 외 다양한 섬김의 장을 계발할 필요가 있다. 소그룹 지도자 외에도 주일학교 교사나 전도팀 등 교회 내 다양한 사역을 계발하고 각자의 은사와 소명에 맞는 사역지를 찾도록 도와주어야 한다. 이를 위해서는 훈련 기간 중 다양한 교회 내 사역을 경험하게 할 필요가 있다. **은사와 소명은 경험을 통해 발견되기 때문이다.** 예를 들어 가르침의 은사가 있는지 없는지 확인하는 방법은 실제로 가르쳐 보는 것이다. 또한 가르침의 은사를 받았지만, 섬김의 대상에 차이가 있을 수 있다, 동일한 가르침의 은사가 있지만 어떤 사람은 어린이들을 좋아하는 사람이 있고 성인을 가르치기에 더 적합한 사람도 있다. 훈련을 받았다면 반드시 섬김의 자리로 가야 한다. 훈련은 훈련 자체가 목적이 아니기 때문이다. 이 사실을 훈련생들에 주지시키고 자신에게 맞는 사역의 장을 찾도록 도와주어야 한다. 훈련생 파송 시에는 주보 광고 등을 통해 교회 공동체의 축복 가운데 파송이 이루어지도록 해야 한다.

③ 지도자로 파송이 어려운 경우

훈련을 마쳤지만 지도자로 파송이 어려운 경우가 있을 수 있다. 영적으로 준비가 부족하거나 주변 여건이나 환경이 사역하기에 부족할 수 있다. 이런 경우 훈련 수료 이후에도 지속적인 영적성장을 이룰 수 있도록 도울 수 있어야 한다. 이때 전도폭발과 같은 전도의 현장으로 인도하면 좋다. 결국 사람을 변화시키는 것은복음이다. 지속적으로 복음이 선포되는 장으로 보내 영적 성장과성숙을 이루어가도록 해야 한다. 또한 중보기도의 자리도 좋다. 하나님의 은혜를 누리는 가장 중요한 방편은 기도다. 교회를 위해, 다른 사람을 위해 기도의 무릎을 꿇을 때, 공동체를 향한 하나님의 마음을 배우고 닮아갈 수 있다.

④ 은혜를 구하라

옥한흠 목사는 종종 자신이 사람을 보는 눈이 없다고 말하곤했다. 훈련 중에는 "저 사람은 나중에 사역을 할 수 있을까?"라는의구심이 드는 경우가 있었는데, 막상 사역을 멋지게 감당하는 경우를 종종 본다는 것이다. 이런 점에서 제자훈련 인도자는 겸손해질 필요가 있다. 특히 훈련생을 평가하고 파송하는 과정에서 충분히 기도하고 하나님의 은혜를 구할 필요가 있다. 결국 인간의 판단이나 지혜는 한계가 있으며, 오직 성령의 은혜만이 우리에게 분별력도 주시고 사람을 지속적으로 세워가시기 때문이다.

⑤ 교회 밖으로 시선을 확장하라

제자훈련에 대한 오해가 한 가지 있다. 제자훈련을 교회의 일 꾼을 세우기 위한 과정으로만 보는 것이다. 물론 실제로 이런 경향성이 존재했기에 근거 없는 비판은 아니라고 생각한다. 하지만 제자훈련의 목적이 교회 일꾼을 세우는 것만은 아니다. 이런 점에서 훈련 이후 파송 역시 교회 밖으로 시선을 확장할 필요가 있다. 특히 오늘날 교회는 정체기를 넘어 침체기로 접어들고 있다. 실제로 교회를 다니는 기독교인의 비율이 지난 10년 사이에 절반 정도 줄어 전체 인구의 10% 가량이라고 한다. 그만큼 교회 내 사역의 장을 계발하는 데도 한계가 있으며, 근본적으로 교회가 보다 선교적으로 조직되고 선교에 초점이 맞추어져야 한다. 따라서 훈련 이후 교회 밖 사역에 헌신할 수 있도록 이끌 필요가 있다. 지역사회 주민들을 대상으로 독서모임이나 각종 동호회를 만들어 운영하는 등 지역사회를 섬김의 장에 적극적으로 참여하도록 인도해야 한다. 교회는 원래 선교적이었다. 다만 우리가 그동안 잊어 왔던 것이다. 이제 훈련 역시 보다 선교적으로 바뀌어야 한다. 단순히 훈련 기간 중 선교여행을 다니는 정도가 아니라, 훈련 이후 세상 속에서 어떻게 섬기고 사역할지 훈련생들이 고민하고 실제로 헌신할 수 있도록 만들어야 할 것이다.

⑥ 졸업이 아니라 수료다

혼히 제자훈련을 마치면 무엇인가를 이루었다고 생각하기 쉽
다. 하지만 훈련을 마쳤다는 것은 결승선을 통과했다는 것이 아
니라, 이제 겨우 출발선에 올랐다는 의미다. 군대에 가면 훈련소
에서 먼저 훈련을 받는다. 그런데 훈련소에서는 군인으로서 자신
의 역할을 수행할 수 있도록 최소한의 준비를 하는 것이지, 훈련
소를 마쳤다고 참된 군인이 되었다는 의미는 아니다. 오히려 자
대에 가서 훨씬 많은 배움과 시행착오를 경험해야 한다. 영적인
훈련 역시 마찬가지다. 제자훈련은 졸업이 아니라 수료다. 따라
서 훈련 이후에도 지속적인 성장과 성숙의 자리로 나갈 수 있도록
도전하라.

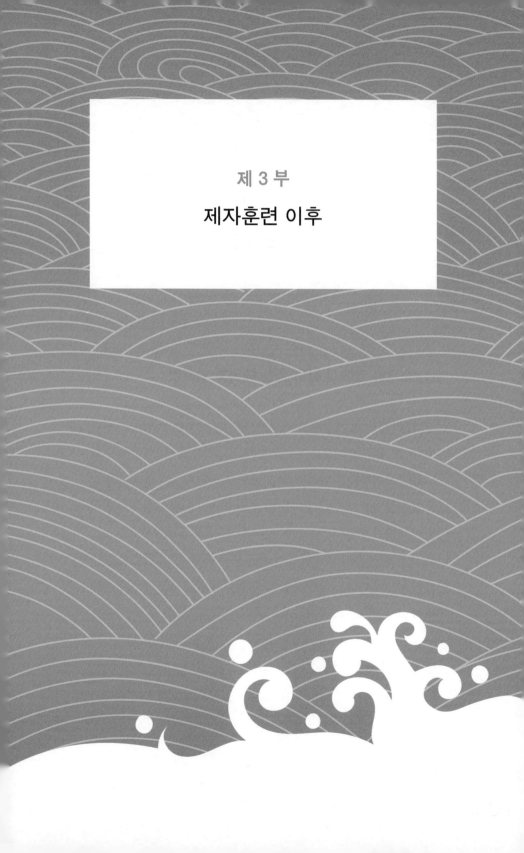

제 3 부

제자훈련 이후

1. 소그룹

(1) 소그룹 안에서 깊이 있는 대화를 하려면

당신은 의사소통에 능한 사람인가? 당신은 대화를 잘 나누는 사람인가? 이 질문에 대부분의 목회자들은 그렇다고 답할 것이다. 왜냐하면 목회자들은 말하는 것에 매우 익숙한 사람이고 대화는 그들의 일상적인 행위이기 때문이다. 하지만 말을 많이 한다고 깊이 있는 대화가 이루어지는 것은 아니다. 이런 점에서 목회자는 스스로 대화를 잘 한다고 착각하기 쉬운 위치에 있다. 이 장에서는 소그룹 인도자로서 어떻게 하면 깊이 있는 대화를 나눌 수 있을지에 대해 다루어 보도록 하자.

① 대화의 패러다임

깊이 있는 대화를 나누기 위해서는 패러다임을 가지고 대화에 임할 필요가 있다. 많은 사람들은 의사소통이 내가 하고 싶은 말을 하는 것이라고 생각하고 대화에 임한다. 만약 의사소통이 이런 것이라면 대화는 매우 간단하다. 내가 하고 싶은 말을 기탄없이 하면 된다.

의사소통에 대한 또 다른 이해는 의사소통이란 내가 자극을 주고 상대방이 반응하는 것이라고 생각하는 것이다. 이런 이해는 최소한 의사소통을 혼자 말하고 끝나는 것으로 아니라 듣는 사람이 반응을 보여야 한다는 점에서 발전된 견해라고 할 수 있다. 일방적이고 선형적인 관점과는 달리 쌍방적이고 원형적이기 때문이다. 다만 이런 견해에서는 서로가 동등한 위치가 아니며, 주도권은 여전히 화자에게 있다. 따라서 다분히 종속적인 의사소통이라고 할 수 있다.

세 번째 이해는 의사소통이란 살아 있는 생명체와 같다고 보는 것이다. 이 관점에서는 마치 살아 있는 생명체처럼 대화가 진행되면서 그 모습이 점점 변하게 된다. 단순히 내가 말하고 상대방이 듣거나 반응을 보이는 것을 너머, 때로는 상대방이 말하고 내가 듣고 반응을 보이기도 하며 화자와 청자가 수시로 변하는 것이다. 한 마디로 서로가 서로에게 영향을 주고받는 것이다. 정보나 생각 뿐만 아니라 서로에 대한 이미지까지도 주고 받는 것이다. 이런 관점은 대화에 참여한 사람들이 대등한 관계를 가지므로 상호의존적이라고 하겠다.

당신은 어떤가? 당신이 지금 소그룹에서 나누고 있는 대화가 위의 세 가지 중 어디에 더 가깝다고 생각하는지 객관적으로 생각해보라. 소그룹을 인도할 때 첫 번째 관점을 갖고 일방적으로 말만 하고 있다면 당신은 대화를 하는 것이 아니라 강의를 하고 있는 것이다. 또한 두 번째 관점으로 단순한 구성원들의 반응만을 얻고자 한다면, 당신의 소그룹에서는 진정한 변화를 기대하기 힘들 것이다. 변화는 스스로 화자가 되어 자신의 이야기를 나눌 때 이루어짐을 기억해야 한다.

② 대화의 단계

깊이 있는 대화를 나누기 위해서는 대화의 패러다임과 함께 대화의 단계에 대한 이해가 필요하다. 존 포웰은 대화의 질을 측정할 수 있는 다섯 가지 단계를 제시한 바 있다. 그는 대화를 통해 친밀감을 유지하기 위해서는 각각의 단계가 모두 필요하며 다음 단계로 나갈수록 대화가 깊어진다고 말한다.

1) 상투적 표현의 단계

상투적 표현은 언어적인 것과 비언어적인 모두를 포함하며, 상징의 교환과도 같다. 한두 마디 인사말이나 악수와 같은 것이 대표적인 예이다. 이런 표현들은 관계의 기초를 놓는 역할을 한다. 상투적 표현은 대화를 이루는 중요한 요소이지만, 이것이 대화의 전부가 된다면 피상적인 관계에 머물게 된다.

2) 사실과 보고의 단계

대화의 양은 많아졌지만 대화 내용이 당사자의 삶과는 관계가 없는 일들에 대한 정보교환을 바탕으로 하고 있다. 중요한 일들이 대화의 중심이기는 하지만 개인적인 반응이나 개입이 배제되어 있으므로 친밀감을 나누는 대화는 아니다. 의외로 많은 사람들이 이 단계를 벗어나지 못한다. 때문에 수년을 지내면서도 친밀감이 형성되지 못하는 것이다.

3) 의견과 판단의 단계

이 단계에서 사람들은 자신의 내면의 이야기를 나누게 되는데, 이렇게 내면의 이야기를 꺼낼 때 대화의 깊이가 더해진다. 사실 내면의 이야기를 나누는 것은 위험을 감수하는 모험적인 일이다. 왜냐하면 다른 사람의 판단과 비판에 자신을 노출하는 행위이기 때문이다.

4) 감정과 직관의 단계

이 단계는 자신이 가지고 있는 의견을 나눌 뿐만 아니라 감정까지 나누는 단계다. 이 단계에서는 "오늘은 기분이 안 좋아." "정말 맘에 안 들어."와 같은 말도 가능하다. 감정은 선하지도 않고 악하지도 않다. 동시에 때로는 부풀려 지기도 하고 정확하지 않을 수도 있다. 따라서 누군가가 자신의 감정을 표현할 때는 그 감정의 옳고 그름을 판단할 필요가 없다. 오히려 우리가 보여야 할 반응은 이런 것이 되어야 한다. "이렇게 자신을 표현한 이 사람에게 이 순간 가장 좋은 친구가 되려면 무엇을 해야 할까? 아니면 혼자 두어야 할까? 지금은 함께 웃어야 할 때일까, 함께 울어야 할 때일까?"

5) 진실의 단계

이 단계는 마음이 이어지는 단계라고 할 수 있다. 물론 진실은 고통이 따를 수 있다. 그러나 그것은 서로를 치유하고 세워주는 선한 고통이다. 이런 대화를 나눈다는 것은 곧 인정이나 책망, 고백이나 용서 등의 의사소통을 시작한다는 의미다. 이는 우리가 대화를 통해 이루길 원하는 궁극적인 목표라고 해도 과언이 아니다. 당신이 인도하는 소그룹 안에서 나누는 대화의 수준은 어느 정도인가? 위의 단계들을 가지고 진단해 보라. 다만 앞서 언급한 바와 같이 위의 다섯 가지가 모두 필요하다. 때로는 일상적이고 불필요할 것 같은 대화도 관계에는 필요하다. 늘 진실된 대화만을 한다면 관계가 지나치게 무거워지고 답답해질 수도 있다. 다만 진실된 단계의 대화가 배제된 채 피상적인 대화가 지속된다면 관계를 통해 얻고자 하는 궁극적인 열매를 맛보지 못하게 될 것이다.

③ 경청의 패러다임

대화에 있어서 말하기보다 중요한 것은 경청이다. 경청이 제대로 이루어지지 않을 때 상대방의 말에 대한 충분한 반응을 보이기 힘들며, 제대로 된 반응을 보이지 못한다면 우리의 대화는 일방적인 말하기에 그치고 말 것이며, 일방적인 말하기만으로는 어떤 대화의 유익도 누리기 힘들다.

경청에 있어서 가장 중요한 것은 패러다임의 문제다. 즉 누구의 관점으로 대화를 듣고 있느냐. 예를 들어 소그룹 구성원이 "고부간의 갈등"이나 "상사와의 갈등"에 대해 이야기 했다고 가정해 보자. 시어머니의 관점에서 듣느냐 아니면 며느리의 관점에서 듣느냐에 따라 반응은 전혀 다르게 된다. "아니지. 그건 잘못 생각한 거지."처럼 시어머니나 상사의 관점에서 듣고 반응을 보일 수 있다. 따라서 경청을 할 때는 말하는 사람의 관점에서 듣고자 노력해야 한다. 그럴 때 충분히 상대방의 입장을 공감할 수 있다. 이렇게 상대방의 입장을 공감하며 들을 수 있을 때 정확한 진단과 처방이 가능한 것이다. 인간은 누구나 자기중심적인 경향이 있다. 대화 역시 자신의 관점에서 상대방의 이야기를 듣기 쉽다. 의도적으로 상대방의 관점에서 듣고자 노력할 수 있어야 한다.

④ 빈 의자

그리스도인의 대화는 세상 사람들이 나누는 대화와 근본적인 차이가 있다. 그것은 세상에는 나와 너와의 관계밖에 없지만, 그리스도인의 대화는 나와 너 사이에 하나님이 계시다는 점이다. 즉 우리가 나누는 대화의 현장에는 하나님이 함께 계신다. 따라서 우리의 대화의 현장에는 늘 빈 의자가 놓여 있어야 한다. 하나님이 이곳에 함께 하시며 우리의 대화를 듣고 계신다고 생각한다면 우리의 대화의 질과 방향은 분명 달라지게 될 것이다. 늘 "예수님이라면 어떻게 말했을까, 어떻게 반응을 보이셨을까, 어떻게 위로하고 격려하셨을까, 어떻게 조언하셨을까?"를 묻고 말하고 행동할 수 있어야 할 것이다. 소그룹 구성원에게도 예수님이 이곳에 함께 있음을 상기시켜 주어야 한다.

(2) 소그룹 인도 시 부딪히는 몇 가지 문제들

① 침묵

소그룹을 인도할 때 질문을 했는데 사람들이 아무 대답을 하지 않고 '침묵'만 흐를 때가 있다. 소그룹의 경험이 많지 않은 인도자는 이때 당황하기 시작한다. 그리고 어색한 분위기를 빨리 깨야 한다는 생각에 인도자가 다시 답을 이야기하든지 말을 하는 경우가 있다. 자신이 질문을 던지고 답이 없다고 스스로 다시 답을 하게 되면 결국 아무도 대답하지 않는 상황만 발생하게 될 것이다. 이때 가장 중요한 것은 '침묵'이란 자연스러운 것이며 성령께서 사람들의 생각에 역사하시는 시간이라는 것을 알아야 한다.

'침묵'이 흐르면 당황하지 말고 기다리라. 쑥스러워서 고개를 숙이고 있지말고 소그룹원들을 바라보면서 기다리라. 그러면 대부분 어색해서 고개를 숙이고 있을 것이다. 계속 기다리면 반드시 어색한 분위기를 참지 못하는 한 사람이 인도자를 보게 되고 눈을 마주치게 된다. 그때 자연스럽게 미소를 지어주며 고개와 눈으로 인사하라. 그러면 눈을 마주친 그가 말하게 된다. 한번 침묵이 깨어지면 자연스럽게 나눔이 이어질 것이다.

그러나 그 '침묵'의 원인이 질문을 어렵게 한 것에 있다면 문제는 달라진다. 이때는 문제를 다시 한 번 설명하면서 쉽게 이해시켜 주어야 한다. 질문 자체를 이해하지 못했다면 보조 질문을 통해 좀 더 자세히 설명해주어야 한다.

그리고 대답을 한 사람에게 적절히 반응해 주어야 한다. 소그룹에서 처음 나눔을 하는 것은 쉬운일이 아니다. 그들에게 '대답해주셔서 감사합니다.'와 같은 방식으로 말하고 비언어적인 제스처를 통해서도 적극적인 지지를 보내라. 미소를 띄고 좀 더 귀를 기울이면서 긍정해 주어야 한다. "하나님께서 귀한 깨달음을 주셨네요."라는 식의 말도 듣는 사람에게 격려를 할 수 있다.

② 틀린 답변

소그룹에서 틀린 답변이란 존재하지 않는다. 자신의 생각을 나누는 것에 대해 편안한 분위기를 만들어 주어야 한다. 만약 잘못된 답변에 있어서 그 자리에서 "틀렸습니다."라고 지적하게 되면 그 다음부터 모든 대답에 인도자의 정답을 맞추는 것으로 바뀌어 버린다. **소그룹은 정답을 찾아가는 시간이 아니라 하나님의 진리를 따라 각자의 생각과 마음을 나누는 시간이다.**

성경을 읽고 답을 하는 문제에서 답을 틀리게 말하는 경우에는 "틀렸습니다. 그럼 다른 집사님은요?"라고 넘어 가서는 안된다. 틀린 답을 말하는 그 사람이 정답을 말할 수 있도록 다시 질문해 주어야 한다. 만약 정답이 '하나님'인데 대답을 '선지자'라고 했다면 '틀렸다'고 말하지 말고 답변을 찾을 수 있도록 질문을 좁혀주면 된다. "집사님, 히브리서 1장 1절을 보면 옛적에 선지자들을 통해 우리 조상에서 말씀하신 분이 누구시라고 말합니까?" 그러면 단어가 하나 밖에 남지 않았기 때문에 자연스럽게 "아, 네. 하나님이요." 라고 대답할 것이다. 그러면 적절하게 칭찬하고 긍정적으로 반응을 보이면 된다. 그렇지 않고 사람들 앞에서 틀린 답변을 하고 발언을 마치게 되면 소심한 사람의 경우 소그룹이 끝날 때까지 그 생각에 사로잡혀 함께 어울리지 못하는 경우가 생길 수도 있다.

③ 분위기를 깨는 문제들

은혜로운 나눔이 진행 중인데 갑자기 전화벨이 울린다거나, 초인종을 누르고 누가 들어온다거나 하면 분위기를 유지하기가 쉽지 않다. 어쩔 수 없는 상황이면 여유 있게 잘 넘어 가면 되겠지만 사전에 예비를 할 수 있다면 철저히 준비를 하는 것이 좋다. 모임 장소를 제공하는 분에게 미리 부탁을 드리는 것이 좋다. 그러나 준비를 했음에도 불구하고 분위기를 깨는 일들이 벌어지면 어떻게 해야 할까? 인도자가 화를 내거나 지적하는 것은 좋지 못한 일이다. 그런 일이 발생할 때는 위트있게 넘어가는 것이 좋다.

④ 어려운 질문을 받았을 때

어렵고 난해한 질문을 던지는 경우가 있다. 난해하지 않은 질문이라도 질문을 받으면 즉각 대답하지 말고 다른 사람들의 의견을 물어보는 것이 좋다. 그 시간 동안 스스로 생각해 볼 수 있는 기회를 제공하기 때문이다. 그리고 질문을 한 사람에게도 어떻게 생각하는지 물어보는 것이 좋다. 질문의 답을 하는 것보다 왜 그런 질문을 하게 되었는지가 더 중요할 때가 많기 때문이다. "왜 하나님은 이렇게 불공평하세요?"라고 질문을 한다면 신정론에 대해 이야기해야 할 때가 아니라 왜 이 본문에서 하나님이 불공평하게 느껴지는지를 물어야 한다. 어떤 경우에는 과거의 상처와 해결되지 않는 아픔들이 그 질문을 따라 모두 올라올 때가 있다. 결국 질문 뒤에 있는 더 큰 문제를 다루면서 평생을 아파했던 상처들이 치유되는 일들도 일어나게 된다. 그러나 정말 어려운 질문을 받아서 대답을 모를 경우는 솔직히 모른다고 답하는 것이 좋다. "네, 집사님. 그 문제는 제가 아직 잘 모르겠습니다. 다음에 만날 때까지 여러 가지 찾아보고 생각해서 오겠습니다."라고 솔직하게 고백하라.

⑤ 시간이 촉박할 때

다루어야 할 내용은 많은데 시간이 촉박할 경우에는 내용 중에 꼭 다루지 않아도 될 부분을 빼고 융통성 있게 인도하면 된다. 그러나 모두 중요한 내용일 경우는 진도를 나누어서 다음 주에 중간부터 나가는 것도 좋은 방법이 될 것이다. 그러나 자주 시간이 촉박해진다면 그것은 인도자가 충분히 준비되지 않았기 때문일 것이다. 소그룹을 인도하는 전체 시간 계획을 철저히 짜서 소그룹에 임하는 것이 좋다. 그러나 시간표에 너무 얽매여서는 안 된다. 철저히 준비를 하되, 인도할 때는 성령님의 인도하심을 의지해야 한다. 마틴 로이드 존스 목사의 경우 설교 원고를 충실히 적고나서 설교를 할 때는 개요만 가지고 올라가서 설교하듯이, 충분히 시간 계획을 해야 하지만 인도할 때는 얽매이지 말아야 한다.

⑥ 서로 반대 의견으로 충돌할 때

성경에 대한 문제일 수도 있고, 성경이 아닌 다른 정치나 일반 상식의 문제로 서로 의견이 대립하는 경우가 있다. 이때 인도자가 잘잘못을 따져서 한쪽의 손을 들어주는 것은 별로 지혜롭지 못한 방법이다. 한쪽이 정답이고 한쪽이 틀린 답이라 할지라도 충분히 상대방의 생각들을 공감할 수 있도록 돕는 역할을 해주어야 한다. 그리고 소그룹 안에서 갈등은 지극히 정상적이고 당연한 것임을 알려주고, 그런 갈등을 어떻게 극복하느냐에 따라서 더 끈끈한 공동체로 나아갈 수 있는 기회임을 상기시켜 주어야 한다.

(3) 소그룹 인도 실습모형: 귀납적 소그룹

귀납적 소그룹 인도법과 관련해서 가장 많이 궁금해하는 부분 중 하나는 '실제로 현장에서는 어떻게 이루어지는가' 하는 점이다. 따라서 이 글에서는 귀납적 소그룹 인도를 위한 준비는 어떻게 하고, 실제로는 어떻게 이루어지는지 그리고 인도할 때 주의할 점은 무엇인지에 대해 함께 나누어 보고자 한다. 분명 지면의 특성과 한계로 많은 부분이 생략되고 현장의 분위기를 온전히 전달하는 데 어려움을 갖겠지만, 간접적이나마 현장을 경험해 보는 것도 귀납적 소그룹 인도법을 이해하는 데 도움이 될 것이다. 이 글은 옥한흠 다락방 교재 산상수훈 중 18과 온전한 사랑에 대해 다락방을 인도했던 실례를 가지고 재구성한 것으로, 여기서 제시된 예는 모범적인 예라기보다는 이해를 돕기 위한 하나의 예임을 염두에 두고 읽어보기를 권한다.

18과. 온전한 사랑
본문: 마태복음 5장 45-48절

준비

인도자가 소그룹을 준비함에 있어, 해당 과를 배우는 목적을 분명히 하는 것은 중요하다. 목적이 불분명할 때, 모임의 분위기도 좋았고 많은 이야기를 나눈 것도 같지만 결국에는 남는 것이 없는 경우가 종종 있기 때문이다. 따라서 귀납적이라는 말은 목적의 부재를 의미하는 것이 아님을 기억할 필요가 있다.

과의 목적은 지·정·의 세 가지 요소를 고려해서 정하는 것이 바람직하다. 지적으로 이번 모임을 통해 무엇을 배우게 될 것인지, 이러한 깨달음이 가져오게 될 정서적인 반응은 무엇인지, 그리고 배운 내용을 구체적으로 실천하기 위해서 어떤 노력이 필요한지를 생각하며 목표를 잡는 것이 좋다. 이때 주의할 점은 지나치게 목표를 추상적으로 잡으면, 열매도 그만큼 추상적이 된다는 것이다. 이 과의 목표를 다음과 같이 잡아 보았다.

1. 우리가 추구해야 할 사랑은 세상의 가르침과 어떻게 다른지, 그리고 그 특징은 무엇인지를 이해한다.

2. 주님이 가르친 사랑을 우리가 왜 실천해야 하는지를 깨닫고, 사랑의 실천을 위한 동기부여를 받는다.
3. 내 주위 사람들 중에서 온전한 사랑을 실천해야 할 대상을 정하고, 구체적인 실천계획을 세워본다.

마음의 문을 열며

하나님이 우리에게 주신 구원은 단순히 '믿고 천국 간다'는 식으로 설명되지 않는 엄청난 자원의 것이다. 성경을 유의해서 보면 구원은 우리를 하나님의 아들, 다시 말해 예수님처럼 만드는 데 그 목적이 있다는 것을 알 수 있다. 그리고 우리는 세상에 살 동안 그 사건이 우리 안에서 일어나고 있음을 입증할 수 있어야 한다. 무엇으로 입증할 수 있겠는가? 사랑을 가지고 할 수 있다고 한다. 오늘 읽은 본문처럼 이 점을 분명하고 강력하게 교훈하는 말씀을 다른 데서 찾기는 어려울 것이다. 사실 얼마나 부담스러운지 모른다. 성령의 도우심을 간절히 구하면서 공부해야 할 것이다.

준비

서론은 해당 과에서 배우게 될 방향을 제시하고, 기대감을 갖게 한다는 점에서 그 중요성을 갖는다. 그러므로 인도자는 서론을 통해 구성원들이 충분한 동기부여를 받도록 주의해야 한다. 이를 위해서는 서론에서 지나치게 많거나 다양한 이야기를 나눔으로,

본론에서 다루게 될 내용의 방향을 흐리게 하거나 기대감을 떨어뜨리면 안 된다. 따라서 본론에서 다루게 될 내용을 충분히 숙지한 후, 서론을 어떻게 다룰지를 나중에 결정하는 것이 바람직할 것이다.

서론을 다루는 법은 크게 세 가지로 나눌 수 있다. 첫째는 서론을 읽고 그 내용을 간단히 정리한 후 본론으로 들어가는 것이다. 가장 간편한 방법이자 동시에 효과적인 방법일 수 있으며, 소그룹 인도에 아직 익숙하지 않다면 무난하게 권할 수 있는 방법이다. 오늘 무엇을 다루는지, 왜 다루는지에 대해 질문하고, 인도자가 정리하고 넘어간다.

둘째는 서론을 읽으면서 든 느낌이나 생각을 자유롭게 이야기하면서 본론에서 다루게 될 주제를 제기하는 것이다. 이 방법은 구성원 자신의 이야기로부터 동기부여가 된다는 점에서 효과적이다. 다만 어떤 이야기가 나와도 본문의 주제로 이끌어갈 수 있을 정도의 반응 기술에 능숙해진 인도자에게 적합하다.

셋째는 문제 제기를 위한 한두 가지 질문을 던짐으로써 본론으로 들어가는 것으로, 가장 보편적인 방법이다. 이 경우 어떤 질문을 만드느냐가 중요한데, 답변이 예측 가능한 질문을 활용하면 도움이 된다. 예를 들어, 이 과의 경우 온전한 사랑에 대해 배우게 되는데, "예수님께서 가르쳐주신 사랑을 온전히 실천하고 계신 것 같으세요?"라는 질문으로 시작할 수 있다. 이 질문에 대해서는 누구도 쉽게 긍정적으로 답하기 힘들므로, 대답은 부정에 가깝게 나오리라는 것을 예측할 수 있다. 특히 이 과의 경우, 예습을 한 사람이라면 누구나 "가까운 가족이나 이웃조차 제대로 사랑하지 못하는데, 어떻게 원수를 사랑할 수 있을까"라는 생각을 갖게 되므로, 자신이 느끼는 현실에서부터 출발할 수 있도록 도울 수도 있다.

그런 후 "그렇다면 왜 안 되는 것 같아요?"라고 질문으로 이어 간다. 이에 대한 답변은 다양하게 나올 수 있는데, 어떤 답변이 나 오더라도 "그렇죠. 힘든 것이 사실입니다."라고 공감한 후, "그래 서 이 과를 통해 우리가 추구해야 할 온전한 사랑은 무엇이며, 또 그것을 어떻게 실천할 수 있는지 함께 배워갔으면 좋겠습니다."라 고 문제 제기를 하며 본론으로 들어갈 수 있다.

실제

> 인도자: A 집사님 서론을 한 번 읽어주시겠어요. 서론에서는 하나님께서 우리를 구원하신 목적을 무엇이라고 설명 하고 있죠?

> A 집사: 단순히 믿고 천국에 가는 것이 아니라 예수님처럼 만 들기 위해 구원하셨다고 나와 있네요.

> 인도자: 그럼 우리가 예수님처럼 되어 간다는 사실을 어떻게 입증할 수 있다고 말하고 있죠?

> A 집사: 사랑을 가지고 입증할 수 있다고 했네요.

> 인도자: 그렇다면 왜 사랑이 증거가 될 수 있을까요?

> A 집사: 예수님은 사랑이시기 때문에 우리가 사랑을 실천하 면 예수님처럼 되어가는 것을 보일 수 있는 것이 아닐

까요.

B 성도: 사랑은 모든 것을 품을 수 있으니까, 우리가 온전한 사랑을 할 수 있다면 다른 부분도 다 이룰 수 있으니까 사랑을 통해 그래도 입증할 수 있다고 한 것이 아닐까요.

C 권사: 사실 사랑이 쉬운 것 같으면서도 실천하기가 쉽지 않은 것 같아요. 그런데 누구나 진정한 사랑을 원하잖아요. 믿는 사람이든 그렇지 않은 사람이든지. 그렇기 때문에 사랑을 실천하게 되면 증거가 되는 것이 아닐까요?

인도자: C 권사님은 누구나 진정한 사랑을 원한다고 하셨는데, 다들 원하세요?

전 부: 그럼요.

인도자: 그렇다면 온전한 사랑을 얼마나 실천하고 계세요? 여러분이 구원받았다는 사실을 입증할 만큼 사랑을 실천하고 계세요?

A 집사: 자신할 수는 없을 것 같아요. 물론 노력은 하지만 잘 안 되는 것이 사실이잖아요.

인도자: 그래요. 그것이 솔직한 우리의 모습인 것 같습니다. 그래서 이 과를 통해서는 어떻게 하면 우리가 바라는 온전한 사랑을 실천할 수 있는지에 대해 배워보았으면 좋겠습니다.

말씀의 씨를 뿌리며

준비

본론을 인도할 때 전체적인 흐름을 충분히 숙지한 후, 간략히 정리
된 내용을 머리에 넣어두는 것이 필요하다. 이를 위해서는 마인드
맵을 통해 과의 전체적인 내용을 형상화하는 것이 좋지만, 단락을
구분하고 각 단락의 핵심과 각 문항의 관계에 대해 정리해 두는 것
만으로도 도움이 된다. 각 문항에서 말하고자 하는 바를 먼저 정리
한 후, 이를 단락으로 구분하는 습관을 익히면 좋다. 이 과는 다음
과 같이 단락과 다룰 내용을 구분해 보았다.

- 온전한 사랑 -

• 사랑에 대한 세상의 가르침 (1)
• 하나님이 요구하시는 사랑의 특징 (2-4)
• 사랑에 대한 반성 (5-6)
• 온전한 사랑을 향한 분투 (7-8)

[사랑에 대한 세상의 가르침(1)]

1. 예수님 당시 유대 나라 지도자들은 부담감을 덜기 위해 하나
   님의 명령을 사람들이 납득하고 동의할 만한 수준으로 그 의
   미를 깎아내려서 가르치는 일이 종종 있었다. 지금 예수님은
   이렇게 그들이 잘못 가르친 내용을 그대로 인용하고 계신다.
   그것이 무엇이며 어디가 잘못되었는지 찾아보자. (참고: 레
   19:18) * 43절

준비

   귀납적이라고 해서 아무런 목적이나 방향 없이 특정 주제와
관련된 이야기를 나누는 것을 의미하지는 않는다. 따라서 과 전체
와 각 문항의 초점이 어디에 있는지를 파악하고 유지하는 것은 매
우 중요하다. 이를 포커싱 기술이라고도 한다. 제자훈련이나 다락
방 교재를 보면 문제 자체에 다루어야 할 내용의 방향이 설정되어
있는 경우가 종종 있는데, 이를 통해 과 전체의 초점을 잃지 않도
록 배려하고 있는 것이다. 1번 문제 역시 대표적인 예이다. 유대

지도자들이 하나님의 말씀을 왜, 어떻게 바꾸어서 가르쳤는지에 대한 설명이 문제에 이미 담겨 있다. 따라서 인도자는 1번 문제를 통해서는 레위기 말씀과 마태복음 말씀을 비교해 가며, 유대 지도자들이 무엇을, 어떻게, 왜 잘못 가르쳤는지에 대해 각 개인이 찾을 수 있도록 도와야 한다.

또한 1번 문제와 같은 경우, 본문의 이야기를 자신의 삶의 문제로 가져오는 좋은 수단이 된다. 특히 서두에서 이런 작업이 이루어지면, 배우게 될 과에 대한 기대감과 동기를 부여하는 역할까지 하게 된다. 보조 질문을 통해 당시 유대 지도자처럼 우리 안에도 하나님의 말씀에 대해 온전히 순종하지 않으려고 하는 모습이 없는지 점검해 볼 수 있도록 이끄는 것이 좋다. 이를 통해 말씀을 "오늘, 나"의 이야기로 가져옴으로, 단순히 지식을 전달하는 수준이 아니라 삶을 변화시키는 단계로 나아갈 수 있게 된다.

실제

인도자: B 성도님, 1번 문제를 읽고 답해 주시겠어요?

B 성도: 원래 레위기 말씀에는 "원수를 갚지 말고 동포를 원망하지 말며 네 이웃 사랑하기를 네 자신과 같이 사랑하라"라고 말씀하셨는데, "네 이웃을 사랑하고 네 원수를 미워하라"라고 잘못 가르쳤네요.

인도자: 그럼 유대 지도자들은 왜 그렇게 가르쳤나요? 레위기 말씀을 몰랐을까요?

B 성도: 아니죠. 당시 유대 지도자들은 구약에 대해 우리보다 철저히 알았을 것 같아요. 알았지만 그렇게 행하기가 힘드니까 이렇게 가르친 것이 아닐까요. 인간의 본성상 자신을 미워하는 사람을 사랑하기가 쉽지 않잖아요.

C 권사: 지도자라는 입장에서 생각해보면, 자신들이 본을 보여야 하는데 그러기 힘드니까 이렇게 가르친 것일 수도 있다고 생각해요.

인도자: 그렇다면 이런 모습이 우리에게는 없을까요?

전 부: (다들 웃으면서) 있죠.

D 집사: 저는 엊그제 주차 문제로 이웃과 굉장히 심하게 다투었거든요. 분명히 상대방이 잘못을 했고, 제게는 잘못이 없었죠. 그런데 그렇게 다투고 제 마음이 무거웠던 것은 사실 그 전날 이 과를 예습을 했거든요. 그럼에도 불구하고 안 되는 거예요. 분명히 알아도 행하기는 정말 어려운 것 같아요.

인도자: 그래요. 원수를 미워하는 것이 당연한 것 같고, 알아도 실천이 잘 안 되는 것이 우리의 현실인 것 같습니다. 어쩌면 우리 역시 유대 지도자들처럼 그렇게 가르치고 살아가고 있을지 모릅니다. 하지만 오늘 본문을 보면 이런 우리의 형편을 분명히 아심에도 불구하고, 예수님은 "이제는 그렇게 하지 말라."고 가르치는 모습을 볼 수 있습니다. 이에 대해 2번 문제를 통해 자세히 살펴보겠습니다.

[하나님이 요구하시는 사랑의 특징(2-4)]

2. 하나님이 우리에게 요구하시는 사랑의 수준은 어떤 것인가?
   • 44절
3. 원수를 사랑할 수 있는 사람은 누구와 같다고 하시는가?
   • 45절
4. 하나님은 선한 자나 악한 자나 다 사랑하시는 넓은 품을 가지고 계신다. 무엇으로 그것을 알 수 있는가? • 45절

준비

소그룹을 인도함에 있어, 각 문항의 상관관계를 파악하고 연

결고리를 만드는 것 역시 또 하나의 중요한 작업이다. 과 전체의 메시지와 흐름 속에서 각 문항이 차지하는 위치와 역할이 무엇인지를 알아야, 각 문항에서 다루어야 할 내용을 발견할 수 있기 때문이다. 이 단락의 경우, 2번 문제는 하나님이 우리에게 요구하는 사랑의 수준에 대한 질문이고, 3번은 이런 사랑을 실천했을 때 누구와 같이 되느냐에 대한 질문이며, 4번은 선한 자나 악한 자나 다 사랑하시는 하나님의 성품에 대한 것이다. 그런데 각각의 문항을 통해서는 알 수 없지만, 각 문항의 상관관계를 통해서 하나님께서 우리에게 온전한 사랑을 요구하시는 이유를 발견할 수 있다.

하나님의 자녀가 되기 위해서는 원수를 사랑해야 하는 것이 아님에도 불구하고, 원수를 사랑해야 하나님의 자녀가 된다는 말한 이유는 무엇일까(3번)? 그것은 자녀라면 마땅히 부모를 닮듯이 하나님의 자녀라면 마땅히 선한 자나 악한 자나 다 사랑하시는 넓은 품을 가지신 하나님(4번)을 닮아 원수도 사랑할 수 있어야 한다는 것이다. 그래서 하나님께서는 우리에게 온전한 사랑을 요구하시는 것이다(2번). 따라서 원수를 사랑하는 것은 의무나 명령이기보다는, 하나님의 자녀로서 마땅히 실천해야 할 일이다. 이렇게 온전한 사랑을 의무나 명령이 아닌 당연한 것으로 받아들일 때, 실천에 더 큰 동기를 부여받게 된다.

그렇다면 이러한 문항 간의 상관관계나 연결고리는 어떻게 찾을 수 있을까? 앞서 언급했듯이, 제자훈련이나 다락방 교재의 경우, 서론이나 결론, 그리고 각 문항의 지문을 통해 전체적인 흐름이 제시되고 있음을 기억할 필요가 있다. 2, 3, 4번 문항 간의 상관관계 역시 서론이나 결론에서 말한 바를 이해한다면 충분히 유추가 가능하다. 또한 문항 간의 상관관계나 연결고리를 이해할 때에는 귀납적 방법론을 따르는 교재는 문제의 흐름이 관찰-해석-느낌-적용 순으로 이어짐을 숙지해 두면 도움이 된다. 다만 이런 순서로 모든 문항이 이어지는 것이 아니므로, 너무 일반화하여 적용하는 것은 바람직하지 않다.

실제

인도자: C 권사님 2번 문제를 읽고 답해 주시겠어요?

C 권사: 원수를 갚지 말고 오히려 품고 기도까지 하라고 하셨어요.

인도자: 아까 레위기 말씀과 비교해 보면 어떻죠?

C 권사: 레위기 말씀에서는 원수를 갚지 말라고 했는데, 지금은 품고 기도까지 하라고 했으니까. 미워하지 말하는 것에서, 적극적으로 사랑하라고까지 요구하신 것 같아요.

인도자: 그렇다면 왜 이렇게 높은 수준의 사랑을 요구하신 것 같으세요?

D 집사: 예수님처럼 되기 위해서, 예수님을 닮아가기 위해서 그렇다고 생각해요. 물론 어렵지만….

E 성도: 원수를 사랑하는 것이 나를 위해서도 도움이 되는 것 같아요. 우리가 누구를 미워하면, 그것이 더 쉬운 것

같지만, 결과적으로는 제 마음만 상하고 오히려 제가 손해를 보는 것 같아요. 원수를 미워하지 않는 것이 오히려 마음의 짐을 덜어버리는 방법이지 않을까요.

D 집사: 저도 그렇게 생각해요. 오늘 지하철을 타고 오는데, 자리에 7명씩 앉게 되어 있잖아요. 그런데 어떤 남자 분이 함께 앉자는 거예요. 분명 7명이 앉아 있는데. 처음엔 양보를 안 했는데, 계속 마음이 불편한 거예요. "내가 지금 말씀을 배우러 가는데 이렇게 해도 되나?" 라는 생각도 들고 공간도 있는 것 같아 다시 양보를 했더니, 마음이 편해지더군요.

F 집사: 저도 그래요. 얼마 전에 이웃이랑 부딪힌 일이 있어요. 누군가는 양보해야 되고 양보하는 사람이 손해를 볼 수밖에 없는 상황이었죠. 그런데 마음이 계속 불편한 거예요. 그래서 그냥 제가 양보했어요. 사실 그분이 절에 다니거든요. 교회 다니는 내가 양보해야지 하는 생각이 들었어요. 똑같아질 수는 없잖아요. 그랬더니 마음이 편해지는 거예요.

인도자: 원수를 사랑하는 것이 오히려 저희에게 유익이 된다는 말씀도 와 닿는 것 같습니다. 이 부분에 대해서는 나중에 조금 더 다루게 될 것 같습니다. 그런데 집사님께서는 왜 그렇게 양보를 하셨다고 하셨죠?

F 집사: 제가 이렇게 양보하면 하나님께서 채워주실 거야 하는 생각도 있었고, 또 내가 믿는 사람으로서 저 사람보다는 나아야지라는 생각도 들어서 그랬어요.

인도자: 실제로 그렇게 양보하니까 어떻던가요?

F 집사: 글쎄요. 한편으로는 잘한 일인가라는 느낌도 있었지만, 그래도 뭔가 뿌듯하고 기뻤던 것 같아요.

D 집사: 저는 불편한 마음도 없어지고, 말씀을 나눌 자격을 얻은 느낌도 들었어요.

인도자: 그래요. 우리가 예수를 믿는다는 이유로 양보했을 때 손해를 보는 것 같기도 하지만, 이를 통해 우리 스스로도 그렇고, 주변 사람들도 우리에게 "믿는 사람답다."라는 느낌을 받게 되는 것이 아닐까 합니다. 그래서 하나님께서도 우리가 온전한 사랑을 실천할 때 하나님의 자녀가 된다고 말씀하시고 계십니다. 이에 대해 3번 문제를 통해 보다 자세히 살펴보았으면 좋겠습니다.

Tip.

오픈은 전염성이 있다. 한 집사가 자신의 문제를 나누자, 다른 집사들도 비슷한 자신의 경험을 계속해서 나누는 모습을 볼 수 있다. 따라서 인도자를 포함해서 한두 명의 구성원이라도 솔직하게 자신의 문제를 내려놓고 씨름하다 보면 전체 구성원이 점점 변해가는 것을 볼 수 있을 것이다. 그런데 이렇게 오픈이 이어지다 보면, 종종 전체의 흐름을 놓치는 경우가 있다. 이럴 경우 나눔은 풍성한데 결국 남은 것이 없을 확률이 높다. 따라서 인도자는 이점을 주의하여 방향을 재설정할 수 있어야 한다. 예시의 경우는 흐름을 놓쳤다기보다는 이후에 다루어야 할 내용들이 먼저 나온 경우다. 인도자가 보다 자세한 내용은 이후에 다루기로 하며, 양보를 하게 된 동기와 이를 통해 얻은 유익에 대해 질문함으로 방향을 전환하는 모습을 볼 수 있다.

실제

인도자: D 집사님 3번 문제를 읽고 답해주시겠어요?

D 집사: 하늘에 계신 너희 아버지의 아들이 될 것이라고 했
어요.

인도자: 여기서 말하는 하늘에 계신 너희 아버지의 아들은 누
구를 말하죠?

D 집사: 예수님이요.

인도자: 결국 원수를 사랑하면 어떻게 된다는 것일까요?

D 집사: 예수님처럼 된다는, 즉 하나님의 자녀가 된다는 말이
아닐까요?

인도자: 그럼 원수를 사랑하지 않으면 하나님의 자녀가 아닌
가요?

E 성도: 그렇지는 않죠. 하지만 생각해보면 자녀가 부모를 닮
는 것은 당연하잖아요? 저희 애들이 저를 하나도 닮지
않았다면, 어떻게 제 자식이라고 할 수 있겠어요? 그
렇기 때문에 우리가 하나님의 자녀라면 당연히 하나
님을 닮아야 하는 것이 아닐까요?

인도자: 그렇습니다. 저도 사실 깨닫지 못한 부분인데, 집사님
을 통해 배우게 됐네요. 집사님 말씀처럼 우리가 하나
님의 자녀라면 하나님을 닮아가야 하는 것은 당연할

것입니다. 그렇다면 원수를 사랑하면 하나님의 어떤 면을 닮게 되는지 5번 문제를 통해 살펴보도록 하겠습니다. F 집사님께서 5번 문제를 읽어주고 답을 해주시겠어요?

F 집사: 하나님께서는 그 해를 악인과 선인에게 비춰게 하시며 비를 의로운 자나 불의한 자에게 내리신다고 말하고 있네요.

인도자: 그럼 45절에서는 하나님께서 어떤 분이심을 알 수 있어요?

F 집사: 골고루 모두를 다 사랑하시는 분 같아요.

A 집사: 악인도 사랑하시는 분 같아요. 사랑받을만한 가치가 없는 사람도 사랑하시는 분.

B 성도: 맞아요. 하나님은 대상에 관계없이 사랑하시는 분 같아요. 사랑받을만한 사람만 사랑하는 것이 아니고, 사랑할 수 없는, 미워하는 사람까지도 사랑하시는 분 같아요.

인도자: 그렇죠. 하나님은 대상에 관계없이 다 사랑하시는 분이십니다. 그래서 이런 하나님의 자녀된 우리는 자신처럼 사랑하라고 말씀하시는 것 같습니다.

제자훈련목회 이렇게 하라!

[사랑에 대한 반성(5-6)]

5. 따라서 하나님의 자녀 된 우리들의 사랑과 하나님을 모르는 이방인들의 사랑은 어떤 점에서 현격한 차이가 나는가? • 46, 47절
6. 하나님을 날마다 아버지라고 부르는 당신의 사랑은 하나님의 것과 이방인의 것 가운데 어느 쪽을 더 많이 닮았다고 생각하는가?

준비

이번 단락에서 다룰 문항은 적용과 관련된 질문이다. 적용과 관련된 질문을 다룰 때는 피상적인 나눔만이 이루어지거나, 나눔

은 풍성한데 얻는 것이 없는 경우가 생기지 않도록 주의해야 한다. 이를 위해서는 심화 질문을 잘 활용하면 좋다.

우선 적용 질문의 경우 답이 다양하게 나올 수밖에 없지만, 경우에 따라서는 예측 가능한 경우도 많다. 6번 문제가 그 대표적인 예이다. "자신의 사랑이 하나님의 것과 이방인의 것 중 어느 쪽을 더 닮았느냐"는 질문에 답은 대부분 하나님의 것보다는 이방인의 것에 가깝다고 대답할 것이다. 즉, 부정에 가까운 대답이라고 볼 수 있다. 이런 경우, "어떤 면에서 잘 안 되는지?", "왜 그런지?", "이 문제를 극복하려면 어떻게 해야 하는지?" 등의 심화질문을 통해 자신의 문제를 해결해갈 수 있도록 도울 수 있어야 한다. 이때 제기된 문제를 일반화함으로, 다른 구성원들도 함께 고민하는 장을 만들면 그 효과가 더욱 커진다.

반면에 긍정에 가까운 답변이 나왔을 경우도 준비해야 한다. 하나님의 사랑에 가까워지고 있다면, "어떤 면에서 잘 되는지?", "이를 통해 얻는 유익은 무엇이었는지?", "어떻게 해서 그렇게 될 수 있었는지?", "앞으로 이런 상태를 꾸준히 유지하기 위해 필요한 것은 무엇이라고 생각하는지?"와 같은 심화 질문을 통해, 지속적으로 문제를 해결해 갈 수 있도록 도전하는 작업이 필요하다. 이렇게 긍정 또는 부정에 가까운 답이 나왔을 때, 어떤 심화 질문을 통해 어떻게 이야기를 풀어가야 하는지를 미리 준비해 가면 적용 질문을 더욱 풍성히 다룰 수 있을 것이다.

실제

인도자: 5번 문제를 읽고 답해 주시겠어요?

D 집사: 이방인들은 자신을 사랑하는 자만 사랑하지만, 우리
는 그렇게 해선 안 된다고 말씀하세요.

E 성도: 사랑받을만한 사람만 사랑하지 않고, 사랑받을만한
가치가 없는 사람도 사랑해야 할 것 같아요.

인도자: 그렇다면 이런 사랑을 잘 실천하고 계세요?

D 집사, E 성도: 글쎄요.

인도자: 그럼 이 부분에 대해서는 6번 문제를 통해 보다 자세
히 살펴보겠습니다. E 성도님이 6번 문제를 읽고 답해
주시겠어요.

E 성도: 노력은 하지만 잘 안 되는 것 같아요. 그래도 그중에
서 조금씩은 나아지고 있는 부분도 있고, 변하지 않는
부분도 있어요.

인도자: 그럼 어떤 부분에서 잘 나아지고 것 같으세요?

E 성도: 사실 원수가 꼭 멀리 있는 것만은 아니잖아요. 가장
가까이 있으면서도 사랑할 수 없는 경우가 많은 것 같
아요. 저는 남편과 아이들을 이방인들이 하는 것처럼
대할 때가 더 많았던 것 같아요. 물론 요즈음 많이 나
아지는 것 같아요.

인도자: 나아지고 있다고 했는데, 잘 안 될 때 어떻게 하면 나아지든가요?

E 성도: 그때마다 저는 그런 생각을 해요. 내 소속이 어디에 있느냐를 생각을 해요. 그래 내가 하나님의 자녀지. 내가 세상 사람들과는 달라야지. 내가 누구인지 내가 누구에 속한 사람인지 내가 누구를 닮아가야 하는지를 생각하면 다시 힘이 나고 그래요.

인도자: 그래요. 우리가 누구인지 분명한 정체성을 품고 살아가는 것은 사랑을 실천하는 데 도움이 되는 것 같습니다. 다른 분들은 자신의 사랑이 어느 쪽을 더 닮았다고 생각하세요?

F 집사: 사실 저는 안 되는 부분이 여전히 많은 것 같아요.

인도자: 어떤 면에서 특히 잘 안 되시던가요?

F 집사: 차라리 이웃 간에 한두 번 손해보고 양보하고 용납하는 것은 잘 되는 것 같아요. 하지만 계속해서 부딪혀야 하거나 자주 반복되면 힘든 것 같아요. 특히 가까운 사이에서요. 사실 저희집은 지금 형제 간의 불화와 분쟁으로 고소까지 하고있는 상황이거든요.

인도자: 맞습니다. 한 번은 쉽게 실천할 수 있지만, 지속적으로 사랑을 실천해야 하는 상황이면 쉽지 않은 것이 사실인 것 같습니다. 그럼 어떻게 하면 좋을까요?

F 집사: 사실 과연 어떻게 하는 것이 동생을 정말로 사랑하는 것인지 고민이에요. 안 그래도 그 부분에 대해 여쭤보

려고 했어요.

인도자: 다른 분들은 어떻게 생각하세요. 어떻게 하는 것이 바
람직할까요?

(생략)

Tip.

적용 문제를 다루다 보면 구체적인 문제에 대해 깊게 이야기
를 나눌 때가 있다. 이번 예의 경우, 형제 간의 불화가 있는
집사의 요청에 따라, 이 문제에 대해 깊게 나누게 되었다(이
부분은 지면상 기재하지 않았다). 구체적인 문제가 나오면,
그날 배운 내용 보다는 자신이 평소에 갖고 있던 생각이나
경험을 중심으로 생각하게 되기 쉽다. 따라서 인도자는 그날
배운 내용을 바탕으로 그 문제를 생각해 볼 수 있도록 도우
면서 평소에 갖고 있던 생각이 변화될 수 있는 기회로 삼아
야 한다. 그럴 때 소그룹을 통해 나눈 내용을 구체적인 삶의
문제에 적용하게 되면 삶의 변화가 일어난다.

[온전한 사랑을 위한 분투(7-8)]

7. 예수님은 십자가에서 죽으실 때 하나님의 사랑이 어떤 것인가
를 너무나 선명하게 보여주셨다. 로마서 5장 10절을 보자. (참
고: 골 1:21, 22)

8. 하나님이 우리를 구원하신 목적을 48절에서 알 수 있다. 하나
님 아버지처럼 우리를 온전하게 하시기 위해서라고 말씀하신

다. 무엇이 온전케 되는 것인지 다음의 내용을 가지고 정리해 보자.

준비

이 단락은 이 과의 마지막 단락으로, 과의 마지막은 이전까지 배운 내용을 정리하며 다시 한 번 결단을 촉구하면서 끝나는 경우가 많다. 따라서 이 단락은 어떻게 결단을 이끌어 낼 것인가에 초점을 맞추어 다루어 보자.

우선 마지막 단락이므로, 이전까지의 과의 흐름을 파악하는 것이 중요하다. 이전 단락에서 사랑하지 못하는 우리의 모습에 대한 반성이 충분히 이루어졌다면, "그러면 어떻게 할 것인가"라는 의문이 드는 것이 자연스러운 현상이다. 따라서 이번 단락을 통해서는 이에 대한 충분한 대답은 아니더라도, 최소한 문제 해결을 위한 출발점이라도 제시해 줄 수 있다. 그런데 7번 문제에서는 갑자기 십자가의 사랑에 대한 이야기가 나오는 것을 볼 수 있다. 우리가 온전한 사랑을 실천하기 위해서는 십자가의 사랑으로 돌아가야 한다는 것이다. 특히 이번 과에서는 십자가 사랑의 특징 중 '우리가 아직 죄인 되었을 때 우리를 죽기까지 사랑하셨다는 점'을 부각시킬 필요가 있다. 즉 원수까지 사랑하는 하나님의 사랑이 없었다면, 우리는 결코 구원받지 못했을 것이다. 이 점이 부각될 때, 자연스럽게 "이런 사랑을 받은 우리는 어떻게 할 것인가"라는 질문을 통해 결단과 적용으로 이어지게 된다. 또한 이렇게 죽기까지 사랑하신 목적이 우리를 예수님을 닮은 온전한 자로 만들기 위함임을 8번 문제를 통해 확인함으로 더욱 실천에 대한 의지를 굳게 하는 것이다.

교재의 의도가 파악이 되었다면, 어떻게 결단을 이끌어낼 것인가라는 문제를 결정해야 한다. 결단은 지적 동의와 정서적 반응에 기반한 의지적 선택이기 때문에, 정서적 반응을 묻는 질문과 의지를 확인하는 질문이 요구된다. 따라서 7번 문제의 경우, 지적 동의와 정서적 반응, 의지를 묻는 보조 질문이 필요하다. 예를 들어, "하나님께서 우리를 언제 사랑하셨다고 하셨죠?", "만약 하나님께서 원수까지 사랑하지 않으신 분이셨다면, 우리는 어떻게 되었을까요?", "그럼 이런 사랑을 받은 우리가 마땅히 취해야 할 바는 무엇일까요?", "집사님은 받은 사랑을 실천할 수 있으실 것 같으세요?" 등의 질문을 통해 활용하면 도움이 된다.

실제

인도자: F 집사님, 7번 문제를 읽고, 여기에 나타난 하나님의 사랑에 대해 설명해 주시겠어요?

F 집사: 죄인 된 자를 위해서 죽기까지 사랑하신 사랑에 대해 이야기하고 있는 것 같아요.

인도자: 누구를 위해 죽으셨다고 되어 있나요?

F 집사: 로마서는 "우리가 원수 되었을 때", 골로새서는 "전에 악한 행실로 떠나 마음으로 원수가 되었던 너희를"이라고 말하고 있네요.

A 집사: 우리 자신, 아니 저 자신을 말하는 것 같아요. 사실 저
　　　만큼 죄인이고 원수되었던 사람은 없었을거에요.

인도자: 만약 하나님이 유대 지도자들이 가르쳤던 것처럼 원
　　　수는 미워했다면, 즉 마땅히 사랑받을만한 사람들만
　　　사랑했다면, 우리는 어떻게 되었을까요?

A 집사: 구원받지 못하고 이미 죽음을 당하지 않았을까요?

인도자: 그렇다면 이런 사랑을 받은 우리가 마땅히 해야 할 일
　　　은 무엇인가요?

A 집사: 사랑해야겠지요.

인도자: 그럼 반대로 내가 사랑하기 힘든 사람을 사랑하기 위
　　　해서는 무엇을 해야 할까요?

B 성도: 사랑을 받은 사람만이 사랑이 무엇인지 알고 사랑할
　　　수 있잖아요. 십자가로 돌아가서 우리가 받은 사랑을
　　　기억하고 이를 실천할 수 있어야 하지 않을까요?

D 집사: 우리가 받은 사랑을 정말 가슴 깊이 새기고 있다면
　　　사랑하지 못할 사람이 없겠죠.

인도자: 그렇습니다. 그렇다면 죽기까지 우리를 사랑하신 목
　　　적이 무엇인지 8번 문제를 통해 계속 살펴보았으면 좋
　　　겠습니다. 8번 문제를 C 권사님이 읽어주시겠어요?

인도자: 하나님께서 우리를 사랑하신, 구원하신 목적이 무엇
　　　이라고 설명하고 있나요?

C 권사: 예수님처럼 되라고, 예수님처럼 온전한 자가 되라고
구원하셨어요.

인도자: 그렇다면 구원받은 우리가 마땅히 해야 할 바가 무엇
이죠?

C 권사: 온전한 자가 되기 위해서 노력해야 할 것 같아요.

인도자: 그럼 어떻게 하면 예수님처럼 온전한 자가 될 수 있나
요?

C 권사: 하나님이 사랑하신 것 같이 사랑해야겠죠.

인도자: 그럼 집사님께서는 이런 사랑을 실천하실 수 있으시
겠어요?

C 권사: 물론 잘은 안 되지만, 그럼에도 실천해야겠지요.

인도자: 그럼 이 시간 잠시 다음 한 주간 동안 자신이 그동안
사랑하지 못했던, 하지만 이제 사랑을 실천하고픈 대
상을 한 분 정하고, 어떻게 그 사람을 사랑할 수 있는
지 구체적인 실천계획을 하나씩 정하셔서 교재 빈 여
백에 기록해 보도록 하겠습니다.

Tip.

이 과의 경우, 결단으로 마무리하도록 구성되어 있다. 경우에
따라서는 인도자가 결단 후 적용까지 이끌 필요를 느낄 때가

있다. 결단을 실천할 계획을 세우도록 이끌 수 있어야 한다. 이때 주의할 점은 구체적이어야 한다는 점이다. 시간과 대상, 방법을 구체적으로 정하되, 가능한 것을 정하도록 유도한다. 또한 되도록 기록하게 하는 것이 좋다. 결심만 하는 것보다는 실천계획을 세우는 것이, 머리로 생각만 하는 것보다는 기록하는 것이 실천에는 더 도움이 된다. 점검하는 방법은 그 자리에서 정한 계획을 나눌 수도 있고, 다음 시간에 얼마나 실천했는지를 나눌 수도 있다.

이상에서 우리는 귀납적 소그룹 인도의 실제에 대해 살펴보았다. 모든 것이 마찬가지지만, 소그룹 인도 또한 아는 대로 인도하기보다는 익숙한 대로 인도하기가 쉽다. 따라서 소그룹 인도에 대해 이해하는 데서 멈춰서는 안 되고, 몸에 익숙해지도록 본인이 끊임없이 노력해야 한다. 이 글 역시 이를 위해 노력하는 한 사람의 고민이 담긴 글로, 이러한 노력에 정진해 나갈 소그룹 인도자들에게 작게나마 도움이 되었기를 기대한다.

(4) 말씀 앞에서 삶의 변화를 강력하게 인도하는 양육 소그룹

21세기에 들어서면서 교회마다 소그룹의 중요성을 인식하고, 소그룹 사역을 위해 다양하고 새로운 시도를 하고 있다. 이런 흐름은 성경적 원리에 입각해서 교회의 본질을 회복하려는 몸부림이라고 할 수 있다.

　지역교회는 담임목사의 목회철학과 교회의 형편, 추구하는 핵심 가치에 따라 다양한 형태의 소그룹 모델 가운데 하나를 선택하게 된다. 그중 하나가 양육 소그룹이다.

① 양육 소그룹에 대한 이해

　양육 소그룹의 성격을 분명하게 이해하기 위해서는 소그룹의 종류를 분명하게 정리하는 것이 필요할 것이다. 먼저 소그룹이 추구하는 사역의 대상에 따라 동심원을 가지고 소그룹의 종류를 분류할 수 있다. (그림 참조)

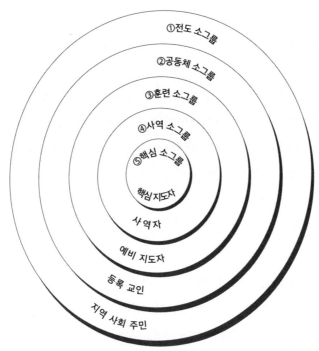

①전도 소그룹
②공동체 소그룹
③훈련 소그룹
④사역 소그룹
⑤핵심 소그룹

핵심 지도자
사역자
예비 지도자
등록 교인
지역 사회 주민

[그림] 사역의 대상에 따른 소그룹의 종류

맨 바깥쪽 원은 지역교회가 위치한 특정 지역사회를 의미한다. 지역사회의 주민을 대상으로 한 '전도 소그룹'이라고 할 수 있다. 이러한 형태의 소그룹은 지역사회 주민들의 필요가 무엇인지에 따라 다양한 형태로 이루어질 수 있다. 남성들의 경우, 조기축구, 테니스, 등산과 같은 스포츠 소그룹이 전도의 접촉점을 만들어 준다. 여성을 위한 소그룹으로는 스포츠와 더불어 꽃꽂이나 종이접기 등의 취미활동을 위한 소그룹을 활용하기도 한다.

이런 소그룹은 대개 열린 소그룹이라고 표현되기도 하는데, 믿지 않는 사람들이 교회로 나올 수 있는 발판을 마련하는 좋은 역할을 한다. 알파 코스는 전도 소그룹의 또 다른 형태라고 할 수 있다. 이런 소그룹은 아직 교회에 다니지 않거나 신앙의 분명한 결단을 내리지 못한 사람들을 대상으로 복음을 전하는 데 초점을 맞춘다.

두 번째 원은 교회에 다니는 사람들을 위한 '공동체 소그룹'을 의미한다. 교회에 등록된 성도들을 돕기 위한 소그룹으로 전통적인 구역이나 속회가 여기에 해당한다. 최근에 많이 알려진 셀이나 가정교회, 그리고 사랑의교회에서 시작된 다락방도 공동체 소그룹에 해당한다.

세 번째 원에 해당하는 '훈련 소그룹'은 성도들의 잠재력을 극대화하고, 성숙한 영적 지도자로 세워가는 과정이라 할 수 있다.

네 번째 원은 하나님께서 주신 각종 은사에 따라 주님의 몸 된 교회를 섬기는 '사역 소그룹'을 의미한다. 성도들이 가지고 있는 다양한 직업의 경험과 재능을 가지고 사역할 수 있도록 만든 소그룹이다.

마지막으로 다섯 번째 원은 교회의 '핵심 지도자 소그룹'이다. 당회와 같은 조직이 여기에 속한다.

여기서 분명히 할 것이 있다. 동심원마다 대상이 다르고, 추구하는 바가 다르기 때문에 다른 원에 속하는 소그룹과는 비교의 대상이 될 수 없다는 것이다. 어떤 분은 가정교회를 소개하면서 "가정교회는 제자훈련과 다르다"라고 힘주어 강조하는데, 사실 두 가지 소그룹은 전혀 다른 동심원에 속하기 때문에 비교의 대상이 아니다. 제자훈련은 평신도 지도자를 세워가는 과정, 즉 동심원3에 속하는 반면, 가정교회는 모든 성도들을 대상으로 이루어지는 공동체 소그룹으로 동심원2에 속한다. 그러므로 가정교회를 비교하려면 제자훈련을 통해서 준비된 평신도 지도자가 섬기고 있는 다락방이나 구역, 셀과 비교를 해야 한다. 마찬가지로 불신자를 대상으로 전도하는 동심원1에 속하는 알파코스를 동심원2에 속하는 다락방 혹은 셀과 비교하는 것도 잘못된 것이다.

② 공동체 소그룹의 유형

그렇다면 동심원2에 해당하는 각각의 소그룹은 어떤 차이가 있는가? 대개 공동체 소그룹에는 공통적으로 찾아볼 수 있는 다섯 가지 정도의 요소가 있다.

1) 하나님을 찬양하며 그분께 영광을 돌리는 예배의 요소
2) 둘째 하나님의 가족으로 서로를 사랑하는 교제의 요소
3) 셋째 말씀을 통해 삶의 변화를 추구하는 영적 성장의 요소
4) 넷째 복음을 전하여 지상명령을 수행하는 전도의 요소

5) 다섯째 각자의 영적 은사와 재능을 가지고 섬기는 사역의
   요소

　　각각의 소그룹 형태마다 강조점이 다르다. 첫째, 셀그룹의 셀 (cell)은 세포를 뜻한다. 말 그대로 세포분열을 가장 중요한 핵심 가치로 두고 있다. 셀에서는 새로운 사람들이 계속 충원되어야 하고, 일정한 숫자가 채워지면 자연스럽게 세포분열이 이루어져야 한다. 이러한 핵심 가치 때문에 어려운 성경 공부는 되도록 지양하고, 편안하게 누구나 참여할 수 있는 환경을 가질 수밖에 없다. 셀 리더는 따뜻하게 새로 들어오는 사람들을 맞이하고 돌보는 마음과 열정을 가진 자가 적당하다. 이러한 방향성 때문에 랄프 네이버는 셀에서 말씀을 가르치는 것을 금기시한다.

　　둘째, 가정교회는 가족과 같은 공동체를 추구한다. 당연히 관계 중심의 소그룹이 될 수밖에 없다. 셀이 새 신자 중심의 소그룹이라고 한다면, 가정교회는 구성원 중심이라고 말할 수 있다. 가정교회도 다양한 스펙트럼이 있다. 제자훈련을 통한 지도자 훈련을 중요하게 여기는 화평교회의 가정교회 시스템이 있는가 하면, 제자훈련에 대해서 알레르기 반응을 보이는 가정교회도 있다. 화평교회의 경우, 제자훈련을 통해 건강한 가정교회 지도자를 세워가기 때문에 균형 잡힌 형태라고 할 수 있겠다. 그러나 후자의 경우에는 가르치는 것으로는 사람이 변하지 않는다는 고정관념을 갖고, 가르치기보다는 나누라고 강조한다. 또한 가르치는 것은 목회자가, 돌보는 것은 가정교회 지도자가 담당하도록 분업을 강조한다. 하지만 이런 형태의 구조는 평신도 지도자들에게 매우 제한

적인 역할만 감당하도록 만드는 약점을 안고 있다.

셋째, G12는 동심원2와 동심원3이 함께 공존하고 있다. 담임 목사를 중심으로 형성된 12명 정도의 핵심 지도자 그룹이 있고, 그 핵심 그룹의 구성원 각자는 자신이 이끄는 12명의 제2세대 소그룹을 형성한다. 2세대 소그룹에 참여하는 구성원 각자는 자신이 이끄는 제3세대 소그룹을 만드는 것이 목표가 된다. 그러므로 누구나 자신이 돌봄을 받는 위의 세대의 소그룹에 참여하는 동시에 자신이 인도하는 아래의 세대 소그룹이 있게 마련이다. 한 마디로 다단계 소그룹이라 할 수 있다. 이런 형태의 소그룹은 지도자의 카리스마가 중요한 역할을 하게 된다. 또한 다단계 판매조직이 경험하는 것처럼 모든 소그룹의 초점이 전도를 통한 세포분열, 즉 다음 세대 소그룹을 형성하는 것에만 집착하게 되어 인간관계를 전도의 도구로만 전락시키는 결과를 낳게 될 위험이 있다.

넷째, 사랑의교회 다락방과 같은 양육 소그룹은 영적 성장에 초점을 두고, 여러 가지 요소의 균형을 추구하고 있다. 소그룹 지도자는 성경 공부를 통하여 각자의 삶을 향한 하나님의 뜻을 깨닫도록 돕고, 말씀에 따라 삶 속에 실천하는 것을 돕게 된다. 이러한 목적을 추구하기 위해서 가능하면 남성은 남성끼리, 여성은 여성끼리의 소그룹을 운영한다. 소그룹 지도자는 작은 교회라고 할 수 있는 소그룹을 목양하는 평신도 목회자라고 할 수 있다. 그러므로 영적 지도자다운 자격을 갖추도록 질 높은 훈련을 요구한다. 제자 훈련은 이러한 소그룹 지도자를 세워가는 중요한 역할을 하고있는 셈이다. 이제 양육 소그룹의 특성을 몇 가지로 정리해보자.

③ 양육 소그룹의 특성

양육 소그룹의 대표적인 예인 사랑의교회 다락방은 거의 30여 년 동안 현장을 통해 검증되었다. 뿐만 아니라 양육 소그룹은 단순히 서울 도심에 위치한 사랑의교회에서만 가능한 형태가 아니다. 이미 각 지역의 도시마다 다락방 형태의 양육 소그룹을 접목하고 활용하고 있는 교회가 임상적으로 그 효과를 증명하고 있다. 부산의 경우, 호산나교회와 같은 대표적인 교회들이 같은 제자훈련 철학을 기반으로 소그룹 사역을 하고 있다. 모두가 똑같은 형태도 아니고 똑같이 '다락방'이라는 이름으로 부르는 것은 아니지만, 제자훈련을 통해서 세워진 평신도 지도자들이 이끄는 소그룹 현장에서는 동일한 결과를 얻고 있는 것이다.

그렇다면 양육 소그룹의 특징은 무엇일까? 첫째, 양육 소그룹이 추구하는 핵심 가치는 '변화'와 '성숙'이다. 양육 소그룹에서는 하나님의 말씀을 함께 배우고 나눔으로 각자의 인격과 삶의 변화를 추구한다. 이를 통해서 영적으로 성숙해 가도록 돕는 것이다. 이런 의미에서 양육 소그룹은 작은 교회이고, 순장은 순원의 영적 성장을 돕는 작은 목사라고 할 수 있다. 이러한 핵심 가치는 소그룹의 크기, 장소, 시간 배열, 지도자를 준비하는 과정 및 관리체계를 결정하게 만든다. 그러므로 다락방은 양적 성장을 강조하며 추구하는 소그룹과는 전혀 다른 역동성을 갖게 된다.

둘째, 양육 소그룹의 핵심 가치는 '균형'이다. 양육 소그룹은 다양한 영적 돌봄을 통해서 성숙을 도모한다. 이곳에서 새생명이 잉태되고 태어나고 그들을 양육한다. 각자의 은사에 맞는 사역의 현장으로 연결하며, 하나님의 가족으로서의 사랑을 나누며 실천한다. 성경 공부를 통해 각자의 삶을 돌이켜보며 주님의 제자로 자라가도록 돕는다. 이를 통해 하나님께 영광을 돌리는 공동체적 삶을 추구한다. 교회는 어떤 전문적인 사역을 하는 집단이 아니다. 남녀노소 빈부귀천을 가리지 않고, 모두를 포용하는 곳이 교회다. 자칫 소그룹의 모든 관심이 전도와 같은 특정 목적에만 집중하게 되면, 때로는 건전한 인간관계마저 상실하는 위험에 빠질 수도 있다.

셋째, 양육 소그룹의 핵심 가치는 '발견'이다. 다락방에서는 지도자가 준비한 교과 내용을 일방적으로 설교하지 않는다. 포스트모던 시대를 살아가는 현대인은 누군가 전해주는 설교보다는 자신 스스로가 고민하고 생각하며 내린 결정에 무게를 둔다. 관찰, 해석, 느낌, 적용의 단계를 거치는 귀납적 대화를 통해서 함께 진리를 발견하며, 그 과정에서 깨닫게 되는 진리를 각자 자신의 삶에 실천하도록 돕는다. 이것이 "가르치지 말라. 삶을 나누라"라는 원리와는 대비되는 부분이다.

다락방에서 삶을 나누기 위해서는 하나님의 말씀 원리를 먼저 깨닫는 과정이 우선되어야 한다고 믿는다. 오늘 현대인이 느끼는 공허함은 진정한 진리를 놓치고 있기 때문에 나타나는 현상이다. 그저 삶을 나누는 것만으로는 부족하다. 다락방에서는 함께 배우는 공동체를 지향한다. 하나님의 말씀이 온전히 드러나고 그 말씀 앞에서 자신의 삶을 나누게 될 때, 진정한 그리스도인의 공동체를 경험할 수 있게 된다.

넷째, 이 발견을 돕는 중요한 도구가 '질문'이다. 일방적인 가르침은 교육의 효과를 거두기가 어렵다. 대부분의 구역에서 구역예배를 드릴 때, 구역장은 예배를 인도한다. 그들이 전하는 설교는 감동을 주기보다는 많은 사람들로 하여금 지루함을 견디지 못하고 지쳐버리도록 만들어 버린다. 그러나 귀납적 성경연구 방법론을 따르는 양육 소그룹에서는 순장이 설교를 하지 않고 질문을 던진다. 참석한 사람들과 함께 성경을 펼치고, 함께 고민하는 가운데 답을 찾아가도록 도와준다. 이때 던지는 질문은 참석자들이 귀납적인 과정을 거쳐 성경의 본래의 의미를 찾도록 도와준다. 성경을 통해 깨달은 원리들을 어떻게 각자의 삶에 적용할 수 있는지도 물어본다.

이러한 방법은 소그룹 인도자가 일방적으로 가르치는 것과 비교해 볼 때, 엄청난 결과의 차이가 있다. 참여한 사람들은 자신의 삶의 배경을 가지고 말씀을 연구하며, 서로의 도움을 받아서 더 깊은 뜻을 깨닫고 실천하기 위해 애쓰게 된다. 함께 발견한 진리는 어느 누구의 일방적인 진리가 아닌 각자 자신의 진리가 되는 실존적인 경험이 된다. 우리 모두를 합한 것보다 더 나은 하나는 없다.

다섯째, 양육 소그룹의 귀납적 접근방법은 성경을 보는 성도들의 비판적 성찰을 돕는다. 객관적인 입장에서 자신의 신앙을 변호할 수 있는 자세와 역량을 함양시켜 준다. 카리스마를 가진 한 사람의 지도자가 시키는 대로 살아가지 않고, 사도행전에 나오는 베뢰아 사람들처럼 영적 지도자들을 통해 잘 배울 뿐만 아니라 정말 그 말씀이 그러한가 하여 성경을 묵상하게 만든다. 그러므로 이런 귀납적 연구 과정은 지도자로서 필요한 자질을 키워주는 역할을 한다. 또한 자신의 눈으로 성경을 확인하며 깨닫고, 자신의 삶에 적합한 적용점을 찾기 때문에 실천에 옮길 확률이 매우 높아진다. 즉 삶의 변화가 일어날 가능성이 높다는 것이다.

④ 지도자가 열쇠다

이런 몇 가지 핵심 가치는 결국 양육 소그룹의 지도자(순장)를 준비하는 과정을 중요하게 여기도록 만든다. 양육 소그룹은 2년이라는 기간 동안 제자훈련을 통해서 철저하게 훈련받고 검증된 평신도가 지도자가 되어 그룹을 이끌도록 되어있다. 양육 소그룹의 지도자는 지도자로 파송 받기 전에 2년의 제자훈련, 사역훈련 과정을 통해서 신앙 인격과 삶을 검증받는다.

소그룹에 참여하는 구성원들을 사랑하는 뜨거운 마음과 함께, 이들을 섬길 수 있는 지도자의 인격과 삶이 뒷받침되어야 하기 때문이다. 또한 지도자로 세워가는 과정은 반드시 소그룹 환경에서 이루어진다. 순장은 소그룹 이론 강의나 세미나를 통해서 만들어지지 않는다. 소그룹 리더십은 소그룹 환경을 몸으로 체득할 때 획득되기 때문이다.

사실 소그룹의 성패는 지도자에게 달려 있다. 그러므로 어떤 교재를 사용하느냐, 어떤 행사를 하느냐가 중요한 것이 아니다. 소그룹을 이끌 사람이 준비되지 않은 채 소그룹 사역을 행정적, 물리적 파워를 가지고 억지로 시행해서는 성공할 확률이 거의 없다. 교회에 오래 다닌 경력을 가지고 있다고 해서 지도자로 파송해서는 안 된다. 성경 지식이 좀 있다고 다락방을 이끌 수는 없다.

소그룹에 참여하는 순원들이 인정할 수 있는 삶과 인격으로 준비되어야만 평신도 목회자로서 사역할 수 있다. 이런 차원에서 양육 소그룹은 제자훈련을 통해서 준비된 평신도 지도자들이 자신의 인격과 삶으로 영향을 끼치는 사역의 장이라 말할 수 있다.

제자훈련을 통해서 지도자를 세워가는 길은 분명히 쉬운 길은 아니다. 그러나 이 길이 정도(正道)다. 자신의 목회 현장을 지키지 못하고, 이리저리 집회하기에 바쁜 목회자는 정도를 걷지 못할 가능성이 높다. 가능한 쉬운 길을 찾으려고 한다. 그러다보니 어떤 세미나나 컨벤션에서 자신이 감당해야 할 훈련을 대신해주지 않나 기웃거리게 된다. 하지만 시간이 지나면 그 허와 실이 드러나게 될 것이다. 건강한 소그룹과 허약한 소그룹은 시간이 지나면 그 모습을 드러내게 마련이다. 편하고 쉬운 넓은 길을 따라가지 마라. 목회자와 함께 목이라도 내어줄 만한 진정한 목회의 동역자를 만드는 일에 목숨을 걸어라. 이 선한 일을 시작하신 그분께서 언젠가 그 일을 이루실 것이다.

(5) 소그룹 리더 모임의 운영

① 은혜를 공급하라

바울은 "그리스도의 말씀이 너희 안에 풍성히 거하여 모든 지혜로 피차 가르치며 권면하라"(골 3:16)라고 말한다. 다른 사람을 가르치기 전에는 먼저 우리 안에 말씀이 풍성히 거해야 한다. 우리 안에 말씀이 풍성히 거하지 못한다면, 아무리 지혜가 뛰어나고 말솜씨가 좋고 관계를 잘 맺어도 울리는 꽹과리에 지나지 않는다. 따라서 리더 모임에서는 해당 주간에 소그룹에서 나누게 될 말씀을 함께 나누며 은혜를 누려야 한다. 리더모임 때 나누는 말씀에는 특별한 은혜가 있도록 준비에 심혈을 기울여야 한다. 실제로 옥한흠 목사가 순장반을 인도할 당시, 여러 이유로 순장 사역을 그만두고 쉬는 순장들이 제일 그리워했던 것이 순장반 모임이었다고 한다. 그래서 주일예배 설교테이프보다 순장반 테이프를 구해서 듣는 경우도 많았다고 한다. 그만큼 순장반 때 나누는 말씀의 은혜가 넘쳤던 것이다. 리더 모임 때 말씀의 은혜가 넘칠 때, 자연스럽게 교회 내 소그룹에도 인도자들을 통해 그 은혜가 흘러가게 될 것이다.

② 기도의 끈으로 하나되라

소그룹 리더는 기도하는 사람이다. 교회를 위해, 소그룹 구성원을 위해 기도하는 사람이다. 때로는 자신보다 구성원들의 기도 제목에 더 집중하여 기도하는 사람이다. 하지만 소그룹 리더는 동시에 기도가 필요한 사람이기도 하다. 특히 사탄은 영적인 리더를 집요하게 무너뜨리려고 시험하고 유혹한다. 따라서 기도로 리더를 지키지 않으면 안 된다. 리더 모임은 소그룹 리더들이 기도로 하나되는 시간이 되도록 해야 한다. 서로의 필요를 놓고 서로를 위해 기도하는 시간을 갖고, 목회자도 이들을 위한 기도에 더 신경을 기울여야 한다.

③ 소통의 장으로 삼으라

리더 모임을 교회 내 가장 중요한 의사결정과 소통의 장으로 삼아야 한다. 소그룹은 교회 내 모세혈관과 같다. 교회 내 중요한 정보와 의사소통이 소그룹을 통해 이루어진다. 예를 들어 교회의 비전과 사역을 설교나 광고 시간을 통해 알릴 수 있다. 하지만 소그룹에서 나누는 대화를 통해 이러한 비전과 사역은 성도들에게 분명히 이해되고 자신의 것으로 받아들여져 동참하게 된다. 또한 성도들의 필요를 누구보다도 가까이 접하고 알고 있는 사람들이 리더다. 따라서 리더들의 의견을 교회의 의사결정에 있어서 충분히 반영하는 것은 성도들의 필요를 채워 감에 있어 매우 중요하다. 따라서 리더 모임을 교회 내 중요 사역과 정보를 공유하고 의사결정과 소통의 장이 되도록 활용할 수 있어야 할 것이다. 또한 이를 통해 리더들에게 자부심과 더불어 책임감을 부여하게 될 것이다. 실제로 옥한흠 목사의 경우, 교회의 가장 중요한 소식이나 정보는 순장반을 통해 제일 먼저 공유했다. 심지어 부교역자들도 순장반에서 처음 듣는 이야기가 있을 정도였다. 그만큼 순장반의 비중을 높게 둔 것이며, 그만큼 순장들의 자부심과 책임감이 높아지는 계기가 되었다.

④ 지속적 성숙을 추구하라

제자훈련을 마치고 소그룹 리더가 되었다고 모든 것이 준비된 것은 아니다. 제자훈련을 마쳤다는 것은 시작점에 섰다는 의미지,

결승선에 이르렀다는 뜻이 아니다. 따라서 리더가 된 이후에도 지속적으로 영적 성장을 이룰 수 있도록 도와야 한다. 예를 들어 제자훈련 이후 리더가 되어서도 매주 D형 큐티를 제출하도록 하고 리더 모임에서 나누게 하는 교회도 있다. 이를 통해 개인적인 영성 훈련을 게을리하지 않게 하는 것이다. 리더 교육을 위해서는 방학을 활용하는 것이 좋다. 사실 학기 중에는 소그룹과 교회 각종 사역을 섬기는 것만으로도 벅찰 수 있다. 따라서 방학 기간 중 리더 수련회 형식으로 리더들의 영적 필요를 파악하여 채울 수 있다. 예를 들어 관계와 리더십, 귀납적 묵상, 소그룹 인도법 등의 강좌를 통해 리더들의 역량강화를 도울 수 있으며, 기도회나 말씀사경회를 통해 영성 훈련을 할 수도 있다.

⑤ 필요를 돌보라

리더는 섬기는 자이다. 동시에 섬김이 필요한 자이기도 하다. 소그룹 구성원들의 필요에 집중하다 보면, 정작 리더의 필요에는 소홀하게 될 수 있다. 따라서 목회자는 리더의 삶의 필요를 살피고 돌볼 필요가 있다. 목회자의 가장 중요한 목양의 대상은 리더임을 잊지 말아야 할 것이다.

⑥ 소그룹을 재생산하라

소그룹은 탄생, 성장, 재생산의 과정을 겪는다. 소그룹이 지속적으로 성장하여 재생산되지 않는다면 건강한 소그룹이라고 할 수 없다. 소그룹의 재생산 과정은 다양하게 이루어질 수 있다. 소그룹 구성원 중 훈련받은 지체가 있다면, 그 지체를 중심으로 현재 소그룹을 맡길 수도 있다. 이런 경우 기존의 리더가 새로운 소그룹을 개척하게 된다. 또한 훈련받은 지체가 새로운 소그룹을 개척해 나갈 수도 있다. 이런 경우 기존 리더는 기존 소그룹을 계속해서 인도하게 된다. 세 번째로는 교회 내 소그룹 전체를 재편하면서 기존 리더나 훈련받은 지체가 새롭게 소그룹을 맡게 되는 경우다. 개척 소그룹의 경우, 기존의 소그룹원 한두 명을 데리고 소그룹에 참석하지 않는 장기결석자나 전도 대상자를 소그룹으로 초청하여 소그룹을 구성해 간다. 개척 소그룹이 힘들지만 그만큼 은혜가 넘치고 영광스러운 사역임을 강조함으로 지속적으로 동기부여를 해야 한다.

⑦ 교회 밖으로 시선을 돌리라

교회 내 성도뿐만 아니라 교회 밖 성도에도 시선을 돌릴 수 있도록 해야 한다. 열린 소그룹을 정기적으로 개최함으로 전도대상자나 불신자를 소그룹에 초청하도록 하여 전도의 열정을 잃어버리지 않도록 해야 한다. 새가족을 위한 빈의자를 소그룹 내에 만들어 두고 항상 환영하는 분위기를 만들도록 해야 한다. 또한 소그룹에 참석하지 않는 성도들을 소그룹별로 배정하여 위해서 기도하도록 하는 것도 좋다. 정기적으로 연락하여 기도제목을 받고 소그룹이 함께 기도하고 있음을 알려줌으로써 소그룹과의 연결고리를 갖도록 하라. 보다 적극적으로는 교회 밖, 믿지 않는 사람들을 대상으로 소그룹을 개척할 수 있도록 도전하라. 이 경우 말씀 중심의 양육 소그룹보다는 독서 등 취미 모임으로 관계 중심의 소그룹을 채택해야 한다. 이를 통해 리더와 소그룹의 시선이 늘 소그룹 안이 아니라 소그룹 밖, 교회 밖 영혼에게 맞추어지도록 이끌어야 한다.

(6) 소그룹교재 가이드

아래의 내용은 소그룹 리더들에게 제공되는 소그룹교재 가이드 샘플자료입니다. 옥한흠 목사의 다락방교재 에베소서 1과를 가지고 제작되었으며, 더 많은 가이드 자료는 제자훈련 연구소로 연락주시면 제공해 드리겠습니다.

1과 에베소 교회와 바울의 인사

본문: 에베소서 1장 1-2절

(1) 하나님의 뜻으로 말미암아 그리스도 예수의 사도된 바울은 에베소에 있는 성도들과 그리스도 예수 안에 있는 신실한 자들에게 편지하노니 (2) 하나님 우리 아버지와 주 예수 그리스도로부터 은혜와 평강이 너희에게 있을지어다

마음의 문을 열며

에베소서는 바울이 로마 감옥에 수감되어 있는 동안 쓴 4편의 서신 중 하나다(주후 63년경). 이 서신에는 하나님이 그리스도 안에서 값없이 주신 신령한 축복과 교회를 향한 기대와 꿈이 가득 담겨 있다. 그래서 본서를 성도의 은행, 성도의 저금통장, 혹은 성경의 금고라고 부르기도 한다. 그러므로 에베소서를 모르면 영적인 가난뱅이가 되기 쉽다. 아버지는 엄청난 부자인데 아들인 우리가 빈민굴에 살면 되겠는가? 하늘의 축복으로 부요한 삶을 누리고 주님의 교회가 지닌 신령한 은혜 속에서 무럭무럭 자라가야 할 것이다.

- 질문1: 서론을 읽으면서 특별히 와 닿았던 표현이 있었다면?
- 순원 한두 명의 대답을 들어본다.

- 질문2: 서론에서 왜 에베소서를 배워야 한다고 나와 있나요?
- 에베소서를 모르면 영적인 가난뱅이가 되기 쉽기 때문이다. 반대로 말하면 에베소서에는 영적인 보화가 많이 담겨 있다는 것이다. 그래서 에베소서를 성도의 은행, 성도의 저금통장, 성경의 금고라고 부른다.

- 질문3: 그렇다면 에베소서에서는 어떤 내용이 담겨 있는가?
- 에베소서가 말하고자 하는 주제는 크게 두 가지로 나눌 수 있다. 첫째는 하나님이 그리스도 안에서 값없이 주신 신령한 축복이고, 둘째는 교회를 향한 하나님의 기대와 꿈이다. 안타까운 현실은 이 신령한 축복이 무엇인지 몰라 영적 가난뱅이처럼 사는 사람들이 많다는 점이다. 따라서 에베소서

를 제대로 이해했을 때, 우리가 누리게 될 은혜가 엄청나게 클 것이다. 다만 에베소서는 어려워 공부하기가 쉽지 않다. 그만큼 각오를 단단히 하고 배워야 한다.

참고

- 바울의 옥중에서 쓴 네 개의 편지는 에베소, 빌립보, 골로새, 빌레몬서이다. 에베소, 빌립보, 골로새서는 교회를 향한 편지이고, 빌레몬서는 개인을 향한 편지다.
- 에베소서의 중요한 키워드 중 하나는 "그리스도 안에서"이다. 에베소서의 주제인 하늘의 신령한 축복과 은총은 오직 그리스도를 통해서만 얻을 수 있기 때문이다.

말씀의 씨를 뿌리며

1. 바울은 에베소 교회를 제3차 선교여행 기간 중에 개척했다. 사도행전 19장 8-20절을 읽고 다음을 정리해보라.

[선교 메시지(8절)]

(8절) 바울이 회당에 들어가 석 달 동안 담대히 하나님 나라에 관하여 강론하며 권면하되

- 질문1: 바울이 석 달 동안 무엇에 대해 전했다고 말하는가?
- 하나님 나라에 대해 전했다고 말한다. 하나님 나라란 무엇인가? 여기서 말하는 하나님 나라란 복음을 포함하여 성경이 말하는 핵심적인 내용이 담겨 있다고 보면 된다. 예수님

이 공생애를 시작하면서 처음 전한 메시지도 하나님 나라였으며(막 1:15), 부활하셔서 40일 동안 제자들과 함께 나눈 말씀도 하나님 나라에 대한 것이었다(행 1:3).

• 질문2: 여기서 알 수 있는 사실은 무엇인가?
- 우리가 다락방이나 교회에서 나누어야 할 핵심적인 내용도 하나님 나라에 대한 것이다. 달리 말하면 성경에 대한 것이다. 우리가 추구하는 소그룹은 말씀 중심의 소그룹이다. 물론 세상적인 이야기도 하고 인간적인 위로도 하면 재미있고 유익한 점도 있을 수 있다. 하지만 하나님 나라, 즉 성경을 배우고 나눌 때 당장은 어렵게 느껴져도 삶의 유익이 큰 것이다.

[선교 방법(8-9절)]

(8절) 바울이 회당에 들어가 석 달 동안 담대히 하나님 나라에 관하여 강론하며 권면하되 (9절) 어떤 사람들은 마음이 굳어 순종하지 않고 무리 앞에서 이 도를 비방하거늘 바울이 그들을 떠나 제자들을 따로 세우고 두란노 서원에서 날마다 강론하니라

• 질문1: 어떻게 가르쳤는가?
- 강론하며 권면하되(8절), 제자를 따로 세우고 … 날마다 강론한지라(9절)

　　강론이란 성경을 가지고 가르치는 것을 의미한다. 당시에는 구약성경밖에 없었으므로 구약성경을 가지고 메시아(구원자) 되신 예수님의 삶과 사역을 가르쳤을 것이다.

　　권면이란 가르친 진리에 근거하여 믿고 살라고 권하는 것을 의미한다. 여기에서 알 수 있는 사실은 무엇인가? 단순

히 성경 지식을 배운 것에서 그치지 않고, 그 말씀대로 살고자 노력했다는 점을 알 수 있다. 강론 다음에는 자연스럽게 권면이 따르게 된다.

제자를 따로 세웠다는 말은 지도자를 훈련시킨 것을 의미한다. 당시는 바울이 3차 전도여행을 다닐 때였는데, 이때는 바울의 선교방법에 변화가 있었다. 선교지를 돌아다닌 것이 아니라, 에베소에서 여러 지역의 지도자들을 모아 성경을 가르쳤다. 사도행전 20장을 보면 에베소 장로들을 초청한 것을 볼 수 있는데, 이들이 이 기간 동안 훈련받은 교회의 지도자임을 알 수 있다.

• 질문2: 어디서 가르쳤나?
- 처음에는 회당(8절)에 모여서 가르쳤으나 쫓겨나자 두란노 서원(개인 집으로 여겨짐, 9절)에서 가르쳤다. 특정 장소에 모여 성경을 가르쳤음을 알 수 있다.

• 질문3: 선교 방법을 정리하면?
- 주로 노방전도보다는 한 장소에 모여 하나님의 말씀을 가지고 가르쳤다. 뿐만 아니라 지도자들은 별도로 훈련을 시켰다는 사실을 알 수 있다.

[선교 열매(18-19절)]

(8절)믿은 사람들이 많이 와서 자복하여 행한 일을 알리며 (19절) 또 마술을 행하던 많은 사람이 그 책을 모아가지고 와서 모든 사람 앞에서 불사르니 그 책값을 계산한즉 은 오만이나 되더라

• 질문1: 선교 열매가 얼마나 되었는가?
- 매우 컸음을 알 수 있다. 18절을 보면 "믿는 사람들이 많이

와서 자복하여"라고 말한다. 당시 에베소는 미신과 마법이 흔했다. 그리고 에베소에서 개종한 신자들 중에는 다수가 이런 미신과 마법을 믿고 종사하던 사람들이었다. 은밀한 것까지 모두 폭로하고(자복하고) 끊어 버렸다. 게다가 이러한 믿음은 삶의 변화로까지 이어졌다. "마술을 행하던 많은 사람이 … 불사르니 … 은 오만이나 되더라" 1 드라크마는 노동자의 하루 품삯에 해당되는 은화 한 개의 단위이다. 노동자의 일당을 5만 원으로 계산하더라도 은 오만(드라크마)은 무려 25억 원이나 된다. 그만큼 사역의 열매가 놀라웠다.

[선교 기간(10절, 참조: 행 20:31)]

(10절) 두 해 동안 이같이 하니 아시아에 사는 자는 유대인이나 헬라인이나 다 주의 말씀을 듣더라
(행 20:31) 그러므로 여러분이 일깨어 내가 삼 년이나 밤낮 쉬지 않고 눈물로 각 사람을 훈계하던 것을 기억하라

• 질문1: 선교 기간은 얼마나 되는가?
- 10절에서는 2년이라고 말하고, 20장 31절에서는 3년이라고 말한다. 왜 이런 차이가 나는가? 9절에 보면 석 달 동안 가르친 후, 2년 동안 두란노 서원에서 가르쳤음을 알 수 있다. 따라서 에베소서에서 전체 사역한 기간은 3년인 것 같다.

우리가 앞으로 배우게 될 에베소서는 바울이 3차 전도여행 때 3년 동안 사역했던 에베소 교회에, 자신의 생의 마지막 순간에 감옥에 갇혀서 보낸 편지다. 특별히 당시 선교 정책의 변화를 생각할 때, 에베소 뿐만 아니라 소아시아 지역의 교회에서도 이 편지를 회람해서 읽었을 가능성이 크다. 이렇게 배경과 대상을 알고

편지를 읽으면 나중에 도움이 클 것이다. 그럼 오늘은 편지의 서론 격인 바울의 인사말에 대해 배워보자. 2번 문제를 보라.

참고

- 바울을 파송한 안디옥 교회를 중심으로 전도 여행을 구분할 수 있다. 즉 바울이 안디옥을 출발하여 안디옥으로 되돌아오면 1차, 다시 안디옥을 출발하여 안디옥으로 돌아오면 2차, 다시 안디옥을 출발하면 3차로 구분한다.
- 에베소서의 수신자가 누군지를 이야기할 때, 몇몇 사본의 경우 에베소라는 말이 빠져 있어 단순히 에베소 교인뿐만 아니라 소아시아에 널리 퍼져 있던 교회들이 돌려가면서 본 회람 편지라고 보는 학자도 있다. 하지만 에베소 교회를 향한 편지로 보는 것이 일반적이다.

2. 바울은 자신을 사도라고 불렀다. 그러나 사실 그는 12사도에 속하지는 못했다. 그럼에도 불구하고 자신의 사도직에 대해 조금도 흔들리지 않았던 이유는 무엇인가? (1절, 참조: 고전 15:9-10)

> (1절) 하나님의 뜻으로 말미암아 그리스도 예수의 사도된 바울은 에베소에 있는 성도들과 그리스도 예수 안에 있는 신실한 자들에게 편지하노니
> (고전 15:9-10) 나는 사도 중에 가장 작은 자라 나는 하나님의 교회를 박해하였으므로 사도라 칭함 받기를 감당하지 못할 자니라 그러나 내가 나 된 것은 하나님의 은혜로 된 것이니 내

게 주신 그의 은혜가 헛되지 아니하여 내가 모든 사도보다 더 많이 수고하였으나 내가 한 것이 아니요 오직 나와 함께 하신 하나님의 은혜로라

- 질문1: 바울은 자신이 어떻게 사도가 되었다고 소개하는가?
- 1절에 보면 "하나님의 뜻으로 말미암아"라고 말한다. 무슨 뜻인가? 자신이 사도가 된 것이 자신의 뜻이나 의지로 된 것이 아니라, 하나님의 뜻과 의지로 된 것이라고 말한다. 실제로 바울은 자신의 의지대로 사도가 된 것이 아니었다.

  여기서 사도란 주로 예수님이 선택한 열두 제자를 가리키는 말이다. 그들의 주된 역할은 예수님을 증거하는 것이기에, "보냄 받은 자"라는 의미를 지닌 뜻을 가진 사도로 불렸다. 특히 예수님에게 직접 부르심을 받고, 부활하신 예수님을 목격한 사람들만이 사도가 될 수 있는 자격이 있었다. 바울은 비록 예수님의 열두 제자는 아니었지만, 다메섹 도상에서 부활하신 예수님을 직접 만났고 예수님으로부터 부르심을 받고 사도로 세워졌기에 자격이 충분했다.

- 질문2: 바울은 왜 자신이 사도가 된 것이 하나님의 뜻이라고 말하는가?
- 바울은 예수님을 다메섹으로 내려가는 길에서 만났다. 그가 다메섹으로 가려고 했던 이유는 그리스도인을 핍박하기 위해서였다. 최초의 순교자였던 스데반이 죽음을 당할 때 사람들은 바울 앞에 겉옷을 벗어두었다. 당시에 겉옷을 벗어둔다는 것은 그 사람의 권위를 인정하고 그에게 온전히 순종한다는 의미였다. 따라서 스데반을 죽였던 사람들이 사울 앞에 옷을 벗어둔 것은, 바울이 지도자급 인물임을 보여

주는 것이다. 달리 말하면 바울은 그리스도인을 핍박하는데 단순히 참여한 것이 아니라, 주동적인 인물이었음을 보여주는 것이다. 게다가 바울은 여기서 만족하지 않고, 계속해서 그리스도인들을 핍박하기 위해 다메섹으로 내려가던 길이었다.

그렇다면 당시의 바울이 예수님을 믿을 확률은 얼마나 될까? 거의 제로에 가깝다. 그런 일은 거의 제로에 가깝다. 당시의 바울은 예수님을 믿는 자들을 찾아 핍박하고자 혈안이 된 사람이다. 따라서 자신의 의지로 예수를 믿을 확률은 제로에 가까웠다. 그런 바울에게 예수님은 찾아오셨고, 그는 예수님을 믿게 된 것이다. 따라서 바울은 자신이 예수님을 믿고 사도가 된 것은 자신의 뜻이나 의지로 된 것이 아님을 분명히 알았다. 자신이 예수님을 믿게 된 것도 하나님의 뜻과 의지로 된 것이고, 자신이 사도가 된 것도 자신이 원해서가 아니라 하나님이 주권적으로 맡겨서 된 것이라는 확신이 있었다.

- 질문3: 나아가 고린도전서 15장에서는 무엇이라고 말하는가?
- "나의 나 된 것은 하나님의 은혜로 된 것"이라고 말한다. 은혜란 거저 받은 것이다. 바울은 동일하게 하나님의 뜻과 의지로, 오늘의 바울이 될 수 있었다고 말하는 것이다. 특히 바울은 예수님을 믿게 된 것뿐 아니라, 사도가 된 것, 그리고 지금의 자신의 모든 것이 주님의 은혜로 된 것이라고 고백하는 것이다.

그렇다면 우리는 어떤가? 우리 역시 나의 나 된 것은 하나님의 은혜라고 고백할 수 있는가? 3번 문제를 통해 점검해 보자.

3. 바울은 자기가 사도로 부름받은 것이 하나님의 뜻이라고 말한

다. 우리에게 무엇이 하나님의 뜻으로 되었다고 확신 있게 말할 수 있는가? (참조: 롬 8:28; 약 1:18)

(롬 8:28) 우리가 알거니와 하나님을 사랑하는 자 곧 그의 뜻대로 부르심을 입은 자들에게는 모든 것이 합력하여 선을 이루느니라
(약 1:18) 그가 그 피조물 중에 우리로 한 첫 열매가 되게 하시려고 자기의 뜻을 따라 진리의 말씀으로 우리를 낳으셨느니라

• 질문1: 당신은 무엇이 하나님의 뜻으로 되었다고 확신하여 말할 수 있는가?
- 순원들의 이야기를 들어보라. 가장 우선적으로 우리의 믿음 자체가 하나님의 뜻대로 된 것이다. 그리고 우리의 삶의 매 순간, 지난 삶의 모든 여정이 하나님의 뜻과 인도하심으로 된 것이다. 지난 삶의 여정 가운데 하나님의 뜻과 인도하심으로 된 것이라고 생각하는 것이 무엇인지 물어봐도 좋다.

· 질문2: 왜 하나님의 뜻으로 되었다는 확신을 갖는 것이 중요할까요
- 순원들의 이야기를 들어보라. 무엇보다도 우리의 믿음에 대한 확신을 가질 수 있기 때문이다. 사실 살다 보면 우리의 믿음이 흔들릴 때가 있다. 고난이 닥치거나 인생의 어려움이 지속될 때 믿음의 회의가 들 때가 있다. 그리고 지금은 잘 믿지만 나중에 혹시라도 믿음이 흔들리면 어떻게 하지라고 의심이 들 때가 있다. 죽기 전에 예수님을 부인하게 된다면 어떻게 하지라는 염려가 들 수 있다. 정말 이런 인생이야말로 최악이라고 할 수 있다. 만약 내 자신의 의지나 뜻이나 의지

로 믿게 된 것이라면, 우리의 믿음에 대해 의심할 수밖에 없다. 하지만 내 믿음이 내가 믿은 것이 아니라 하나님의 나를 믿게 하셨다고 확신할 때 우리의 믿음은 흔들리지 않을 수 있다. 왜냐하면 내가 믿은 것이 아니라, 하나님이 믿게 하셨기 때문이다.

야고보는 1장 18절에서 "하나님이 자신의 뜻에 따라 진리의 말씀으로 우리를 낳았다."라고 말한다. 뿐만 아니라 그는 17절에서 하나님은 "변함도 없고 회전하는 그림자도 없는 분"(약 1:17)이라고 소개한다. 즉 하나님이 변함이 없기에 하나님이 주신 믿음도 변함이 없다는 것이다. 따라서 하나님의 뜻으로 말미암아 믿게 되었다는 확신이 있을 때, 우리는 자신의 믿음에 대해 불안해 하지 않고 믿음 생활을 할 수 있다.

또한 "하나님의 뜻으로 말미암아"라는 확신이 중요한 또 다른 이유가 있다. 지금 바울은 감옥에 있다. 이를 어떻게 이해할 수 있을까? 그는 평생을 복음을 전하며 살기를 원했다. 예수를 믿고 모든 것을 버리고 예수님을 위해 살아가고자 노력했는데, 그는 감옥에 갇힌 신세가 된 것이다. 바울은 이러한 암울한 현실을 이겨낼 수 있었을까? 바울은 로마서 8장 28절에서 이렇게 말한다. "우리가 알거니와 하나님을 사랑하는 자 곧 그의 뜻대로 부르심을 입은 자들에게는 모든 것이 협력해서 선을 이루느니라" 그의 확신은 무엇일까? 하나님의 뜻대로 부르심을 입은 자들에게는 모든 것이 협력해서 선을 이룬다는 확신이다. 오늘 내게 이 일이 왜 일어났는지 자신도 지금 당장은 이해할 수 없지만, 그래도 하나님의 뜻대로 부르심을 입은 자들에게는 모든 것이 협력해서 선을 이루어간다는 것이다. 좋은 일이나 나쁜 일이나, 기쁜 일이나 슬픈 일이나, 왕궁이나 감옥이나 모든 것이 협력해서 선을 이루어간다는 확신이 있기에 그 어려움을 이겨낼 수 있는 것이다.

우리 역시 마찬가지다. 오늘 내게 닥친 일이 좋은지 안 좋은지 판단하기 어려운 때가 있다. 다만 이 일을 허락하신 분이 누군지를 바라보아야 한다. 이 일을 허락하신 분이 나의 아버지 되신 하나님이시기에, 이 일이 좋은 것이라고 우리는 확신할 수 있는 것이다. 지금 당장 경제적으로 어려워도, 당장은 육체가 병들어도, 당장은 관계적으로 어려움을 겪어도, 당장은 인생의 실패를 맛보더라도, 하나님께서 이 모든 것을 반드시 선하게 바꾸어주실 것이라는 확신을 가지라는 것입니다. "나는 하나님의 뜻대로 부르심을 입은 자들이기에, 하나님께서 우리 인생을 통해서 모든 것을 협력해서 선을 이루어갈 것이다. 그러니까 나는 염려하지 않는다, 그래서 감옥에 갇힌 것도 괜찮다."라고 바울은 말하는 것입니다.

여기서 모든 것이 협력해서 선을 이룬다는 것은 하나님께서 우리를 위해 굉장히 큰 그림을 가지고 계시다는 것을 의미한다. 이 그림은 우리가 금방 알아볼 수 없다. 어떤 사람이 인생의 큰 풍랑을 만났다. 정신을 차릴 수가 없다. 1년이 지나도, 2년이 지나도, 3년이 지나도 문제는 해결되지 않는다. 아무리 기도해도 하나님이 들어주지 않는다. 어떤 때는 하나님이 계시지 않는 것은 아닌지 의심에 시달릴 때도 있다. 정신을 차릴 수 없는 어려움이 몰아친다. 하지만 지금 당장은 정신을 차릴 수 없고 해답을 알 수 없지만, 모든 것을 협력해서 선을 이루시는 하나님이 큰 그림을 가지고 우리의 인생을 바라보고 계신다. 우리는 그것을 주목해야 한다. 이 큰 그림을 완성하기까지는 시간이 많이 걸릴 수도 있다. 어떤 때는 우리 당대에서 보지 못하고 다음 세대로 넘어갈 수도 있다. 그러나 하나님께서 우리를 위하여 아름답고 선한 뜻과 큰 계획을 갖고 계신다는 것을 신뢰해야 한다.

바울은 자신에 대해 소개한 후에, 편지의 수신자를 밝히고 있다. 4번 문제를 통해 수신자에 대해 어떻게 소개하는지 살펴보자.

4. 사도 바울은 에베소 교회의 신자를 어떤 이름으로 부르고 있는
   가? (1절)

> (1절) 하나님의 뜻으로 말미암아 그리스도 예수의 사도된 바
> 울은 에베소에 있는 성도들과 그리스도 예수 안에 있는 신실
> 한 자들에게 편지하노니

- 질문1: 바울은 수신자를 누구라고 소개하고 있는가?
- 첫째는 에베소에 있는 성도, 둘째는 그리스도 안에 있는 신
  실한 자들이라고 소개한다.

그렇다면 여기서 말하는 성도와 신실한 자들이 무엇을 의미하
는지 5번에서 자세히 살펴보자.

5. 두 가지 이름 중 '성도'는 하나님께서 믿는 자를 대하여 부르시
   는 이름이라면, '신실한 자'는 사람들의 눈에 비친 믿는 자의 독
   특한 면모, 즉 정직하고 성실한 인품을 표현하는 명칭이라고 할
   수 있다. 우리를 신실한 자라고 부를 만한 근거는 어디에 있는
   가? 실제로 우리가 그런 이미지를 사람들에게 심어 주는지에 대
   해 이야기해 보라(참조: 마5:16).

> (마 5:16) 이같이 너희 빛이 사람 앞에 비치게 하여 그들로 너
> 희 착한 행실을 보고 하늘에 계신 너희 아버지께 영광을 돌리
> 게 하라

· 질문1: 우선 성도란 어떤 이름인가?
- 문제에 보면 성도란 하나님께서 믿는 자를 대하여 부르신 이름이다. 성도란 거룩한 자라는 뜻이다. 그런데 여기서 주목해야 할 점은 능동형이 아니라 수동형이라는 사실이다. 즉 스스로 거룩해진 것이 아니라, 누군가에 의해 거룩하게 된 것이다. 그렇다면 어떻게 거룩하게 되었는가? 하나님이 자신의 백성으로 구별했기 때문이다. 달리 말하면, 성도란 하나님께서 자신의 소유로, 자신의 백성으로 구별했기 때문에, 거룩해진 자라고 말할 수 있다.

　　이런 의문이 들 수 있다. 내가 정말 거룩한 존재인가? 거룩은 구별되었다는 의미다. 구약시대 사람들은 같은 그릇이라도 성전에서 쓰이면 거룩한 그릇이라고 생각했다. 그 그릇 자체가 거룩해서가 아니라 성전에서 쓰일 그릇으로 구별되었기에 거룩한 물건으로 여겨진 것이다. 물론 성전에서 쓰기 위해서는 실제로 지저분한 것을 없애는 작업이 필요하다. 그러나 핵심은 하나님이 자신의 백성으로 구별하신 이상 거룩한 존재가 된 것이라는 점이다. 존재 자체가 거룩해진 것이며, 생활상의 거룩을 의미하는 것이 아니다.

· 질문2: 신실한 자는 어떤 사람인가?
- 문제에 보면 신실한 자란 사람들의 눈에 비친 믿는 자의 독특한 면모, 즉 정직하고 성실한 인품을 표현하는 명칭이라고 말한다. 마태복음 5장 16절에 보면 신실한 자를 어떻게 표현하고 있는가? 빛을 사람 앞에 비취는 것, 즉 착한 행실로 인해 세상 사람들에게 모범이 되는 것을 의미한다.

· 질문3: 당신은 어떤가? 세상 사람들에게 신실한 사람으로 비춰지고 있는가?
- 아마 대부분이 이 질문에 대해 "그렇지 않다."라고 답할 것이다. 아직은 우리 모두가 부족한 존재임을 정직히 인정해야

한다.

· 질문4: 그렇다면 어떻게 해야 하는가?
- 중요한 단서가 하나 있다. 그것은 "그리스도 안에서"이다.
우리의 힘으로 생활상의 거룩을, 신실함을 이루어가기는 쉽
지 않다. 다만 그리스도의 능력에 의지하면 가능하다. 예수
님은 포도나무와 가지의 비유를 통해 설명한다. 가지가 열
매를 맺기 위해서는 나무에 붙어 있어야 한다. 그리스도 안
에 거하고자 노력해야 한다. 이렇게 말씀을 배우는 이유도
여기에 있다. 예배 드리고 기도하는 이유도 여기에 있다. 믿
는 자들과 교제를 나누는 이유도 있다. 신실해지려고 하지
말고, 매 순간 그리스도 안에 있고자 노력해라. 그리스도를
가까이 하라.

바울은 1절에서 자신과 수신자에 대해 소개하고 있다. 그런 다
음 축복의 인사말을 전한다. 이는 오늘을 사는 우리에게 동일하게
적용되는 인사말이다. 다음 문제를 통해 살펴보자.

6. 바울은 축복을 빌 때마다 거의 예외 없이 은혜와 평강을 언급한
다. 세상에서 오는 것도 아니고 사람이 만들어 내는 것도 아닌
이 두 가지는 누구에게서 오는 것인가? (2절)

> (2절) 하나님 우리 아버지와 주 예수 그리스도로부터 은혜와
> 평강이 너희에게 있을지어다

· 질문1: 바울은 에베소 교인들에게 무엇이 있기를 구했는가?
- 은혜와 평강이다.

· 질문2: 그런데 이 은혜와 평강은 어디로부터 오는 것인가?

- 하나님 우리 아버지와 주 예수 그리스도로부터 오는 것이다.

· 질문3: 그렇다면 왜 이 점에 대해 강조하고 있는가?
- 은혜와 평강의 원천을 분명히 하기 위해서이다. 은혜와 평
강은 세상에서 구할 수 있는 것이 아니다. 오직 믿는 자에게만
주어진 특권이다. 이 사실을 분명히 알아야 한다. 만약 삶 속
에서 은혜와 평강을 맛보지 못한다면, 예수를 믿는 특권을 전
혀 누리지 못하는 영적인 가난뱅이로 살아가게 되는 것이다.
아버지는 너무나 큰 부자인데, 아들은 가난하게 사는 것이다.

그렇다면 바울이 말하는 은혜와 평강이란 무엇인가? 7번 문제
를 통해 자세히 알아보자.

〈참고〉

• 바울은 그의 모든 편지에서 '은혜와 평강'을 표준적인 인사말로
사용했다(참조: 롬 1:7; 고전 1:3; 고후 1:2; 갈 1:3). 이 표현은 유
대인들과 헬라인들의 인사를 기독교적 형태로 바꾼 것이었다.
당시 유대인들은 서로에게 '평강'(에이레네 혹은 샬롬)이 있기
를, 이방인들은 서로에게 '은혜'(카리스)가 있기를 빌었다. 하지
만 바울은 그저 습관적으로 이 표현을 쓴 것은 아니었다. 진심
을 담아 자신의 편지를 읽는 성도들이 매일의 삶 속에서 은혜와
평강을 맛보기를 원했다.

7. 하나님이 주시는 은혜와 평강은 어떤 점에서 특별한가? (참조:
요 1:14, 14:27; 빌 4:6-7)

(요 1:14) 말씀이 육신이 되어 우리 가운데 거하시매 우리가 그의 영광을 보니 아버지의 독생자의 영광이요 은혜와 진리가 충만하더라

(요 14:27) 평안을 너희에게 끼치노니 곧 나의 평안을 너희에게 주노라 내가 너희에게 주는 것은 세상이 주는 것과 같지 아니하니라 너희는 마음에 근심하지도 말고 두려워하지도 말라

(빌 4:6-7) 아무것도 염려하지 말고 다만 모든 일에 기도와 간구로, 너희 구할 것을 감사함으로 하나님께 아뢰라 그리하면 모든 지각에 뛰어난 하나님의 평강이 그리스도 예수 안에서 너희 마음과 생각을 지키시리라

· 질문1: 요한복음 1장 14절에서 예수님을 어떤 분으로 소개하고 있는가?
- 은혜와 진리가 충만하신 분으로 소개한다.

· 질문2: 예수님이 주시는 은혜는 어떤 점에서 특별한가?
- 충만하다는 점이다. 하나님이 주시는 은혜의 특징은 풍성함에 있다.

· 질문3: 요한복음 14장 27절에서는 예수님을 은혜가 충만하신 분일 뿐만 아니라, 어떤 분으로 소개하고 있는가?
- 평강을 주시는 분이시다. 그런데 예수님이 주시는 평강은 어떤 점에서 특별한가? 세상이 줄 수 없는 평강이다. 오직 하나님만이 주시는 것이다.

· 질문4: 빌립보서 4장 6~7절에서는 평강에 대해 어떻게 설명하고 있는가?
- 평강이 우리의 마음과 생각을 지킨다고 말한다. 가난하건 부하건, 건강하건 병들건 삶의 조건에 상관없이 마음에 흘러넘치는 기쁨과 은혜, 마음의 평안을 의미한다.

· 질문5: 당신은 어떤가? 이런 은혜와 평강을 누린 적이 있는
　　　가? 경험이 있다면 말해보라.
- 각자 경험을 이야기해 보라.

어떻게 하면 이러한 은혜와 평강을 지속적으로 누릴 수 있는
가? 8번 문제를 보라.

8. 은혜와 평강은 그 순서를 바꿀 수 없다. 그 이유가 어디에 있다
고 생각하는가? 자신이 경험한 체험이 있다면 함께 나누어 보라.

- '은혜'란 받을 만한 자격이 없는 우리에게 온갖 좋은 것들을
값없이 주셨다는 사실을 표현한 말이라면, '평강'이란 이러
한 은혜가 가져다주는 삶의 열매, 즉 은혜로 인한 마음의 평
안을 의미한다. 달리 이야기하면 '은혜'는 하나님의 사랑이
표현되는 방식을, '평강'은 이러한 사랑이 가져온 산물을 강
조한 것이다. 따라서 "은혜와 평강"은 "은혜를 통한 평강"이
라고 써도 무방할 것이다. 바울이 에베소서 전체를 통해 우
리에게 전하고자 하는 복된 소식은 "은혜를 통한 평강"이라
는 이 세 단어로 요약할 수 있을 것이다.

- 7번 문제에서 각자가 경험한 평강에 대해 나누었는데, 언제
이런 평강이 찾아왔는지 물어보라. 대부분 은혜가 충만했을
때, 평강 역시 따라옴을 느끼게 되었다고 말할 것이다. 결국
은혜와 평강은 그 순서를 바꿀 수 없다.

- 그런데 우리가 놓치지 말아야 할 중요한 연결점이 하나 있
다. 그것은 주 예수 그리스도다. 바울은 자신을 "그리스도
예수의 사도"라고 소개한다. 뿐만 아니라 "그리스도 예수 안

에 있는 사람들"에게 편지를 쓰고 있으며, "하나님 우리 아버지와 주 예수 그리스도로 좇아" 그들에게 임하는 축복을 이야기하고 있는 것이다. 마치 바울은 자신이 쓰고 있는 모든 문장이 예수 그리스도를 언급하지 않으면 안 될 것처럼 느끼고 있는 것 같다. 왜냐하면 그리스도야말로 은혜와 평강이 흘러나오는 근원이기 때문이시다. (6번 문제)

예화

옥한흠 목사님이 설교 때 인용한 예화다. 주재원으로 파견을 받아 오사카에서 일하고 있던 우리 교회 성도 가정이 있었다. 이 가정에는 2대 독자 아들이 있었는데, 3살 때 정원의 연못에 빠지는 사고를 당했다. 가까스로 그를 찾았을 때는 시간이 너무 지체되어 목숨은 건졌지만 뇌 기능에 치명적인 손상을 입었다. 결국 그 아이는 말도 못하고, 잘 듣지도 못하고, 집안에 누워 있어야만 하는 처지가 되었다. 그런데 이상하게도 어머니가 아들 옆에서 기도하고 말씀을 보는데, 아무리 기도해도 기도 시간이 짧게 느껴지고 말씀이 꿀송이보다 달게 느껴졌다. 그래서인지 아들 간호가 힘든 줄을 몰랐다.

당시 이 가정의 옆집에는 타카하시라고 하는 일본 여자가 살고 있었다. 학원 원장이었던 그녀는 전도를 해도 평소에는 바쁘다는 핑계로 듣지를 않던 사람이었다. 아이가 사고가 난 다음, 그녀는 오가다가 이 아이의 어머니와 종종 마주치게 되는 일이 있었다. 그런데 그때마다 이 어머니의 얼굴에서 광채가 나는 것을 느꼈다고 한다. 그래서 타카하시 상은 '아들이 죽느냐 사느냐 하는 고비에 있는데 어떻게 저렇게 얼굴에 광채가 날까?'라고 생각하며 지나치려는 순간, '그래, 그 집이 예수 믿는 집안이라지.'라는 하고 생각이 들었다. 그리고 자기도 예수를 믿겠노라고 자기 발로 교회에 걸어 나왔다고 한다.

그 어머니가 옥한흠 목사님에게 보낸 편지의 일부다. "아들의 상태는 지금도 변화되지 않았지만, 이 상태로도 감사하게 되었고 누워있는 상태에서도 하나님의 복음을 전할 수 있게 되었습니다. 목사님, 아들이 12년을 누워있지만, 하나님의 은혜로 견딜 수 있었으며 아들을 통해 불신자를 전도하게 해주셨습니다. 제 주위의 아무리 힘든 일을 만난 가정이라도 제가 당하는 일을 이야기하면 그들은 할 말을 잊고, 그런 힘을 주신 하나님이라면 자기도 믿어보겠다고 말을 하곤 합니다. 제가 제자훈련을 받으면서 나는 아무 것도 할 수 없다고 두 손 들고 주님한테 고백할 때마다 주님께서는 제 마음에 평안을 주셨고, 자유함을 주셨고, 기쁨과 감사하는 마음을 주셨습니다. 할렐루야!"

이것이 바로 은혜의 힘이다. 우리의 삶에 고난이 닥쳐와도, 내 생애 정말 힘든 일들이 몰려와도, 이겨낼 수 있는 힘주시는 이 예수 그리스도의 은혜. 그것이 그리스도인만이 가지고 있는 독특한 힘이다. 우리도 이 은혜를 맛볼 때 평강을 맛볼 수 있을 것이다.

"삶의 열매를 거두며"를 보라.

삶의 열매를 거두며

은혜가 충만하면 평강이 찾아온다. 그런데 우리 중에는 은혜가 메말라 평강을 잃어버린 자들이 의외로 많다. 혹시 당신도 그 중 하나가 아닌지 정직하게 반성해 보라.

- 질문1: 이번 한 주간 어떻게 하면 은혜가 충만한 삶을 살지
  에 대해 나누어 보라.

- 질문2: 그렇다면 어떻게 하면 삶에 은혜가 넘치게 되는가?
- 은혜의 보좌 앞에 나아가야 한다. (참조: 히 4:16)

- 질문3: 어떻게 은혜의 보좌 앞에 나아가야 하는가?
- 말씀과 기도로

Tip

- 이번 한 주간 순원들과 함께 에베소서를 일독하자고 제안해 보라. 매일 한 장씩 6일이면 당 읽게 될 것이다. 이를 통해 에베소서에 대한 기대감을 높이고, 에베소서에 대한 전체적인 시각을 가지고 배우게 될 것이다.
- 이번 한 주간 찬양 하나를 정해, 수시로 불러보자고 제안해 보라. 다음 주간 찬양을 통해 하나님께서 어떤 은혜를 주시는지 나누어 보자. (찬송가 470장 내 평생에 가는 길)

에 필 로 그

한 사람의 비전

양적 성장에만 함몰된 한국교회를 향해 옥한흠 목사는 이렇게 도
전했다. "한국교회는 평신도를 목회의 대상으로 볼 뿐, 목회의 주
체로 보지 않았다. 이것이 숫자만 많은 한국교회가 사회 앞에서
오합지졸로 변해버린 이유가 될 것이다." 〈평신도를 깨운다〉라
는 기치를 내세우며 그가 외친 제자훈련은 평신도를 교회의 주체
로 삼아 하나님 나라의 동역자로 함께 일하는 것을 의미했다. 이
를 위해서는 성도 한 사람 한 사람의 기대와 필요에 적절하게 부
응하여 그들이 다음 단계로 성장해 가도록 도와야 한다.

성도들이 일주일에 한두 번 참여하여 받는 메시지만으로는 성
장하는 것은 고사하고 살아남기에도 충분치 못하다. 이들을 영적
성장으로 이끌기 위해서는 한 사람을 소중히 여기며 섬길 수 있어
야 한다. 언젠가 디사이플 잡지 컬럼에서 옥한흠 목사는 한 사람을

향한 목회자의 비전을 사진 찍는 일에 비유해서 이렇게 설명했다.

사진 작가에게 꼭 필요한 요소가 하나 있는데 그것을 상상 혹은 구상(Imagination)이라고 했다. 여름철 새벽에 대청봉에 올라 사진을 찍을 생각을 하는 작가라면 산을 오르기 전에 먼저 자신이 찍고 싶은 풍경의 모든 것이 머리속에 그려져 있어야 하는데, 그런 준비 과정을 구상이라고 한다. 그런 구상력이 카메라 셔터를 누를 수 있도록 준비시킨다. 마찬가지로 제자훈련에 임하는 목회자는 한 사람을 향한 그런 비전이 있어야 한다는 것이다.

제자훈련에 참여하는 훈련생 한 사람 한 사람을 향한 나름대로의 상상, 즉 한 사람 비전을 가지라는 것이다. 각기 다른 개성과 경험과 은사를 가진 성도들을 벽돌 찍어대듯이 획일적으로 훈련해서는 안 된다. 그래서 옥 목사는 각 사람을 놓고 이런 비전을 가지라고 권면한다. "저 집사는 제자훈련을 제대로 받기만 하면 이런 신앙인이 될 수 있을 텐데. 지금하고는 많이 다르겠지? 그렇게만 되면 얼마나 매력적인 평신도 지도자가 될까?" 이런 상상과 비전을 가지고 훈련에 임하라는 말이다.

그런 비전을 가진 제자훈련 인도자라면 코치와 같이 훈련생들 개인에게 특화된 성장 계획을 가지고 훈련할 수 있다. 모든 사람에게 맞는 한 가지 처방이란 존재하지 않듯이 모든 성도들의 영적 성장을 일으킬 수 있는 한 가지 프로그램이란 존재하지 않는다. 개인에게 특화된 성장 계획과 훈련 계획이 필요하고, 이에 맞는 개별적인 코칭을 교회가 제공해야 한다. 사람에 따라 어떤 사람에게는 상담과 치유가 필요하고, 어떤 사람에게는 코칭이 필요하다.

오늘 교회가 해야 할 일은 유용한 프로그램을 제공하는 것보다 앞서 오늘 성도 한 사람 한 사람이 처한 영적 상황과 필요에 대해 바로 인식하고, 거기에 맞는 맞춤식 돌봄을 제공하는 것이다. 하나의 프로그램이 교회와 성도의 모든 필요를 채울 것이라는 순진한 태도를 내려놓고 전략적인 접근을 해야 한다. 우리 공동체에 속한 지체들의 영적 상태와 수준에 대해 객관적이면서도 솔직한 평가를 내리자. 이런 평가를 놓고 한 사람 한 사람을 향한 상상을 해보자. 그 비전에 따라 각 사람의 영적 필요를 채워주며 치유와 성숙을 도울 수 있는 코칭 방안을 세워보자.

비전 없이 훈련에 임하게 되면 금방 지칠 수 있고, 포기하기도 쉽다. 구상력을 가진 사진작가는 대청봉에서 사흘을 기다릴 수 있다. 그는 절대 지치지 않는다. 반면에 그런 구상력을 가지지 못한 사람은 한나절을 버티기가 힘들다. 금방 싫증이 나고 자리를 뜨게 된다. 마찬가지로 한 사람을 향한 비전을 가진 자는 흥미진진하고 박진감 넘치는 제자훈련을 경험할 수 있을 것이다.

당신은 어떤 비전을 가지고 각 사람을 바라보는가? 각 사람을 향한 어떤 비전을 가지고 훈련하는가?